#HEIMATSUCHE

**In 80 Tagen durch
Mecklenburg-Vorpommern**

Steffen Dobbert

#HEIMATSUCHE

In 80 Tagen durch Mecklenburg-Vorpommern

HINSTORFF

Für Kathrin*

* Die auf den folgenden Seiten beschriebene Handlung hat sich an 80 Tagen im Jahr 2019 ereignet. Im Mittelpunkt dieses Buches stehen deshalb alle Menschen, die ich während meiner Reise durch Mecklenburg-Vorpommern getroffen habe.

Dass es zu dieser Recherche kam, hat allerdings mit einem Tag des Jahres 2000 zu tun: Meine damalige Freundin und ich waren gerade in unsere erste gemeinsame Wohnung gezogen. „Herr Dobbert", sagte sie, während wir in Schwerin vor der Eingangstür standen, denn wenn es uns ernst und heiter zugleich war, redeten wir uns mit Nachnamen an. „Herr Dobbert, eines Tages werden Sie ein Buch schreiben, versprochen!"

Sie sprach diesen Satz mit einer liebevollen Gewissheit aus. Und vielleicht gab mir Kathrins Stimme damals den nötigen Mut, um heute, fast 20 Jahre nach unserem Gespräch, auf diese Reise zu gehen.

I. Vor der Reise — 9

II. Start in Schwerin: Tod oder Leben? — 11
- Tag 1: Moin! — 11
- Tag 2: Verfolgungsjagd mit der Stasi — 16
- Tag 3: Die alte Wohnung — 20
- Tag 4: Hallo Happy! — 22
- Tag 5: Im Schloss — 27

III. Herr Khoi weint: Kontrolle oder Freiheit? — 32
- Tag 6: Wodka auf der Hanse Sail — 32
- Tag 7: Die Wiege des Landes — 36
- Tag 8: Pokal-Aus im Ostseestadion — 39
- Tag 9: Erschossen vor der Flucht — 42
- Tag 10: Alleine im Stasi-Knast — 44
- Tag 11: Geeister Windbeutel in Güstrow — 48
- Tag 12: Selfie mit dem Uni-Rektor — 51
- Tag 13: Lichtenhagen und das Herz macht pumm — 53
- Tag 14: Im Feuer des Pogroms — 58
- Tag 15: Rostock lieben und verlassen — 63

IV. Nackt durch den Wald: Diktatur oder Demokratie? — 66
- Tag 16: FKK am Rätzsee — 66
- Tag 17: Alles ist geil, geil, geil — 71
- Tag 18: Eine Frage der Toleranz — 73
- Tag 19: Not Wasted in Jarmen — 77
- Tag 20: Der dienstälteste Bürgermeister — 81
- Tag 21: at.tension — 84
- Tag 22: Eule und das Geheimnis der Fusion — 85

V. Im Bärenwald der Müritz: Angst oder Mut? — 88
- Tag 23: Kraniche landen ohne Lufthansa — 88
- Tag 24: Braunbären und Bratwürste – „Wir waren Deutsche" — 91
- Tag 25: Und auf einmal ist das Heimat-Wort da — 95

Tag 26:	Kieve – auch ein blutender Hirschkopf ist schön	94
Tag 27:	Das erste Klassentreffen seit 21 Jahren	101
Tag 28:	Kitesurfen im Salzhaff	103
Tag 29:	Das Fell der Ziegenböcke in Honeckers Jagdresidenz	105
Tag 30:	In Hitlers Germania-Bau – die Weißen Häuser von Rechlin	106

VI. Angela Merkel und der König vom Darß: Hass oder Liebe? — 108

Tag 31:	„Mama kommt gleich"	108
Tag 32:	Das Lebensende der Künstler	113
Tag 33:	Deutschland, Deutschland über alles?	115
Tag 34:	Rückkehr ins Kinderkurheim	116
Tag 35:	Die königliche Hoheit von Born	119
Tag 36:	Eine Polizistin, die lacht	121
Tag 37:	Das Skelett im Bio-Raum	123
Tag 38:	Fickt eure Bruderschaft!	125
Tag 39:	Männerfüße stampfen Apfelmus	127
Tag 40:	Eine Bundeskanzlerin fotografiert ihre politische Heimat	129

VII. Der letzte Cowboy Mecklenburgs: Fortbleiben oder heimkehren? — 133

Tag 41:	Auf nach Karnitz	133
Tag 42:	Lieber stehend sterben als kniend leben	134
Tag 43:	Der erste Gedanke ans Heimkehren	137
Tag 44:	Zappzarapp beim Polizeidirektor	139
Tag 45:	Vogelscheuchen und Kuhherden	142
Tag 46:	Vom Kabarettisten zum Oberbürgermeister	143
Tag 47:	Undine, eine Zufallsbekanntschaft, die vieles ändert	146
Tag 48:	Harfenmusik, Kreisligafußball und ein FDJ-Abzeichen	150
Tag 49:	Im Kultur-Stall in Userin – Es ist was es ist, sagt die Liebe	154

| Tag 50: | Heimat ist kein verbranntes Wort | 157 |
| Tag 51: | Kleiner Mann – was nun? | 158 |

VIII. Wismar, mehr als ein Geburtsort: Freundschaft oder Fremde? — 162

Tag 52:	Saman zeichnet ein neues Wismar-Bild	162
Tag 53:	Radtour mit Schiefschnauzen-Seuchengesichtern	167
Tag 54:	Beerdigung und Parteitagsrede – ein Tag wie eine Welturaufführung	170
Tag 55:	Der Sound der Stille	173

IX. Umarmung eines Baumes: Vergangenheit oder Zukunft? — 175

Tag 56:	Eyes wide shut im Herrenhaus Vogelsang	175
Tag 57:	Wer eine tausend Jahre alte Eiche umarmt	177
Tag 58:	Leben in Lebehn	179
Tag 59:	Im Penkuner Schloss zerplatzt der Traum einer guten DDR	181
Tag 60:	Dj Melody lädt zum Dorfbums	186
Tag 61:	Die Probleme mit der Friedlichen Revolution	186
Tag 62:	Aus Post-Ruine wird Postel	188
Tag 63:	Revolutionsjubiläum ohne Volk	191

X. Von Klimalügnern und Ostseefischern: Ausgrenzung oder Offenheit? — 195

Tag 64:	Rajas Mut	195
Tag 65:	Anklam, Greifswald und zweimal Pflaumenaugust	198
Tag 66:	Warum Philipp Amthor Hirsche tötet	203
Tag 67:	Ostseefischen mit Pillie und Klima-Propaganda in Friedland	210
Tag 68:	Wie Lügen unsere Demokratie gefährden	215
Tag 69:	Wir bilden Ketten, solange es brennt	217
Tag 70:	Ein Tag im Himmelbett	220
Tag 71:	Am Kreidefelsen	221

XI. Ein Usedom-Krimi: Korruption oder Aufklärung? 225

Tag 72: Das illegal am Wasser gebaute Ferienhaus des Innenministers 225
Tag 73: House of Cards in Usedom 230
Tag 74: Storrer packt aus 234
Tag 75: Die schönste Bockwurst der Welt 239
Tag 76: Die Lüge am Schilfgürtel 242
Tag 77: Ein Korruptionspuzzle 245
Tag 78: „How I got here?" 250
Tag 79: Noch eine Nacht in Schwerin 251
Tag 80: Glücklich weinen und nackt baden 254

XII. Nach der Reise 263

Danksagungen 266

MV-Karte mit allen Reisestationen 268

I. Vor der Reise

„Je länger man vor der Tür zögert, desto fremder wird man." (Franz Kafka in „Heimkehr", 1920)

Es war an einem Mittwochnachmittag im Jahr 1872, als ein gewisser Phileas Fogg behauptete, er könne in 80 Tagen um die Welt reisen. Sein halbes Vermögen war ihm dieses Abenteuer wert. Warum? Er, der Protagonist aus Jules Vernes Roman, hatte in einem Artikel gelesen, dass so eine Reise in derart kurzer Zeit möglich ist.

Das waren Zeiten. Menschen lasen und glaubten, was Journalisten schrieben. Eine Reise um die Erde faszinierte die gesamte Welt. Und als verrückt galt die Vorstellung, Lokomotiven könnten irgendwann Kutschen ersetzen.

Um die Welt mit Willy Fog heißt die Trickfilmserie, in der ich in den 90er-Jahren erstmals eine Deutung der Romanfigur Jules Vernes kennenlernte. Der als Löwe gezeichnete Mister Fog beeindruckte mich. Er war stets höflich und konsequent. Und während er in fast jeder Folge ein anderes Land bereiste, zweifelte er nie an seiner rechtzeitigen Rückkehr in seine Heimat.

Heimat, das war für Mister Fog London, der Ort, in dem er vor und nach seiner Weltumrundung lebte. Und vermutlich würde sich Fog heutzutage, fast 150 Jahre nach seinem Abenteuer, wundern. Da suchen Menschen wie ich etwas, das für ihn selbstverständlich war: Heimat.

Doch wer oder was ist das eigentlich, Heimat? Und was bleibt davon, wenn das Land, in dem man geboren wurde, gar nicht mehr existiert? Ich kam 1982 in Wismar auf die Welt. Zu spät, um bewusst mitzuerleben, was vor der Revolution in der DDR geschah. Und zu früh, um das geeinte Deutschland als Heimatland benennen zu können.

Nun, knapp 30 Jahre nach Gründung Mecklenburg-Vorpommerns und knapp 20 Jahre nach meinem Fortgehen aus diesem MV, breche ich auf, um etwas mir fremd Gewordenes neu zu entdecken. Mein

„Heimat"-Bundesland ist zwar immer noch die am dünnsten besiedelte Region Deutschlands. Nirgends gibt es mehr Platz pro Kopf als da, wo ich zur Schule gegangen bin. Doch ich vermute, dass sich seit der Jahrtausendwende eine Menge verändert hat.

Als ich damals ging, wollte ich nur weg, weit weit weg von dieser mir wenig bedeutenden Gegend mit dem komplizierten Doppelnamen. Wie viele meiner Generation verabschiedete ich mich nach der Schulzeit und kam nur noch sehr selten aus Lübeck oder Hamburg, München oder Berlin, Vaasa oder Odessa zurück. Und wenn doch, dann für kurze Besuche.

Aber warum bin ich damals überhaupt abgehauen? War es eine Flucht vor Familie und Provinz? Oder ein Aufbruch? War ich jemals wirklich glücklich dort, wohin ich nun wieder will: in Schwerin, Rostock, Wismar, Groß Eichsen oder Gadebusch? Und wie werden alte Bekannte, Verwandte, Mecklenburger und Pommern reagieren, wenn einer plötzlich einfach wieder da ist?

Ich weiß es nicht und packe deshalb T-Shirts, Socken, Hosen, Musik und Bücher über Mecklenburg-Vorpommern in meinen Koffer. Als Reporter habe ich Südafrika, Georgien, Russland, England, Vietnam und die Ukraine bereist. Jede Recherche war ein Abenteuer. Doch die Neugier, die sich nun mit Unsicherheit in meinem Bauch mischt, ist neu.

Zuhause – schönes Wort, klare Bedeutung – trinke ich einen letzten Kaffee, klappe meinen Laptop zu und steige in meinen VW-Bus. Wir fahren raus aus Berlin, auf die Autobahn nach Norden. Vor uns liegen 80 Tage Mecklenburg-Vorpommern.

II. Start in Schwerin: Tod oder Leben?

> „Die Angst vor dem Leben
> ist größer als die Angst
> vor dem Tod." (Kathrin, 2002)

Tag 1: Moin!

Einige Baustellen auf der A24, kein Stau. Ich fahre an Blumenwiesen, Kühen, Wäldern, Windrädern und Stoppelfeldern vorbei. Auf den Äckern neben der Autobahn haben viele Bauern ihre Ernte schon eingeholt. Strohballen haben sie zurückgelassen. Rund, wie riesengroße Smileys sehen sie aus.

Herzsprung, Ausfahrt 21. Es ist nur ein Ortsname, doch ich muss an Kathrin denken. Noch ein paar Kilometer bis zur Landesgrenze. Je näher ich MV komme, desto mehr Stoppelfelder sehe ich.

In Schwerin parke ich in der Innenstadt. Die Sonne wärmt das Kopfsteinpflaster. Ich steige aus dem Auto, gehe ein paar Meter und schaue meinen VW-Bus an. Meine Tochter nennt ihn oft Waldemar. Wie Waldemar an diesem Hochsommertag dasteht, mit seinem dicken „B" auf dem Kennzeichen. Er könnte der VW-Bus eines Touristen sein, eines Touristen aus der Hauptstadt, der nun zu Fuß Schwerin erkundet und über die vielen historischen Gebäude staunt.

Durch enge Gassen gelange ich in die Altstadt, komme an *Elektro Eckstein* und an ehemaligen Büroräumen eines *Ebay*-Verkaufsagenten vorbei. Wie ein ausgesetzter Hund, der eine verlorene Fährte sucht, streune ich durch die Stadt. Eine Bäckerei-Filiale hat wegen Personalmangels geschlossen. Tauben suchen und finden Essensreste auf Gehwegplatten. Ich gehe weiter, bis zum Schloss. Umgeben von Seewasser ragt das märchenhafte Gebäude mitten in der Stadt in den Himmel. Fast jeder der vielen goldenen Türme glänzt in der Sonne. An einer Hauswand, dem Schloss gegenüber, bemerke ich ein etwa fünf mal fünf Meter großes Plakat: „Heimat trifft Gefühl", dazu ein Foto von zwei Menschen, die sich umarmen.

Ich bleibe eine Weile stehen, schaue auf die groß gedruckte „Heimat" und spüre ein Gefühl von Unsicherheit, das ich nicht genau deuten kann. 80 Tage? Die Reisezeit erscheint mir lang, vielleicht zu lang. Ich weiß noch nicht einmal, wo ich heute Abend schlafen kann.

Vielleicht kann Wolf Karge Orientierung geben. Er soll das sprechende Geschichtsbuch dieses Landes sein. Mehr als 30 Bücher hat er, der ehemalige Museumsleiter und Archivar, über Mecklenburg-Vorpommern geschrieben. Etwas Historie kann am Anfang so einer Reise nicht schaden, denke ich. Wer seine Vergangenheit kennt, rätselt vielleicht weniger in der Gegenwart. Ich gehe Richtung Dom und drücke auf den Klingelknopf mit dem Namen Karge.

„Hallo!", klingt es aus der Tür des alten Hauses.
„Moin! Steffen Dobbert hier."
„Willkommen! Zweite Etage."

Wolf Karge, ein schlanker Mann mit Stoppelvollbart und runden Brillengläsern, der 1951 in Schwerin geboren wurde, bietet mir ein Glas Wasser an. Wir setzen uns an einen Holztisch in seinem Büro. Ich erzähle, was mich zu ihm führt. Über uns an der Wand hängt eine riesige Landkarte Mecklenburg-Vorpommerns.

„Heimat, was bedeutet das für Sie, Herr Karge?"
„Reines Bauchgefühl. Es endet nicht an einer Landesgrenze und hängt für mich mit einem Slang zusammen, also dem Klang einer Sprache."
„Was ist Heimat?"
„Gegenfrage: Was ist typisch deutsch? Sauerkraut? Bauhaus? Schwarzwaldklinik? Rammstein? Merkel? Kohl? Die Volksmusikerin Stefanie Hertel? Die Kulturwissenschaft konnte das in vielen Forschungsjahren nicht eindeutig beantworten."
„Und wo ist Ihre Heimat?"

Wolf Karge spricht von Heiligendamm, dem ersten Seebad auf Europas Festland. Dort, direkt an der Ostsee, sei er aufgewachsen und mit der Molli, einer dampfbetriebenen Schmalspureisenbahn, täglich zur Schule nach Bad Doberan gefahren. Er schätze Schwerin auch sehr, sagt Karge. Aber Heimat, das sei kein leichter Begriff. Einige Museen im Land glaubten, sie müssten das Wort neuerdings aus ihrem Namen streichen – weil es nicht mehr gut oder modern genug klinge. Andererseits gebe es Versuche, den Begriff positiv zu deuten. Von links, rechts, überall werde um den Heimat-Begriff wieder gerungen.

Ich erzähle, dass 80 Prozent der Mitglieder der DDR-Heimatvereine zuvor in der NSDAP gewesen waren. Und dass der Heimat-Begriff in den vergangenen Jahrhunderten immer dann besonders häufig diskutiert wurde, wenn sich eine Neuordnung der Gesellschaft vollzog. Als die Fürstentümer Europas zerbrachen und zahlreiche Männer mit der Sehnsucht nach einer eigenen Nation in Kriege zogen. Als im 19. Jahrhundert die Industrialisierung Kontinentaleuropa erreichte und viele aus den Dörfern in die Fabriken der Städte zogen. Als die beiden Weltkriege endeten und heimatlos Gewordene eine neue Heimat suchen mussten.

Und heute? Wolf Karge und ich überlegen. Womöglich erleben wir nun eine vierte Phase, in der Heimat wieder häufig diskutiert wird. Vielleicht liegt es an der Erfindung des Internets, am weltweit vernetzten Handelssystem, an immer schneller fahrenden Zügen, Autos und Schiffen, an Handys und Laptops, die Videogespräche zwischen Hanoi und Anklam ermöglichen. Denkbar, dass uns ausgerechnet die Errungenschaften der Globalisierung stärker nach Orten oder Gemeinschaften suchen lassen, mit denen wir uns heimatlich verbunden fühlen.

Dann berichte ich Karge von den Worten, die ich nach meiner Ankunft auf dem Plakat gesehen habe: „Heimat trifft Gefühl!"

„Das ist PR!", sagt er trocken.

Was hatte ich eigentlich erwartet? Zwei Männer, die am ersten Tag dieser Reise bei einem Glas Wasser über ihre Heimat-Gefühle philosophieren, bis ihnen Tränen in die Augen steigen? Nicht mit Wolf Karge. Wir sind uns einig. Es ist schon schwer, eine Heimatdefinition in Bezug auf Deutschland zu finden. Architektur und Kultur sind hierzulande mindestens europäisch geprägt.

„Eins noch", sagt Karge: „Kein Mecklenburger benutzt das Wort Moin! Geht nicht! Kommt vermutlich aus Schleswig-Holstein. Die Mecklenburger sagen: Tach. Und Schwätzer hängen noch etwas dran. Taching oder so. Es gibt da im Plattdeutschen feine Unterschiede."

Ich nehme einen Schluck Wasser. „Moin" ist das einzige, das ich jedem gerne in Gedenken an meine Herkunft aus dem Norden zur Begrüßung entgegenschleudere. Ausgerechnet das soll heimattechnisch falsch sein?

Trotzdem: Ich mag Wolf Karge, weil er viel weiß, aber seinen Doktortitel nie erwähnt. Und weil er mir Tipps für meine Reise gibt: das Künstlerdorf Ahrenshoop auf der Halbinsel Fischland-Darß-Zingst, die Insel Hiddensee und den Hügel der unbekannten Toten, einen Soldatenfriedhof auf der Insel Usedom in Kamminke, von dem ich noch nie etwas gehört habe. Ich schreibe mir

Notizen ins Handy, bedanke mich und gehe nach einem Händedruck hinaus in die Stadt.

Wieder laufe ich durch die Gassen der Altstadt. Jetzt kehrt die Erinnerung zurück: Marktplatz, Puschkinstraße, Schloßstraße, Marienplatz und dann immer gerade hoch. Bevor wir damals in unsere kleine Dachgeschosswohnung gezogen sind, hatte ich Kathrin oft bei ihren Eltern besucht. Deren Haus steht noch immer in der Voßstraße. Der Putz an der Garagenwand kommt mir vertraut vor. Ob ich einfach klingeln kann, ohne Voranmeldung nach so vielen Jahren?

Ich weiß nicht.

Ich klingele.

Ein Hund bellt. Die Tür geht auf. Der Hund, groß wie ein kleines Kopfkissen, und Heidi, Kathrins ältere Schwester, stehen vor mir. Vor etwa 17 Jahren haben wir uns das letzte Mal gesehen. Ohne zu zögern umarmen wir uns und reden eine Weile. Ich erzähle über dieses Buchprojekt, was mich nach Schwerin führt.

Ihre Mutter sei vor wenigen Jahren kurz nach ihrem Vater gestorben, sagt Heidi. Krebs, beide. Ihr Vater habe es bis zu seinem Tod nicht überwunden, dass er es gewesen sei, der Kathrin damals gefunden habe. Viele Dinge ihrer Schwester musste sie wegschmeißen, sagt Heidi. Aber ein Karton sei noch da, mit Fotos und Tagebüchern von Kathrin. Ob sie den holen solle?

Der kleine Hund leckt meine Füße. „Gerne, aber nicht mehr heute", antworte ich. Das geht mir zu schnell.

Nachdem die Tür hinter mir ins Schloss gefallen ist, atme ich durch und schaue in den Himmel. Langsam gehe ich entlang der Straßenbahnschienen Richtung Marienplatz. Auf der Eisenbahnbrücke in der Wittenburger Straße bleibe ich kurz stehen. Etwas Abendsonne scheint durch die Wolken hindurch. Auf dem Giebel eines Wohnhauses leuchtet in der Dämmerung ein Wandbild. Es zeigt den Wasserkreislauf der Natur.

Die Luft riecht nach Sommer. Es ist ein schöner Abend.

Tag 2: **Verfolgungsjagd mit der Stasi**

Ich erwache auf der Couch im Arbeitszimmer einer Wohnung, die mir fremd ist, gehe ins Wohnzimmer und entdecke einen Zettel auf dem Tisch: „Kaffee ist in der Kanne". Das muss Christina geschrieben haben, vermute ich, bevor sie zur Arbeit nach Rostock gefahren ist. Obwohl sie mich nie zuvor gesehen hatte, sie hier mit ihrem Freund wohnt und im vierten Monat schwanger ist, hat sie mich als Couchsurfer aufgenommen. Ich trinke einen Kaffee und blättere durch ein Buch, das ich für die Reise mitgenommen habe. „Atlas des Aufbruchs" heißt es. Es geht um 1989 in MV. Ich lese von einem Wolfram Grafe, und Google sagt, er betreibe heute ein Geschäft in der Schweriner Innenstadt. Ich rufe an und habe Glück.

Wenn ich dieses Land begreifen will, muss ich bei den Anfängen beginnen. Und einer der Anfänge MVs liegt in der Revolution 1989 – ohne die gäbe es das Bundesland heute nicht und ich hätte als Thälmannpionier ein rotes Halstuch bekommen.

Ich gehe an der Paulskirche vorbei zum Pfaffenteich. Winzige Wellen laufen über die Wasseroberfläche. Eine Entenfamilie schwimmt hastig über das Wasser. Wirkt so, als hätte sie heute noch etwas vor. Ich beeile mich.

1989, am Wochenende nach dem Mauerfall, fuhren meine Eltern mit mir das erste Mal über die Grenze „nach drüben". Ich war sieben Jahre alt, und als wir ewig im Stau standen, boten unbekannte Menschen uns Kuchen, Kaffee und Tee zur Begrüßung an. Eine Frau schenkte mir ein selbstgenähtes Kuscheltier: hellblau und bärenähnlich sah es aus, mit Knopfaugen. Das blaue Bärenwesen saß nach diesem Wochenende noch lange in meinem Kinderzimmer. Die Revolution hatte seitdem für mich Knopfaugen.

Viel mehr habe ich vom Mauerfall und der Wiedervereinigung nicht mitbekommen. Was ein Volksaufstand wirklich bedeutet, erlebte ich erst, als ich als Reporter in der Ukraine arbeitete. Im Stadtzentrum Kiews starben am 20. Februar 2014 auf dem Maidan mehr als hundert Menschen. Einer von ihnen – Andrij Stepanowitsch Saienko, ein Name, den ich nie vergessen werden – wurde direkt vor meinen Füßen erschossen, weil er für mehr Demokratie und weniger Korruption auf die Straße gegangen war.

Warum kam es 1989 in DDR-Städten wie Schwerin nicht so weit? Mit dieser Frage im Kopf erreiche ich Wolfram Grafes Büro in der Münzstraße. Er trägt kleine, runde Brillengläser, eine schwarze Weste über einem blauen Hemd, helles Haar und einen grauen Bart. Auf dem Tisch liegt eine Packung Zigarren. Früher habe er Pfeife geraucht, sagt er, und macht uns zwei Tassen Kaffee. Dann setzt er sich in einen Lederstuhl und erinnert sich.

Ende der Achtziger arbeitete Grafe als Stadtjugendrat der evangelischen Kirche in der *Oase*, einem ausgebauten Boden einer Kirche auf dem Großen Dreesch. Das Ministerium für Staatssicherheit hörte damals sein Telefon ab und vor seinem Haus im Schleifmühlenweg stand fast immer ein Überwachungswagen. Eines Abends nahm sich Grafe einen Brief vom Schreibtisch, den er noch einstecken wollte. Von seiner Wohnung fuhr er mit seinem grünen Trabant los. Ein Lada der Stasi folgte ihm bis zur Post. Grafe warf den Brief ein und setzte die Fahrt fort. Der Lada folgte ihm immer noch.

Es war nun schon kurz vor Mitternacht, leere Straßen – eigentlich alles wie gewohnt. Da stellte sich Grafe spontan eine Frage: Ob er die Stasi abhängen könne?

Er gab einfach mal Gas. Die Spitzel folgten ihm quer durch Schwerin bis auf die mehrspurige Ausfallstraße. Grafe raste sich einen kleinen Vorsprung heraus und wendete unerwartet über den Mittelstreifen. Als ihm der Stasi-Lada auf der Nebenfahrbahn entgegenkam, winkte er. Er hatte sie wirklich abgehängt. Die Staatssicherheit ist sogar langsamer als ich, dachte Grafe. Und als er wieder zu Hause ankam, sah er, wie vor seinem Haus schon ein anderer Lada wartete.

So sei das damals gewesen. Wegen der Verfolgungsjagd habe es keinen großen Ärger gegeben, sagt Grafe und setzt seine Kaffeetasse auf dem Tisch ab. Ich habe den Überwachungswahn der DDR in einigen Filmen gesehen: *Gundermann* oder *Das Leben der anderen*. Doch Grafes Augenzeugenbericht fesselt mich viel mehr. Seine Anekdote sagt: Die Stasi war immer da. Und einige der Überwachten hatten sich so sehr daran gewöhnt, dass sie sich sogar Späße erlaubten.

„Was war Ihr stärkstes Revolutionserlebnis?", frage ich. Grafe überlegt nicht lange und erzählt vom 23. Oktober 1989. An diesem Montagabend, zwei Wochen nach der entscheidenden Demo in Leipzig, erreichte die Revolution die Bezirks- und Beamtenstadt Schwerin. Im schlimmsten aller Fälle, befürchtete Grafe, könnte es enden wie im Juni '89 in Peking, als auf dem Tian'anmen-Platz mehrere Hunderte Menschen starben und die Protestbewegung gestoppt wurde. Für so ein Szenario hatten Grafe und seine Frau die Kinder sicherheitshalber bei Freunden untergebracht.

Zur Demo kamen in Schwerin etwa 40 000 Menschen, viel mehr als gedacht. Mit brennenden Kerzen in den Händen liefen sie vom Dom erst eine Runde um den Pfaffenteich, vorbei am Arsenal-Gebäude der Polizei, und dann durch die Altstadt Richtung Schloss. Zunächst blieb es friedlich. Die Menschen sangen Lieder für mehr Freiheit und skandierten Rufe gegen den Unrechtsstaat.

Am Platz vor der Schlossinsel trafen beide Seiten aufeinander. Die SED hatte zur selben Zeit eine eigene Kundgebung organisiert, Soldaten zusammenziehen und Waffen verteilen lassen. Es war ein ungleiches Kräftemessen. Die Demonstranten waren mehr, doch die Vertreter des Staates hatten Gewehre.

Und plötzlich wollten einige Demonstranten das Gebäude der SED-Bezirksführung stürmen. Vor allem die Jüngeren unter ihnen brüllten und waren entschlossen, Gewalt anzuwenden. Grafe versuchte sie zu beruhigen. Die Situation war unübersichtlich und brenzlig. Doch durch das Eingreifen von Grafe und anderen konnten die wütenden Demonstranten von ihrem Plan abgehalten werden. Sie brachen keine Tür auf. Die Soldaten feuerten keinen einzigen Schuss ab.

Einige Monate nach der Demo traf Grafe einen Mann, der in dieser Nacht des 23. Oktober dabei gewesen war. Als Soldat stand er mit geladener Waffe hinter der Tür des SED-Gebäudes – quasi gegenüber von Grafe. Hätten die Demonstranten die Tür aufgebrochen, hätte dieser junge Soldat den Schießbefehl seiner Vorgesetzten befolgen müssen.

Revolutionen sind Tage des Umbruchs, an denen jede und jeder Einzelne für sich entscheiden muss, wie weit er geht. Der Volksaufstand in der Ukraine war in meinem Leben ein Wendepunkt. Danach begann in mir ein Prozess des Nachdenkens und der Politisierung. Grafe erging es 1989 ähnlich. Er sah, dass Veränderung möglich ist. Der 23. Oktober 1989 zähle zu den spannendsten Tagen seines Lebens, sagt Wolfram Grafe.

Noch lange könnte ich ihm zuhören: Wie viele Kirchenoberen erst abwarteten und sich dann auf die Seite der Demonstranten stellten. Wie das Neue Forum gegründet wurde. Aber ich hatte Heidi etwas versprochen.

Als ich in der Voßstraße ankomme, warten Donuts auf dem Gartentisch. Heidis Tochter ist auch da. In ihrem Gesicht erkenne ich die Dreijährige, die damals morgens oft zu Kathrin und mir ins Bett geklettert kam. Sie ist nun eine junge Frau, die in Wismar studiert. Wir trinken Kaffee. Ich fühle mich entspannter als gestern und bemerke, wie vielfältig die Blumen in Heidis Garten blühen. Sie holt einen grauen Karton mit geriffelter Oberfläche aus dem Haus und stellt ihn vor uns auf den Tisch. Vermutlich habe Kathrin ihn irgendwann einmal bei *Nanu-Nana* gekauft, sagt sie. Kathrin liebte solche

Krimskrams-Läden. Wir lachen, schauen kurz in den Karton – und reden über das Schweigen nach dem Tod.

Ob ich Kathrins Relikte nicht mitnehmen möchte, fragt Heidi. Ich überlege kurz, bedanke mich für ihr Vertrauen und gehe kurz darauf mit dem Karton unterm Arm zum Auto.

Tag 3: **Die alte Wohnung**

Die Sonne scheint mit voller Energie, ein heißer Augusttag. Nach dem Aufstehen gehe ich am Ufer des Pfaffenteichs spazieren. Möwen segeln über den Vormittag. Dieser Teich, mitten in der Stadt, erinnert mich an die Binnenalster in Hamburg. Ein bisschen ist Schwerin ja wie Hamburg, denke ich, nur weniger von sich selbst überzeugt.

Nachmittags komme ich in der Pension *Karina* an, die es schon im Jahr 2000 gab. Das winzige Hotel befindet sich in der Nähe der Wohnung, in der ich einst mit Kathrin gelebt habe. Das Bett in meinem Zimmer steht direkt unter dem Fenster zur Werderstraße.

Ich stelle den grauen Karton und meine Tasche ab und gehe wieder hinaus. Der alte *An- und Verkauf* an der Ecke Robert-Koch-Straße ist noch da, sonst ist einiges anders. Ein Banken- und Versicherungsunternehmen hat seinen Firmensitz neu gebaut, ein majestätisches Gebäude, vor dem der Rasen kurzgemäht ist. Ich gehe weiter bis in die Joseph-Haydn-Straße. Der Kindergarten gegenüber unserem Hauseingang hat sich kaum verändert. Aus einigen Fenstern im Erdgeschoss des Wohnblocks dringen Töne eines Fernsehers. In einer anderen Wohnung schreit ein Baby. Die Eingangstür ist noch die gleiche: Holz, in Blau und in Weiß gestrichen. Ganz oben haben wir gewohnt.

Soll ich einfach klingeln? Ohne lange zu überlegen, drücke ich auf den Klingelknopf oben rechts. Mein Herz schlägt schneller. Niemand öffnet. Einen Augenblick stehe ich vor der Tür, durch die ich vor etwa 20 Jahren fast jeden Tag gegangen bin. Zwei Männer kommen vorbei und betreten das Haus. Bevor sich die Tür wieder schließt, folge ich ihnen. Sie verschwinden in einer Wohnung in der zweiten Etage. Ich gehe die Treppen weiter hinauf, bis ich vor unserer einstigen Wohnung stehe. Erinnerungen kehren zurück. In meinem Kopf sehe ich, wie es hinter der Tür ausgesehen hat: der kleine Schrank im Flur, unsere Schlafhöhle in der Dachschräge und der Dachbalken im Wohnzimmer.

Ich nehme einen Stift und ein Stück Papier aus meiner Tasche. „Hallo, meine Name ist Steffen Dobbert. Ich habe vor langer Zeit hier gewohnt. Jetzt bin ich wieder in Schwerin. Darf ich mit Ihnen/ Dir mal sprechen? 15 Minuten wären toll. Bitte um kurze Nachricht." Den Zettel schiebe ich mit meiner Telefonnummer unter der Wohnungstür hindurch, drehe mich um und gehe die Stufen langsam wieder hinab. Unterwegs schießen Fragen durch meinen Kopf: Was, wenn mir jemand aufgemacht hätte – wäre ich wirklich einfach in die alte Wohnung gegangen? Was hätte ich gesagt? Und was mache ich hier eigentlich?

Unten auf dem Gehweg werde ich unruhig. Ich schaue in den Himmel und gehe schneller. Wenn ich ein Buch über Mecklenburg-Vorpommern schreiben soll, könnte ich zu den sechs, sieben wichtigsten Touristen-Attraktionen fahren – Ostseebäder, Kreidefelsen, Seenplatte. Irgendetwas würde ich darüber schon recherchiert und aufgeschrieben bekommen. Doch was unterscheidet mein Buch dann von vielen anderen? Nein! Ich muss auch da hinschauen, wo es schmerzen könnte. Ich bin der Ich-Erzähler auf dieser Reise. Und ich möchte eine Reportage über die Gegenwart dieses Landes schreiben, jenseits von Klischees und Tourismusmarketing.

Auf dem Rückweg zur Pension komme ich an einem Karton mit Spielsachen vorbei. Er steht mitten auf dem Bürgersteig. Ein altes verwuscheltes Kuscheltier und ein rotes Spielzeugauto von *Hot Wheels* liegen darin. „Nimm mich mit! :)" hat jemand auf die Pappe geschrieben. Ich gehe weiter.

Als ich damals aus Schwerin abgehauen bin, wollte ich Kathrin nicht verlassen. Ich wollte sie nie verlassen. Aber nachdem, was hier passiert war, musste ich fortgehen und Abstand gewinnen.

In der Pension lege ich mich ins Bett, nehme den Deckel vom grauen Karton und lese ein paar Seiten in Kathrins Tagebüchern. Da sind die Erlebnisse unseres Ägyptenurlaubs und die Zeilen, die sie in unserer Wohnung zurückgelassen hat:

„Ich kann nicht anders. Die Angst vor dem Leben ist größer als die Angst vor dem Tod. Ich halt das nicht mehr aus. Trotzdem liebe ich Euch. Seid nicht traurig. Ich wollte es so."

So hat Kathrin es auf die Rückseite eines Briefumschlags der Volks- und Raiffeisenbank geschrieben. Wie eine schnelle Notiz oder eine Einkaufsliste, die man hinkritzelt, bevor man rasch in den Supermarkt geht. Danach hat sie sich am Dachbalken unserer Wohnung erhängt.

Tag 4: **Hallo Happy!**

Spät wache ich in meinem kleinen Pensionszimmer auf und liege noch eine Weile im Bett. Die Matratze fühlt sich hart an, das Bettlaken und die Decke sind weich. Manchmal ist das Schöne zu nah, um es gleich zu erkennen. Dann dusche ich lange, ziehe mich an und gehe zum Frühstück. Es gibt Rühreier, Käse-, Tomaten- und Fleischsalat. Einige Salate, das Obst und das Ei bereite sie selbst zu, sagt die Pensionsbetreiberin. Bevor sie zusammen mit ihrer Mutter das Gebäude in den 1990ern kaufte, waren hier eine Weinhandlung, eine Gastronomie, ein Fischladen, ein Geflügel- und Wild-Geschäft, eine Bäckerei und ein Milchmann untergebracht. Mehr als 200 Jahre ist das Haus alt, wurde also noch vor Willy Fogs Reise um die Welt gebaut. In den ersten Jahren kassierte ein Nachtwächter von den Hausbesitzern Geld dafür, dass er abends die Gaslaternen in der Werderstraße auslöschte.

Ich esse vom Rührei und habe immer noch Sorgen, wie es mit meiner Reise weitergehen soll. Verschluckt mich die Vergangenheit, wenn ich bis spät in die Nacht in Kathrins Tagebüchern lese? Welche Ziele soll ich in Mecklenburg-Vorpommern ansteuern, um die Veränderungen zu erleben, die es seit meinem Weggang gegeben hat? Versagensängste breiten sich langsam in mir aus. Um mich zu sortieren, schnappe ich mir die Ausgabe der *Schweriner Volkszeitung* und spaziere nach dem Frühstück zum Ufer des Pfaffenteichs. Die Enten sind noch da. Sie schwimmen. Ich setze mich auf eine Bank und lese einen Artikel über Nacktwanderungen. Verrückt. Ich reiße die Seite heraus, stecke sie ein und gehe weiter zum Südufer.

Auf den Stufen vor dem Wasser sitzt eine ältere Frau, vor sich ein Baby. „Finn, neun Monate alt, in Luzern in der Schweiz geboren, aber im Herzen schon jetzt ein Mecklenburger", sagt seine Großmutter. Über uns krächzt eine Möwe. Finn ist das egal, er freut sich über sechs Küken, die vor unseren Augen einer Ente hinterherwatscheln. Ich höre, wie sich hinter mir zwei Männer unterhalten und drehe mich um. Der eine trägt eine Brille, der andere raucht. Beide halten ein *Sternburger Pils* in der Hand. Zwischen ihnen steht eine Flasche Pfefferminzlikör. Sie bieten mir einen Schluck an.

Was soll's. *Pfeffi* erinnert mich an *Berliner Luft*, eine schon zu DDR-Zeiten beliebte Likör-Marke, die ich in der Hauptstadt kennengelernt habe. Ich trinke und komme mit dem Brillenträger ins Gespräch. Auf der einen Seite seines Kopfes hat er sich die Haare kurz rasiert, auf der anderen nicht. Eigentlich heiße er Benny, aber alle würden ihn Happy nennen. Er sei der letzte Punker Schwerins, sagt er lächelnd, und reicht mir erneut die Flasche.

Happy wurde 1990, im Jahr der deutschen Wiedervereinigung, geboren. Seitdem hat er „ordentliche Scheiße" erlebt, wie er sagt. Jugendknast, Schläge, Obdachlosigkeit. Vielleicht strahlt er gerade deshalb eine gewisse Furchtlosigkeit aus. Ich erzähle von diesem Buch, das ich schreiben möchte, und frage, ob er mich begleiten mag. Happy nickt.

Da mich das Schloss schon an Tag 1 faszinierte, schlage ich das dortige Museum vor. Zusammen gehen wir die Mecklenburgstraße hinunter und biegen Richtung Schlossinsel ab. Im Museum schauen wir in die Waffenkammer und sehen Gold. Im Thronsaal quatschen wir länger mit einem Mitarbeiter. Er sagt, die Architekten hätten sich durch das französische Renaissanceschloss Chambord an der

Loire inspirieren lassen. Happy nickt, so als ob er das bereits gewusst hätte, und macht ein Foto von mir.

Nach unserem Museumsrundgang möchte er mich auf ein Bier einladen. Nur wo? Ich frage, ob er den Park der Carl-Friedrich-Flemming-Klinik kenne. Happy nickt erneut, lächelt – und wir haben ein neues Ziel.

Erst verlassen wir mit Waldemar die Altstadt und fahren raus zum Großen Dreesch, wo Happy eine Wohnung gemietet hat. Er sagt, die Leute teilten den Dreesch immer noch in drei Abschnitte ein: Dreesch I, Dreesch II und Dreesch III. Früher, in den Neunzigern, sei Dreesch I das „Möchtegernnazi-Viertel" gewesen, viele Bomberjacken. Im Dreesch II wohnten auch ein paar „Möchtegernnazis" und einige Ausländer, es sei der gemischte Stadtteil gewesen. Dreesch III galt als komplettes Ausländer-Ghetto. Dort sollen so viele Schusswaffen und Macheten im Umlauf gewesen sein, dass selbst die Polizei sich nur mit Sondereinsatzkommando hineintraute. Mittlerweile sei aber vieles anders. Einige DDR-Plattenbauten wurden abgerissen, andere umgebaut und saniert. Auch er laufe hier nicht mehr mit einer Axt in der Tasche umher, sagt Happy.

Ich vermute, dass diese Aufteilung in Ausländer- und Nichtausländer-Viertel ein Grund ist, weshalb Schwerin heutzutage deutschlandweit die Stadt mit der größten Segregation ist. Nirgends wohnen arme und reiche Menschen weiter getrennt voneinander als hier. Man spürt diese Trennung, wenn man aus der touristenschönen Altstadt auf den Dreesch fährt. Im Stadtinneren das sanierte pittoreske Schloss, das Museum, Theater, Kirchen, Urlaubergruppen, die alles fotografieren; in manchen Außenbezirken dagegen ehemalige Kaufhallen, die 30 Jahre nach der Revolution immer noch verfallen, und Wohnblöcke aus Betonplatten, in denen Sozialhilfeempfänger leben.

Wir fahren vom Süden der Stadt in den Norden. Vor der Klinik parke ich Waldemar in einer Seitenstraße. Happy und ich nehmen unsere Bierflaschen und gehen zu Fuß auf das Gelände, das sich bis zum Ziegelsee erstreckt. Die Hitze des Tages hat sich in eine schöne Abendwärme gewandelt. Vor uns landet in der Krone eines Baumes ein Vogel. Er sitzt, schaut auf uns hinab und fliegt fort. Wir gehen weiter, zwischen den Gebäuden der Nervenklinik auf einem schmalen Weg entlang.

Als er noch ein Kleinkind war, musste er zusehen, wie sein „Erzeuger" mit einer Bierflasche auf seine Mutter einschlug, viel Blut. Oft habe er von diesen Bildern geträumt, erzählt Happy. Seine Mutter sei wegen der Schläge irgendwann zusammen mit ihm abgehauen, zu ihren Eltern auf ein Dorf im Westen Mecklenburgs. Aber sein Opa, der im Zweiten Weltkrieg für die Nazis gekämpft hatte, trank Alkohol. Und er hatte eine Flinte, eigentlich für die Jagd. Als Happy 13 Jahre alt war, holte die Vergangenheit seinen Großvater ein. Nachts ging er mit seiner Flinte raus auf den Hof und schoss auf Tauben, die er für Soldaten hielt. Happy hörte das, riss ihm das Gewehr aus der Hand und schlug zu. Opa fiel um. Happy versteckte die Flinte in einer Tiefkühltruhe im Keller. Die unmittelbare Gefahr war vorbei. Aber beide, Happy und sein Großvater, standen unter Schock.

Im Krankenhaus sagten die Ärzte, der alte Mann sei dement und die Krankheit nicht mehr aufzuhalten. Happy wusste, dass Opa nie wieder Opa sein würde, packte ein paar Sachen und verschwand. Viel Leben, viele Drogen, viel Freiheit, mit der man umgehen können muss, und Depressionen folgten in den kommenden Jahren. Happy sagt, bis heute könne er es sich nicht verzeihen, dass er es gewesen sei, der den Großvater, den er sehr liebte, niedergeschlagen habe.

Happy erzählt seine Geschichte, ohne zu überlegen, bevor ein neuer Satz beginnt, und ohne Scham. Wir sitzen mittlerweile auf einer Bank des Klinikgeländes vor dem Gebäude der Station 25. Die Dunkelheit erfasst immer mehr, die Umrisse der Fenster des Stationsgebäudes verschwimmen langsam. Hinter uns erhebt sich ein Mammutbaum. Kurz frage ich mich, ob all das wirklich so passiert sein kann. Als Journalist ist man geübt darin, Leuten zuzuhören und ihre Glaubwürdigkeit einzuschätzen. Happy wirkt auf mich authentisch. Und, denke ich, es ist seine Entscheidung, wie er den Lauf seines Lebens deutet.

Happy und ich stellen fest, dass wir beide schon einmal in dieser Klinik waren. Er, weil er seine Drogensucht besiegen wollte. Ich, weil ich hier Kathrin traf. Mit ihr ging ich damals oft auf dem Parkgelände spazieren. Und während ich nun hier sitze, werden die Erinnerungen wieder deutlicher. Ich sehe, wie Kathrin und ich einst gemeinsam unter diesem Mammutbaum saßen. All das, was damals mit ihr und mir geschah, läuft wie ein Film, den man in doppelter oder dreifacher Geschwindigkeit abspielt, noch einmal in mir ab.

Unsere Bierflaschen sind fast leer. Ich schaue zu Happy. Dieser Bursche, der es seit seiner Geburt nicht leicht hatte, lässt sich Happy nennen, obwohl er Benny heißt. Ein paar Augenblicke schweigen wir. Mein Leben erscheint plötzlich kleiner, unbedeutender. Die Angst, die ich heute morgen vor diesem Buch hatte, relativiert sich.

Bevor wir gehen, zeigt Happy mir noch den Schrei-Baum. Ein Patient, der keine Tabletten nehmen wollte, habe von seinem Arzt gehört, dass er in den Park gehen und schreien könne – immer dann, wenn die Depression in starken Schüben wüte. Dem sei der Patient gefolgt, sagt Happy, oft und lange. Jedes Mal, wenn er im Park vor diesem umgefallenen Baum gestanden und geschrien habe, hätte er in die Rinde ein Bild geritzt. Tatsächlich: Ich erkenne im Baum ein Paar, das auf einer Bank sitzt, daneben schwebt eine Eule. Obwohl es schon dunkel ist, strahlt der Schrei-Baum Kraft aus. Wuchtig und würdig wirkt er, wie er der da vor uns im Park liegt.

Tag 5: **Im Schloss**

Das erste Mal auf dieser Reise erwache ich in meinem Bus. Waldemar steht vor dem Stall in Groß Eichsen, in dem sich meine Großeltern früher um Schweine, Tauben, Katzen, Hühner und Enten kümmerten. Vor meiner Geburt hatten sie auch mal eine Kuh.

Ein kleines Dorf vor Schwerin: ein See, ein Friedhof, ein Bauer, ein Wald und eine Kirche aus dem Mittelalter. Für etwa zehn Familien bildet Groß Eichsen ein Zuhause. Ich muss etwa sieben Jahre alt gewesen sein, als ich mit Opa Jochen an der Kirche vorbei zum See ging. Wir fuhren mit seinem Angelkahn hinaus. Es war nicht das erste Mal, dass er mich mitnahm, als Kind war ich oft hier, aber an diesem Tag fing ich meinen ersten Aal. Ich war fasziniert von diesem sich schlängelnden Wesen. Aale sind wie Fische und auch wie Schlangen. Wenn Menschen sie nicht hindern, überqueren sie in ihrem Leben einen ganzen Ozean, schlängeln sich über feuchte Wiesen und schwimmen durch Flüsse, nur um am Ende ihres Daseins den ganzen Weg wieder zurückzukehren. Warum? Das weiß kein Mensch genau.

In Groß Eichsen sah ich auch meine erste Bisamratte durchs Wasser huschen, sammelte meine ersten Champignons, blickte das erste Mal in Wildschweinaugen, lernte Moped- (mit dem S51 von Opa Jochen) und Autofahren (mit dem Trabant von Opa Jochen). Opa Jochen verstand mich oft und half mir bei vielem. Seit 2010 liegt er auf der anderen Straßenseite auf dem Friedhof der Kirche, Krebs. Ich vermisse ihn ähnlich wie Kathrin.

Ich mache mir einen Kaffee, dusche im Badezimmer meines Onkels und denke an Happy. Wir haben uns um 11 Uhr bei der *Caritas* verabredet. Als ich in Schwerin ankomme, bin ich fast eine halbe Stunde zu spät. Happy ist nicht mehr da. Und Telefonnummern wollten wir erst heute austauschen. Ich gehe zum Pfaffenteich. Doch da, wo er und sein Kumpel mit der Zigarette gestern saßen, hat das *Landespolizeiorchester* heute Posaunen, Trompeten, Pauken und Lautsprecher aufgebaut. Sie spielen *Griechischer Wein*. Kein Punker weit und breit zu sehen.

Ich ärgere mich über meine Unpünktlichkeit, laufe durch die Innenstadt und treffe Hans, der in der Fußgängerzone mit drei weißen Schäferhunden sitzt. Neben ihm liegen ein Schafsfell, eine Packung Hundefutter und ein selbstgemaltes Schild: „Schäfer ohne Arbeit." Ich zeige Hans auf meinem Handy ein Foto von Happy und gebe ihm einen Zettel mit meiner Nummer, falls Happy vorbeikommen sollte. Dann gehe ich schnell weiter Richtung Schlossinsel.

600 Zimmer und 953 Türen soll das Schweriner Schloss haben. Noch bevor ich durch die erste gehe, frage ich mich, wie ein Schloss in einem Märchen auszusehen hat. Es gibt ja keine Definition. Aber dieses Gebäude, komplett umgeben von Wasser, mit den uralten Bäumen im Park, mit dem gepflasterten Innenhof, gekrönt mit unzähligen vergoldeten Dachspitzen, die wie Pfeile in den Himmel ragen – dieses Gebäude auf dieser Schlossinsel sieht sehr märchenhaft aus.

In einem der Schlosstürme befindet sich das Büro von Armin Tebben, dem Direktor des Landtages, mit dem ich verabredet bin.

Der 1960 Geborene trägt einen dunklen Anzug und eine rosafarbene Krawatte. Eigentlich sei er Jurist, sagt er. Doch wer ihn länger als eine Stunde über die Restauration des Schlosses reden hört, könnte ihn auch für einen Bauleiter halten, der sich in seine Baustelle verliebt hat. 1993 betrat Tebben das Schloss zum ersten Mal, 2000 wurde er Direktor des Landtages und so zum obersten Bauherrn der Anlage. Er organisierte die Sanierung der Außenfassade und den Neubau des Plenarsaals. Tebben erzählt von einem ölverschmierten Vogel, den mal jemand aus Protest gegen die Landesregierung ins Parlament geschleppt habe, und von der NPD, die zehn Jahre im Landtag vertreten war. Ich nippe an meiner Kaffeetasse, höre zu und sehe mich um. Egal, aus welchem Fenster seines Büros man schaut, es sieht immer atemberaubend aus. Erst als er mir erklärt, worin sich aus seiner Sicht NPD und AfD unterscheiden, sind wir nicht einer Meinung.

Die NPD-Abgeordneten wurden über zwei Legislaturperioden von den übrigen Parteien im Landtag ausgegrenzt, sagt Tebben. Doch mit der AfD sei das anders. Auch wenn ihre Mitglieder sich ähnlich rassistisch verhielten, würden sie nicht mehr in gleicher Form ausgeschlossen. Man reiche sich mittlerweile die Hand. „Ernsthaft?", frage ich. Ich erinnere mich an den *Schweriner Weg*. Unter diesem Namen ist die Blockade der demokratischen Parteien gegen die NPD bekannt geworden. Drei Grundsätze gehörten dazu:

ERSTENS: Jedem Antrag, der von der NPD-Fraktion eingebracht wird, entgegnet für die demokratischen Fraktionen jeweils nur ein einziger Abgeordneter.

ZWEITENS: Jeder Antrag, der die NPD-Fraktion eingebringt, wird von den demokratischen Fraktionen geschlossen abgelehnt.

DRITTENS: An politischen Informations- und Diskussions-Veranstaltungen nehmen die demokratischen Abgeordneten nur dann teil, wenn kein Vertreter der NPD eingeladen ist.

2006 überzeugte die NPD 7,3 Prozent der Wähler und errang sechs Landtagsmandate. Nach Unterzeichnung des *Schweriner Weges* schaffte die Partei es bei der nächsten Wahl 2011 mit 6 Prozent knapp noch einmal in den Landtag. Und 2016 gelangte die NPD dann nicht mehr ins Parlament. Tebben entgegnet, dass 2016 dafür die AfD nach einem Wahlkampf gegen Flüchtlinge 20,8 Prozent der Wählerstimmen erreichte. Und, sagt er, man könne eine Partei, die so viele Wähler überzeugte, nicht einfach ausgrenzen. Ich widerspreche. Der *Schweriner Weg* sei gegen die NPD erfolgreich gewesen und müsse gegen die AfD fortgesetzt werden. Dann belassen wir es dabei. Tebben kennt sich im Schweriner Politbetrieb besser aus. Und ich möchte, dass er mir noch den Plenarsaal zeigt.

In Brüssel, in Straßburg, in Kiew, Berlin, Rom und im Westminster Palace in London, wo die Mutter aller Parlamente ihr Zuhause hat, habe ich mir als Reporter die Streitkammern der Demokratie angeschaut. Diese Räume, die zum Zweck der Debatte erbaut wurden, strahlen alle etwas Einzigartiges aus. Das Schweriner Parlament im Schloss kenne ich noch nicht. Tebben grinst in seinen Stoppelbart. Wir gehen los.

Weiß und schlicht wirkt der Plenarsaal des Parlaments. Pompösen Schnickschnack oder Luxus kann man dem Architekten nicht vorwerfen. Die Namen der 71 Volksvertreter sind mit weißem Klebestreifen an den Tischen angebracht. Und würde durch die farblosen Wandbretter nicht das Schloss durchschimmern, man könnte glauben, im Tagungsraum einer Klinik zu stehen.

Nach dem Zweiten Weltkrieg, als das heutige Mecklenburg-Vorpommern erst Teil der Sowjetischen Besatzungszone und dann der DDR wurde, saß das Parlament für wenige Jahre bis zu seiner Auflösung schon einmal im Schloss. Dann zog bis 1981 eine Pädagogische Schule zur Ausbildung von Kindergärtnerinnen und Kindergärtnern ein. Auch meine Oma Elsbeth, die Frau von Opa Jochen, erlernte hier ihren Beruf und wohnte während dieser Zeit in der einstigen Residenz.

Tebben und ich gehen weiter, Stufe um Stufe höher. Wir kommen an einer kleinen Kirche, die Teil der Anlage ist, und an zwei leeren historischen Särgen vorbei, die auf einem der vielen Dachböden stehen und aus dem 19. Jahrhundert stammen sollen. Ich mache ein Foto nach dem anderen und begreife, dass es nur eine Frage der Zeit sein kann, bis all das zum UNESCO-Welterbe ernannt wird.

Als wir den höchsten Punkt auf dem Schlossturm erreicht haben, findet der Blick kein Ende mehr. Von oben sieht alles – die Altstadt, der Dreesch, Menschen, Autos, Seen, Bäume und Gebäude – klein wie in einer Playmobil-Welt aus. Irgendwo da unten ist bestimmt Happy.

III. Herr Khoi weint: Kontrolle oder Freiheit?

„Schön ist, was man mit Liebe betrachtet."
(Christian Morgenstern, 1895)

Tag 6: Wodka auf der Hanse Sail

„Eine in die Jahre gekommene Schöne, die nicht alle ihre Wunden verbergen kann oder mag", das sei Rostock, seine Heimatstadt. Ich denke an Joachim Gaucks Worte, während ich auf dem Weg zu einer anderen Schönen bin. Nach der Hauptstadt mit ihrem Märchenschloss ist es nun Zeit, die einzige echte Metropole MVs zu erkunden. Und schon auf der Autobahn wird klar, in wessen Revier es geht. „FC Hansa Rostock, egal welche Liga", steht es fett auf eine Brücke geschrieben.

Auf Anna-Lena Rabbel wurde ich aufmerksam, als ich in Schwerin ein paar Reisebilder auf Instagram postete. Sie arbeitet als Model und sei „rostock raised", wie es auf ihrem Influencer-Profil, dem 33 300 Menschen folgen, heißt. Wir haben uns in Warnemünde am Eingang der Broiler-Bar verabredet. Ich bin etwas nervös. Fußballweltmeister, Hollywoodstars, Präsidenten von Pseudostaaten und Wladimir Putins Mutter traf ich als Reporter. Aber ein Model von der Ostseeküste? Ich habe mir heute früh extra mein liebstes T-Shirt angezogen, das mit der Möwe. In Waldemars Spiegel checke ich, ob meine Haare entspannt liegen. Dann geht's los.

Wir begrüßen uns. Ich bestelle einen Kaffee, Leni, wie sie sich vorstellt, isst eine Kleinigkeit mit Tomaten, Mozzarella und zündet sich eine Zigarette an. Das Model trägt einen Rock mit Leoparden-Muster, Flip-Flops und ein schwarzes Shirt. Sie habe zwei ältere Brüder sowie drei jüngere Schwestern, wobei rein biologisch gesehen keines ihrer Geschwister „ganz echt" sei, bemerkt sie und ergänzt: „Nicht schlimm!" Je größer eine Familie, desto lustiger und schöner, sage ich. Wir unterhalten uns über unsere Erfahrungen mit Patchwork und spazieren nach dem Essen zum Warnemünder Strand. Das klotzartige Neptun-Hotel erhebt sich in unserem Rücken. Vor uns liegen einige Urlauber zwischen Strandkörben.

Im Alter von 13 Jahren wurde Leni erstmals in der Schule wegen ihres Aussehens angesprochen. Aber erst nach ihrem Schulabschluss begann sie zu modeln. Sie stand in Sydney, auf Bali, in Barcelona, Paris, London und Gütersloh vor der Kamera. „Klingt glamourös", sage ich. „Wenn man mit sieben Mädchen eine Wohnung und ein Badezimmer teilen muss, ist das eher das Gegenteil. Da lernt man Freunde kennen, die man nie wieder sieht", entgegnet sie. Beim Modeln sei man meist „mehr Kleiderständer als alles andere".

Influencerin sei dagegen ein „übelst geiler Job". Der komme Selbstdarstellerinnen, wie auch sie eine sei, zugute. Ich bin beeindruckt von ihrer Ehrlichkeit – und erzähle, warum ich zu dieser Reise aufgebrochen bin. Heimatsuche. Leni sagt: Jedes Mal, wenn sie aus Berlin oder von sonst woher zurückkomme, am Bahnhof in Warnemünde aussteige, über die Brücke gehe, die Schiffe und den Alten Strom erblicke und der Duft der Fische aus der Ostsee in ihre Nase ströme, spüre sie, dass ihre Heimat immer Warnemünde bleiben werde. Und außerdem sei Heimat da, wo selbst der Kippen-Verkäufer einen kenne.

Sie fragt, ob ich schon in der *Kunsthalle* gewesen sei. Ich verneine. Zehn Minuten später fahre ich mit ihr und Waldemar zu Uwe Neumann, Lenis Vater, eigentlich Zahnarzt, seit 2009 aber Direktor des größten Museums für zeitgenössische Kunst im Nordosten Deutschlands. Die *Kunsthalle*, in einem quaderförmigen DDR-Bau zwischen Schwanenteich und Unterwarnow beheimatet, empfängt uns unter knallblauem Sommerhimmel. Wir treten in den Quader – und als Leni und ihr Vater nebeneinander stehen, erkennt man Ähnlichkeiten. Großgewachsen, schlank, elegant und jugendlich wirken beide. Ich stelle auch Uwe Neumann die Frage dieser Reise. „Heimat ist in mir, fühlt sich warm an", sagt er und ich lasse den schönen Satz etwas nachklingen.

Dann bekomme ich von ihm eine Führung durch die aktuelle Ausstellung über den *Palast der Republik* und nebenbei eine Ahnung, wie der Zahnarzt es schaffte, dieses Museum neu zu beleben. 2008 wollte die Stadt es schließen. Gerade mal 30 000 Besucher kamen noch pro Jahr. Einer von ihnen war Uwe Neumann, wenn er nicht in seiner Praxis Zähne zog. Zusammen mit Freunden erarbeitete er ein Konzept und bewarb sich um die Leitung des Museums – mit viel Lust an der Sache, aber ohne jemals eine künstlerische Ausbildung abgeschlossen zu haben. Eine Dekade später zählt Neumann fast 70 000 Museumsgäste im Jahr. Der Modedesigner Wolfgang Joop präsentierte in Rostock *Eternal Love*. Die *New York Times* und die *Tagesthemen* berichteten. Und nach einer Sanierung will Udo Lindenberg im *Udoversum* der *Kunsthalle* singen. Jedes Jahr organisiert Neumann mit seinem Team mindestens zehn Ausstellungen. Das „ganz große Erfolgsgeheimnis" sei *Rostock kreativ*, sagt der Direktor. Das Konzept klingt so einfach wie genial: Jeder pinselt, wie er will, und einmal im Jahr werden auf einer Etage bis zu 700 Objekte der Hobbykünstler ausgestellt. Eintritt frei.

Nach der Führung verlasse ich den Quader und gehe durch den Park am Schwanenteich. Gelbe, rote, lilafarbene und weiße Blumen blühen so kunstvoll, wie es sich in dieser Gegend gehört. Ein Paar spaziert vorbei, sie mit Eis in der Hand, er träumend.

Ich nehme die Straßenbahn, um ins Zentrum zu fahren. Tagsüber, während ich mich mit Schönheit und Kunst befasste, haben die Präsidenten Portugals und Deutschlands Rostocks fünfte Jahreszeit eröffnet: die *Hanse Sail*. Das Traditionsseglertreffen mit Bratwürsten, Fischbrötchen, Kettenkarussellen, Musikbühnen, Zuckerwatte von Frau Zuckerle, Superhopser, Breakdancer und Toilettenwagen von *pipi-meyer.de* kenne ich noch aus früheren Zeiten. Ich laufe an Gaffelschonern (Segelschiffen ohne Rahsegel), Dschunken (chinesischen Segelschiffen) und einigen Windjammern (mehrmastigen Segelschiffen) vorbei. Kurz bevor die J. R. TOLKIEN ablegt, springe ich an Bord.

Die TOLKIEN ist ein 42 Meter langer Gaffeltop-Segelschoner mit zwei Masten, Zapfanlage und Holzverkleidung. Sie segelt auf der Unterwarnow Richtung Sonnenuntergang. An Bord sind Geschäftspartner und Anzeigenkunden des ersten privaten Radiosenders des Landes. Charmante Crew, interessante Gäste, harter Seegang. Während die Partymusik immer lauter wird, plaudert man über dies und das, trinkt Wein, Bier oder Gin Tonic. Ich lerne Robert Uhde, einen großgewachsenen Mann mit Humor und Karnevals-Kapitänsmütze kennen, der in MV ein Herrenhaus besitzt, das er seit Jahren wieder instand setzt. Eine Lebensaufgabe, die Uhde offenbar mit viel Energie und Fantasie angeht – und genießt. Wir unterhalten uns, vereinbaren einen Besuch auf seinem Anwesen in Vogelsang – und ich freue mich, nach dem Start dieser Reise in Schwerin nun fünfe gerade sein zu lassen.

Als sich bei gesetzten Segeln auf offener See das Auf und Ab verschärft, beginnt die TOLKIEN ordentlich zu schaukeln. Jemand muss sich übergeben. Und auf mich kommt ein Mann mit kurzen Haaren zu. Er stellt sich als Chef einer Rostocker Handwerkerfirma vor und gibt mir seine Visitenkarte. Wir kommen ins Plaudern. Ob ich nicht etwas über seinen Betrieb schreiben könne, das sei auch interessant, sagt er neben seiner Frau stehend. Wir reden über die *Hanse Sail*, Medien, Politik, die NPD, die AfD und landen so beim Thema Flüchtlinge. 2015 sei durch Angela Merkel unsere Demokratie verdorben worden, meint er, und beginnt, sich über die deutsche Flüchtlingspolitik aufzuregen. Zwischen uns donnert Musik, die den Abend auf dem Segelschiff eigentlich zu einer Party machen soll. Wir diskutieren. Der Handwerker-Chef redet immer lauter und sich in Rage. Ich bekomme ein ungutes Gefühl. Plötzlich geht es um den Anschlag auf das Sonnenblumenhaus in Rostock-Lichtenhagen im Jahr 1992. Er habe 300 Meter neben allem gestanden, sagt er, und was da passierte, sei eine Bereinigung gewesen. Auch zu Flüchtlingen, die übers Mittelmeer nach Europa kommen, hat er eine klare Meinung: Man solle sie absaufen lassen. Wer da mit einem Schlauchboot rausfahre, habe halt Pech gehabt. Er sei Nationalist, wähle die AfD, aber er sei kein Nazi, sagt er. Jemand kommt mit einem Tablett an uns vorbei und bietet eine Runde Wodka an. Ich kann nichts trinken. Die Frau des Handwerker-Chefs wendet sich zu mir. Ein echter Nazi sei ihr Mann übrigens wirklich nicht, sagt sie. Sie hätten sogar Türken am Bau gehabt, die die Wände verputzt hätten. Aha, denke ich. Alles klar.

Inzwischen ist es dunkel geworden. Als die TOLKIEN wieder anlegt, gehe ich von Bord, laufe am Rummel im Stadthafen vorbei und schaue in den Himmel. Sollte ich jemals einen Handwerker aus Rostock brauchen, weiß ich nun, wen ich nicht beauftragen werde.

Tag 7: **In der Wiege des Landes**

Ich wache mit einem leichten Brummen im Kopf auf. Hat der Typ gestern wirklich gesagt, es sei eine Bereinigung gewesen, was 1992 in Lichtenhagen geschah? Und: Man solle Menschen im Mittelmeer absaufen lassen?

Ich versuche an die vielen anderen freundlichen Gäste auf der J. R. TOLKIEN zu denken und ordne, während ich zu Waldemar laufe, meine Gedanken. Ein Model, die Kunsthalle des Zahnarztes, der Segeltrip – gestern war so viel los, dass ich das Wichtigste vergessen habe. Also fahre ich Richtung Ostsee. Hinterm Steuer ist es heiß, 30 Grad. Das Hellblau des Himmels wird durch kleine Wolkenfetzen verziert. In Börgerende parke ich hinter dem Deich, nehme ein Handtuch und gehe zum Wasser. „FKK Strand|Textil Strand" steht am Zugang auf einem Schild. Kurz überlege ich, dann gehe ich einige Schritte nach links und ziehe mich aus. Der Strand ist nicht überfüllt. Links erkennt man in der Ferne die Umrisse von Heiligendamm, einem Lieblingsheimatort von Wolf Karge. Vor mir fahren ein paar Segelboote vorüber. Die anderen Nackten um mich herum liegen entspannt in der Sonne. Und auf einer Buhne stehen acht Möwen in einer Reihe. Sie schauen zu, wie ich ins Wasser gehe. Nichts ist zwischen mir und dem Ostseewasser. Frisch, nicht kalt, fühlt es sich an. Ich schwimme, verarbeite die vielen Gespräche und genieße das Salz auf meiner Haut.

Wie begann es eigentlich mit Mecklenburg? Das will ich heute wissen. Und um es zu erfahren, muss ich zum Ursprung fahren, zur Wiege des Landes, in ein Dorf, das Mecklenburg heißt. Auf dem Weg dahin entdecke ich zufällig in einem kleinen Ort namens Reddelich einen Motorradladen, der mir bekannt vorkommt. Hier habe ich mir als 16-Jähriger einen neuen Zylinder für mein erstes Motorrad gekauft. Spontan stoppe ich, steige aus und entdecke im Schaufenster neben einer *Schwalbe* eine *MZ*, die wie mein damaliges Motorrad aussieht. Ich gehe in den Laden und sage trotz Wolf Karge: „Moin!"

„Hallo", antwortet Herr Timm und fragt direkt: „Blaue MZ 150er?" Er erinnert sich tatsächlich. Unglaublich. Seit 1989 existiert der Laden und scheint bis heute gut zu laufen. Immer, wenn ich mich mit Herrn Timm unterhalten will, kommt ein Kunde herein. Deshalb fahre ich bald weiter: bis in den kleinen Ort namens Dorf Mecklenburg.

Hier soll also die erste Siedlung des Landes gewesen sein. Ich parke Waldemar auf einem Hügel hinter dem Ortseingangsschild und mache ein Foto: Mein Bus im Ursprung Mecklenburgs, welch ein Bild. Dann gehe ich zu Fuß weiter. Auf der linken Straßenseite steht eine Fabrik von *Happy-Beton*, rechts erblicke ich das *Casilino Hotel A20 Wismar*, ein Flachbau, der wie eine Mischung aus Spielhalle und Motel mit seiner Nähe zur Autobahn wirbt. Wenn Happy und die Ureinwohner wüssten, was ihnen hier in die Wiege gelegt wurde.

Weiter zum Eingang des *Kreisagrarmuseums*, vor dem keine anderen Museumsbesucher zu erblicken sind, aber ein gelbes Flugzeug steht. Es ist eine Z-37 *Cmelak* mit Propeller und Zubehör, auch „Hummel" genannt. 10 000 Stunden hat diese Hummel in ihrem Leben fliegend verbracht. So steht es auf dem Schild. Dann lacht mich plötzlich Björn Berg an. Der Museumsleiter schaut auf meine Ledertasche und fragt, ob ich ein Lehrer sei. War das ein Kompliment?

Berg trägt eine rote Weste über seinem Hemd, sportliche Schuhe und einen buschigen, hellen Vollbart. Er sieht freundlich aus und sagt, dass Mecklenburg am 10. September 995 erstmals schriftlich erwähnt wurde. Ein gewisser Ibrahim ibn Jacub, ein Gesandter des Kalifen von Cordoba, habe in der damaligen Zeit einen Reisebericht geschrieben und darin von Nakons Burg berichtet, dem Hauptwohnsitz des Fürsten Niklot. Nachkommen sagten zu ihr Michilin-

Burg oder Mikelin-Burg, auf Slawisch Wiligrad. Übersetzt hieß das: „große Burg". Im Laufe der Jahrhunderte entwickelte sich aus Mikelin-Burg Mecklenburg.

Berg vermutet, damals hätten Hunderte Männer sehr lange mit Breitäxten und Dachsbeilen an der Burg gearbeitet. Dann erklärt er mir, wie ich zu der Stelle komme, wo der Ringwall einst gestanden hat. Heute sei dort ein Friedhof. Bevor ich gehe, warnt Berg mich noch. Ich solle nicht zu viel erwarten: „Schön ist, was man mit Liebe betrachtet!" Er betont diesen mir neuen Satz nicht besonders. Aber seine Worte klingen in mir nach: Schön ist, was man mit Liebe betrachtet.

Auf dem Friedhof, der von einer kleinen Mauer aus Feldsteinen umgeben ist, laufe ich an Gräbern vorbei. Weder hier noch auf dem Rasen neben der Anlage, wo einst mitten ins Moorland die slawische Wasserburg gebaut wurde, kann ich Überreste davon erkennen. Und auch sonst: kein Mensch, kein Hund, keine Katze. Stille.

Ibrahim ibn Jacub reiste einst aus Südspanien hierher. Er war wahrscheinlich Moslem oder Jude. Dass die Mecklenburger ihre erste Erwähnung vor mehr als eintausend Jahren einem Araber verdanken, passt in unsere globalisierte Welt – und sollte nicht nur den Handwerker-Chef in Rostock zum Nachdenken bringen.

Tag 8: Pokal-Aus im Ostseestadion

Hansa gegen den *VfB Stuttgart*. Pokalspiel. Dritte Liga gegen Zweite. Erstmals seit meiner Kindheit halte ich wieder ein Ticket für das Ostseestadion in der Hand. Und tatsächlich freue ich mich wie ein kleiner Junge auf das Spiel. Einen Fußballclub, den man als Kind ins Herz schließt, lässt man wohl niemals wieder ganz da raus.

Bevor abends der Anpfiff ertönt, habe ich einen Termin in der Geschäftsstelle im noch leeren Ostseestadion. „Kaffee? Tee?", fragt Martin Pieckenhagen, ehemaliger Torwart und nun Sport-Vorstand des *FC Hansa*, als ich um 9 Uhr in sein Büro komme. Hier macht der Chef den Kaffee noch selbst. An den Wänden hängen Trikots von Oliver Neuville, Marko Rehmer und Uwe Ehlers, alles Spieler, die für *Hansa* ausliefen, als der Verein noch erstklassig war, und die es teilweise

bis in die A-Nationalmannschaft geschafft haben. Kurz schwelgen Pieckenhagen und ich in Erinnerungen.

Da war der Höhenflug der *Hansa*-Kogge nach der Wiedervereinigung. Vor der Revolution fehlten dem Ostsee-Club, den einige wegen seiner „Umsiedlung" aus Sachsen ans Meer auch Stasi-Verein nannten, immer ein paar Tore, um die Nummer eins der DDR zu sein. Zum Start der ersten gesamtdeutschen Bundesliga-Saison besiegten die Rostocker allerdings am ersten Spieltag Nürnberg mit 4:0, demütigten als Tabellenführer den *FC Bayern* mit einem 2:1-Auswärtssieg und fertigten Dortmund mit 5:1 ab. „Hansa forever number one", grölten die Fans im Stadion. Auch mein Opa Jochen war damals aus dem Häuschen. Am Saisonende stieg Rostock ab. Es folgten zwei Jahre Zweite Liga, Aufstieg, ein Jahrzehnt Erstklassigkeit, Abstieg, Aufstieg und Abstiege. Seit 2008 ist *Hansa* nie wieder erstklassig gewesen. Aber Legenden leben weiter, von Generation zu Generation.

In Rostocks Erstligazeit stand Martin Pieckenhagen fünf Jahre als Torwart auf der Linie. Er kennt die Epoche, in denen der Verein als finanzschwacher, aber fußballerisch starker Erstligaclub den Fans im gesamten Bundesland Erfolge und Stolz schenkte. Fußball werde hier mit großer Treue gelebt, und *Hansa* sei nicht nur ein Arbeitgeber, sondern Kultur und Lebenseinstellung zugleich, sagt Pieckenhagen. Ich höre zu, nicke und erinnere mich an meine erste lange Reportage, die ich für das Fußballmagazin *RUND* schrieb: „Hansa im Wunderland" lautete die Überschrift, da der Club damals kurz vor dem Wiederaufstieg in die Bundesliga stand.

Abends stehe ich einige Meter neben dem Spielfeld, auf dem im Fußball alles entschieden wird. Block 9, Bratwurst in der einen, Bier in der anderen Hand. 24 000 Menschen sind gekommen. Sie schreien, sie zittern, sie fluchen: „Schweinewichser! ... Gomez ist ein Hurensohn, Gomez ist ein Hurensohn. ... Hansa forever, bis in die Ewigkeit! Wir singen blau, wir singen weiß, wir singen blau weiß FCH!"

Zwei Meter vor mir macht sich ein *Hansa*-Fan mit breitem Kreuz noch etwas breiter. Piercings und Tattoos schmücken ihn. An der Hand hält er seine etwa fünfjährige Tochter. Und auf einmal alle um mich herum:

„Unsere Heimat,
unsere Liebe,
unsere Farben blau, weiß, rot;
seit 1965 der FCH bis in den Tod."

Nach dem Abpfiff sitze ich noch eine Weile auf der Stadiontreppe. *Hansa* lieferte eine bessere Leistung als Stuttgart ab und verlor am Ende trotzdem mit 0:1. Ich schaue in den Himmel, großer Mond, gute Luft. Wahre Fans geben niemals auf, egal welche Liga. So viel habe ich auf dieser Reise schon gelernt. Ich leere mein Bier, kaufe im Fanshop einen *Hansa*-Schal für meine Tochter und denke an gestern. Der Ort, in dem der Ursprung des Namens dieses Bundeslandes sprichwörtlich begraben liegt, hat mich etwas verzaubert. Vor allem wegen dieser Worte: „Schön ist, was man mit Liebe betrachtet!"

Wenn der Satz stimmt, der ursprünglich von Christian Morgenstern stammt, liegt es an mir, ob ich zum Beispiel einen Drittligisten oder einen zerfallenden Plattenbau für etwas Schönes halte oder nicht. Selbst wenn der Plattenbau in einem Unrechtsstaat wie der DDR errichtet wurde, kann er heute schön sein – zumindest für mich. Ich frage mich, ob diese Erkenntnis auch für die eigene Heimat gelten kann und höre vor dem Schlafengehen *Feine Sahne Fischfilet*. Ihren Song *Wo niemals Ebbe ist* mag ich. Besonders diese Zeilen:

> „Ich lieb' die Wellen und das Meer
> Viel zu selten komme ich hierher
> [...]
> Wir leben da, wo niemals Ebbe ist
> Du fehlst mir doch so sehr"

Tag 9: Erschossen vor der Flucht

Ich wache durch das Hupen eines Autos in Ravensberg auf. Von meinem Bett im Dachboden des Hauses meiner Tante sehe ich, dass das Fleischerauto auf der Dorfstraße geparkt hat. Dienstag. Heute muss Dienstag sein, da der Fleischer immer dienstags kommt. Der Motor verstummt. Ein paar Minuten vergehen. Niemand, wirklich niemand, kommt und kauft etwas. Dann verschwindet der Wagen wieder.

Ravensberg, wo meine Oma Rosi, meine Tante und mein Onkel wohnen, ist ein ziemlich durchschnittliches Dorf im Herzen Mecklenburgs im Carinerland bei Rostock. Vor 1990 gab es hier einen Konsum, einen Friseur, einen Arzt, eine Kneipe und einen Kindergarten. Geblieben ist nach der friedlichen Revolution davon nur der Kindergarten. Die Freiwillige Feuerwehr, in der sich mein Onkel engagiert, gibt es auch noch, dazu neuerdings Windräder, einige zerfallene sowie viele restaurierte Häuser. Und Kühe, jede Menge Kühe.

Nach dem Frühstück kommt Oma Rosi aus ihrer Wohnung herüber in die Küche meiner Tante. Seit mehr als 70 Jahren lebt meine Großmutter in dieser Gegend. In Klein Silber, einem Ort im heutigen Polen, wurde sie geboren. Mit Tafel und Schwamm ging sie dort zur

Schule, bis sie und viele andere 1945 flüchten mussten. Kurz vor der Flucht war ihr Vater mit einem Freund nach Klein Silber zurückgekehrt. Beide trugen noch die deutsche Uniform. Den Männern der Roten Armee, die bald das Dorf kontrollierten, gefiel das nicht, besonders den angetrunkenen. Nackt ausziehen und hinknien, befahlen sie. Dann schossen sie meinen Urgroßvater und seinen Freund nieder. Die Körper der Männer warfen sie auf den Misthaufen. Meine Oma erzählt, dass ihr Opa damals direkt daneben stand. Er sah, wie sein Sohn erschossen wurde und konnte nichts dagegen machen. Doch er konnte es sich auch nicht verzeihen, dass er nichts gemacht hatte. Auf der Flucht, die Familie war noch gar nicht weit gekommen, erhängte er sich.

Oma Rosi musste demnach als kleines Kind miterleben, wie erst ihr Vater erschossen und auf den Misthaufen geworfen wurde. Und wie man wenig später die Leiche ihres Opas schnell verscharrte. „Wir hatten Angst vor den Russen. Die Flucht musste ja weiter gehen", sagt sie. „Von Pommern nach Mecklenburg, nach Rostock und noch etwas weiter. Mal schliefen wir im Kuhstall, mal irgendwo draußen. Die Bomber flogen noch. Und als wir hier ankamen, hatten wir nix – außer Läuse, die in unseren Flüchtlingshaaren lebten."

Ich frage sie nach ihrer Heimat, und sie fragt direkt zurück: „Wie meinst du das? Was willst du? Klein Silber war meine Heimat, aber die haben wir verloren. Da bin ich geboren, hier hab' ich gelebt. Meine Heimat ist in Ravensberg, seit 64 Jahren wohne ich in diesem Haus."

Auf dem Weg zurück nach Rostock, der an Feldern voller Sonnenblumen, an abgeernteten Ackerflächen vorbei- und durch ähnliche Dörfer wie Ravensberg führt, höre ich im Radio von einem Gerichtsurteil. Lorenz Caffier, der Innenminister Mecklenburg-Vorpommerns, hat einen Bürger der Insel Usedom verklagt, nachdem dieser behauptet hatte, Caffier habe sich sein Ferienhaus am Wasser illegal gebaut. Das Urteil des Richters fällt gegen das Regierungsmitglied aus. Man darf also behaupten, der Innenminister, der für Recht und Gesetz zuständig ist, hat sich rechtswidrig verhalten. Bemerkenswert.

Tag 10: **Alleine im Stasi-Knast**

Nach dem Aufwachen verspüre ich Lust, Rostock zu entdecken. Als Erstes ein Kaffee beim Imbiss von *Pesto Peter*, der eigentlich Peter Friedrich heißt und in einem verrückten Haus wohnt – eine Hälfte ist in Blautönen gestrichen, die andere durch helle künstlerische Verzierungen verschönert. Als ich gestern staunend vor dem Bauwerk stand, bin ich Peter dort zufällig begegnet. Jetzt esse ich an seinem Imbiss am Rosengarten einen Burger – und er gibt mir Recherchetipps. Hilfsbereiter Mann. Ruhiger Mann. Mit einer angenehmen Stimme.

Weiter geht es, am Landgericht und an einem *Penny*-Markt vorbei, direkt zu Rostocks ehemaligem Stasi-Knast. Etwa 91 000 Offizielle und 300 000 Inoffizielle Mitarbeiter arbeiteten vor 1989 für den Geheimdienst der DDR. Er wurde wie eine Armee geführt, in der die Truppen sich sogar gegenseitig bespitzelten. Wolfram Grafes Erzählungen halfen mir in Schwerin, etwas mehr von diesem Teil der Geschichte meines Geburtslandes zu verstehen. Doch mindestens genauso wie Schwerin galt die damalige Bezirkshauptstadt Rostock als Stasi-Hochburg.

Bei meiner Ankunft eine Enttäuschung: Das ehemalige Gefängnis des Geheimdienstes ist von einem Baugerüst umschlossen. Schilder sagen: „Geschlossen."

„Moin", sage ich zu den Bauarbeitern, die gerade vor dem Gebäude einen Kaffee in der Sonne trinken. Ich lächele und tue so, als ob ich mich auskenne, gehe einfach weiter – und schon bin ich drin, ganz alleine im Stasi-Knast. DDR-Linoleum liegt auf dem Fußboden einer Zelle, die ungefähr drei mal fünf Meter klein ist. Richtige Fenster gibt es nicht, nur ein paar Glasbausteine. Die Häftlinge sollten nicht sehen können, wo sie sich befanden. Ein Waschbecken und eine Kloschüssel stehen in einer Ecke. Ich schaue mir die gut zehn Zentimeter dicke Zellentür an. Nummer „324" steht über einem Durchreichloch, das so groß wie das Handschuhfach eines Kleinwagens ist. Vom Zellengang kann man durch die Gitterstäbe des Geländers zwei Etagen tief nach unten schauen. Insgesamt dürften es etwa 50 Zellen sein. Die Wände so kahl wie die Stimmung – alles hier erinnert mich an einen Psychothriller mit Moritz Bleibtreu: *Das Experiment*. Doch das hier ist kein Film, dieses Experiment war Wirklichkeit. Wie viele wurden hier misshandelt oder haben sich in diesen Zellen umgebracht?

Im Keller sind die Wände gefliest. Badewannen. Der Boden ist feucht. Langsam wate ich durch Matsch und leuchte mit der Lampe meines Handys in die Ecken der Räume. In einer stehen eine alte Waschmaschine und eine gewaltige Waage. Es stinkt nach DDR und Ratten-Scheiße. An einem Feuermelder, der vor mir an der Wand hängt, entdecke ich einen Aufkleber: „Außer Betrieb".

Als ich das Gebäude wieder verlasse, ist mein T-Shirt feucht vor Schweiß. Sonnenstrahlen blenden meine Augen. Ein Dachdecker kommt mir entgegen. Wir schauen in den Innenhof, wo es einen kleinen betonierten Raum für die Häftlinge gab. Er habe schon auf vielen Baustellen gearbeitet, sagt der Handwerker. Aber so etwas habe er noch nie gesehen.

Am Nachmittag gehe ich zu Fuß ins Stadtzentrum. Dank Pesto Peter habe ich erfahren, dass sich heute in der Nähe der Marienkirche eine Gruppe trifft, die 1989 die Revolutionsdemos in Rostock organisiert haben soll. Ich suche den richtigen Eingang und stelle fest, dass gleich neben dem Gotteshaus eine Frau lebt, die „Engel" heißt. Eine Frauenstimme hinter der Tür sagt, sie kenne den Zufall mit Adresse und Name schon lange, aber bei ihr sei ich definitiv falsch. Sie klingt so abweisend, dass ich denke, auch Engel können manchmal Stress haben.

Ein paar Meter weiter finde ich die richtige Tür, gehe durch einen Gang und betrete einen kleinen Besprechungsraum mit einem achteckigen Holztisch. Da sitzen Änne Lange, Johann-Georg Jaeger, Henry Lose, Arvid Schnauer und Dietlind Glüer. 1989 haben sie in Rostock an den ersten Solidaritäts-Andachten für die in Leipzig Inhaftierten mitgewirkt. Jetzt planen sie eine Erinnerungsveranstaltung – 30 Jahre danach. Vielleicht komme auch Joachim Gauck dann mal vorbei, hofft die Runde. Der Altbundespräsident sei ja immer sehr beschäftigt.

Ich höre zu, wie sich Henry Lohse, der einstige Pastor der Petri-Nikolai-Gemeinde, an die erste Donnerstagsandacht, die er damals leitete, erinnert: „Als wir am 5. Oktober 1989 um 20 Uhr begannen, war es bereits dunkel", sagt er. „Uns war klar, dass um uns herum die Stasi stark vertreten war. Wir hatten mit höchstens 50 Teilnehmern gerechnet. Doch es kamen dann 600 bis 700. Ich habe die Petrikirche nie so voll erlebt, nicht einmal zu Weihnachten. Eine Frau spielte auf ihrer Flöte Musik. Ansonsten waren alle ruhig. Wenn ich daran denke, bekomme ich jetzt noch Gänsehaut. Nach diesem Abend war klar: Nun ist auch in Rostock ein Rad ins Rollen gekommen, das nicht mehr gestoppt werden kann. Eine Woche später, am nächsten Donnerstag, verlegten wir die Andacht spontan in die Marienkirche. So entstand die erste ungeplante Demo in Rostock – von der Petri- zur Marienkirche. Als wir alle dort angekommen waren, blieb keiner der 1200 Plätze frei. Viele standen in den Gängen."

Diese Menschen organisierten also die frühen Demos in Rostock. Neu ist für mich, dass Joachim Gauck bei den beiden ersten Donnerstagabenden gar nicht dabei war. Gauck befand sich auf einer Weiterbildung außerhalb Rostocks, erinnert sich Henry Lohse. Erst als am 19. Oktober die Marienkirche wieder überquoll, ersetzte Gauck Lohse.

Eigentlich ist es egal, wer in Rostock zuerst welche Veranstaltung organisierte. Aber da Gauck, solange ich ihn als öffentliche Person kenne, immer mit der Rolle des Revolutionärs spielte, bin ich überrascht. In einem seiner Bücher schreibt er: „Der Abend des 19. Oktober bedeutete in Rostock den Durchbruch." Seltsam. Henry Lohse empfand den 5. Oktober schon als Point of no Return. Warum Gauck erst 14 Tage danach? Ich beschließe, den einzigen Altbundespräsidenten aus MV um ein Interview zu bitten. Während ich mich von Henry Lohse und den anderen verabschiede, bringen sie ihre Kaffeetassen und das Geschirr aus dem Besprechungsraum in die Küche. Vor 30 Jahren schrieben sie Geschichte und jetzt räumen sie den Tisch ab.

Da ich eben so viel über die Marienkirche gehört habe, laufe ich direkt in das kolossale Gebäude, setze mich auf eine der Kirchbänke und schaue eine Weile auf die gewaltige Orgelanlage. Wie viele Stasi-Spitzel auf dieser Bank wohl 1989 gesessen haben? Was diese Kirche und diese Stadt damals erlebt haben!

Ich gehe in einen Nebenraum und entdecke eine Ausstellung über den Ersten Weltkrieg. An der Wand hängen Plakate, die zum Spenden aufrufen. Auf einem anderen Zettel wird auf ein Konzert hingewiesen. Und auch die evangelische Buchhandlung der Stadt wirbt für sich. Doch nirgends in der gesamten Kirche kann ich eine Erinnerung an die Revolution von 1989 finden. Ich frage im Info-Büro. Eine Frau, etwa mein Alter, sagt, ich müsse dafür nach Lichtenhagen fahren. „1989? Haben Sie mich falsch verstanden?", frage ich. „Das hier hatte damit nichts zu tun", entgegnet sie. Dann unterbricht ein Kollege, der neben uns steht. Nein, 1989 sei gemeint, sagt er zu ihr und ergänzt in meine Richtung, dass damals hier in der Kirche nicht viel los gewesen sei.

Tag 11: Geeister Windbeutel in Güstrow

Regen.

„30 Jahre friedliche Revolution, 30 Jahre Freiheit und Demokratie – wir sind das Volk", lautet der Titel des Bürgerfrühstücks, das die SPD heute in Güstrow veranstaltet. Schon in Schwerin hatte ich Plakatwerbung dafür gesehen und mir den Termin notiert. Um an Mettbrötchen mit Zwiebeln und an Kaffee mit Sozialdemokratinnen zu kommen, verlasse ich das lieb gewonnene Rostock.

Keine Parkplatz-Probleme in Güstrow. Das Schloss beeindruckt sofort. Doch wenn ich noch rechtzeitig zum Auftritt der Ministerpräsidentin im Stadtzentrum ankommen will, muss ich schnell zu

Fuß weiter. Auf dem Marktplatz vor dem pastellrosa gestrichenen Rathaus spielen zwei Herren in schwarzen Anzügen Gitarre und Geige. Sie wurden dafür gebucht. Es gibt Kaffee, Orangensaft, Brötchenhälften mit Ei, Käse, Salami, gebratenem Hack, Gurkenscheiben, Putenwurst und tatsächlich Mett samt Zwiebelringen. Man gönnt sich ja sonst nur wenig.

Ich versorge meinen Magen und frage mich, warum die Leute, die hier wohnen, keine Lust haben oder sich nicht trauen. Haben sie kein Interesse an ihrer „Landesmutter"? Oder schmerzt der Blick zurück? Auf den 20 Bierbänken, die extra vor einer kleinen Bühne aufgebaut sind, bleiben jedenfalls auch dann noch viele Plätze frei, als Manuela Schwesig in Regenjacke und schwarzen Turnschuhen den Marktplatz erreicht. Insgesamt nur etwas mehr als ein Dutzend Bürgerinnen und Bürger sind gekommen, dazu fast genauso viele SPD-Mitarbeiter und Mitarbeiterinnen. Immerhin: Der Regen legt eine Pause ein.

Während ihrer Rede schaut die aus Brandenburg stammende Politikerin auf keinen vorbereiteten Redezettel. Sie erinnert an 1989 und benutzt oft das Wort „Gerechtigkeit". Im zweiten Teil der kurzen Ansprache klingen ihre Worte jedoch wie aus einer Wahlkampfrede für ihre Partei. Sie fordert eine Rentenerhöhung und zählt auf, was die SPD alles erreicht hat. Und es stimmt ja: Noch nie seit 1989 gab es eine geringere Arbeitslosenquote in MV. Die Abwanderung ist gestoppt, Menschen ziehen wieder zurück ins Land. Die Kinderbetreuung in den Kitas ist kostenfrei. Alles gute Entwicklungen. Doch warum liegt hier neben dem Duft von belegten Brötchen noch nicht mal ein Hauch von Freude in der Luft?

Nach ihrer Rede komme ich mit Manuela Schwesig kurz ins Gespräch. Ich erkläre, auf welcher Recherchereise ich mich befinde. Und da sie interessiert ist, verabreden wir, uns ein anderes Mal in Ruhe zu unterhalten. Dann verlässt sie Güstrow so schnell wieder, wie sie gekommen ist.

Ich drehe noch eine Runde in der Altstadt. Die Regenwolken ziehen vorüber, doch niemand scheint über 1989 reden zu wollen. Das Volk hat anderes zu tun.

Im Café am Markt 7 bestelle ich mir nach Empfehlung des gut gelaunten Kellners einen geeisten Windbeutel mit Kirschen. Er sagt, so ein Windbeutel sei typisch für Güstrow. Wieder was gelernt. Ich verspeise das Gebäck mit Genuss und bin erstaunt. Neben dem Schloss, das so aussieht, als wohnten dort immer noch Kreaturen mit Schwertern und Streitäxten, wirken die Straßen im Zentrum pittoresk.

Auf dem Weg zurück nach Rostock geht mir eine Frage nicht mehr aus dem Kopf: Kann es sein, dass Güstrow eine unterschätzte Stadt ist?

Tag 12: **Selfie mit dem Uni-Rektor**

Freiheit: Was für ein einfacher Begriff mit einer so existentiellen Bedeutung. Menschen brauchen Freiheit. Die ukrainische Autorin Anna Bahrjana schrieb 2014 sogar, Freiheit sei im Wesentlichen ein Synonym für Glück. Und der französische Philosoph Nicolas de Condorcet meinte schon im 18. Jahrhundert, dass das Wort „revolutionär" nur zu Volksaufständen passe, deren Ziel die Freiheit sei. Und was ist die Voraussetzung, um mit Freiheit klug umzugehen? Wissen. Wo muss ich also noch hin? In die Universität dieser Stadt.

Vorher habe ich Hunger. Durch die großen Fenster des Restaurants in der Langen Straße verfolge ich, wie die Straßenbahnen vorbeifahren. Ich schlage die *Ostsee-Zeitung* auf. *Hansa* spielt am Wochenende gegen die *SG Sonnenhof Großaspach*. Piecke braucht Punkte für den Aufstieg. In einem anderen Artikel lese ich, dass Hildegard Kempowski gestorben ist, die Ehefrau von Walter Kempowski, dem großen Rostocker Schriftsteller und Chronisten. Für einige Jahre hatte er seine Freiheit verloren, war im Zuchthaus in Bautzen inhaftiert, verurteilt von einem sowjetischen Militärtribunal. Ich habe letzte Nacht begonnen, seinen Briefwechsel mit Uwe Johnson zu lesen. Beide einte die Liebe zu Mecklenburg.

„Elch in MV" steht über einer anderen Meldung. In Polen und Brandenburg seien die Tiere schon länger wieder heimisch geworden. Nun habe es einen Jungbullen nachts über die Landesgrenze bei Pasewalk nach MV verschlagen. Es handele sich nach Polizeiangaben um ein imposantes Exemplar. Vermutlich sei es auf Wanderschaft. Interessant. Auch Elche brauchen Freiheit. Und Grenzen interessieren sie dabei nicht.

Als ich wieder aus dem Fenster schaue, sehe ich im gerade einsetzenden sommerlichen Regenschauer eine Gruppe junger Menschen vorbeihuschen. Sie sehen wie Studenten aus ... Die Uni, da wollte ich doch noch hin! Rostock besaß schließlich schon eine, bevor Städte wie München oder Hamburg überhaupt darüber nachzudenken begonnen hatten. Auf dem Weg zur ältesten Universität des Ostseeraums gehe ich am Brunnen der Lebensfreude, den manche auch Pornobrunnen nennen, vorbei, überquere den Universitätsplatz und klopfe im Hauptgebäude beim Rektor.

„Haben Sie einen Termin?", fragt eine Frau namens Krüger. „Nein", muss ich gestehen, „ich bin spontan hier." Gerade sei der Rektor beschäftigt. Heute handele es sich außerdem um seinen letzten Tag vor dem Urlaub. Es sähe also schlecht aus. Ich lächele und frage, ob Herr Schareck nicht doch Zeit für mich habe? Frau Krüger lacht. Nein, hat er nicht, aber er nimmt sie sich.

Nach einer Weile bittet Wolfgang Schareck mich in sein Büro. Mehr als zwei Stunden reden wir über seine Vorfahren, die aus Mecklenburg kamen, und über 600 Jahre Rostocker Universitätsgeschichte. Ich lerne, wer in dieser Universität alles lernte, lehrte und wirkte: Magnus Pegel (1547 bis 1619), der als Leonardo da Vinci des Nordens und als Vater der Bluttransfusion gilt. David Chytraeus (1530 bis 1600), der sich stark für die Reformation einsetzte. Joachim Jungius (1587 bis 1657), der als Vorbild von Leibniz gilt. Alfred Kossel (1853 bis 1927), der 1910 den Nobelpreis bekam, da er als Pionier der DNA-Forschung Nukleinbasen entdeckte. Und Moritz Schlick (1882 bis 1936), ein Freund Albert Einsteins, Begründer des Wiener Kreises und Ethiker, der 1936 in Österreichs Hauptstadt in einem durch Rassismus vergifteten Klima ermordet wurde.

Schareck weiß zu allen Persönlichkeiten etwas zu erzählen. Dann holt er sein elektronisches Tablet raus und zeigt mir Bilder. Auf einem sehe ich eine Malerei von ihm. Wenn er in den Ruhestand gehe, werde dieses Bild neben den Porträts der anderen ehemaligen Rektoren im Hauptgebäude aufgehängt. So will es die Tradition, und es wirkt so, als habe Wolfgang Schareck nichts dagegen.

Ich erzähle ihm noch kurz vom Elch, der gerade nach MV gekommen sei, um Freiheit oder ein Weibchen zu suchen. Der Rektor lacht. Vor dem letzten Tschüss fällt zwischen ihm und mir noch das Wort Selfie. „Ha, kenne ich", sagt der 1953 geborene Professor. Mache sein Bruder oft ... aber könne er auch, fügt er schnell hinzu und schnappt sich mein Telefon. Zack, fertig ist das Erinnerungsbild.

Tag 13: Lichtenhagen und das Herz macht pumm

Rostock ist eine Studenten- und Hansestadt. Aufbruch, Jugend, Kunst, Weltoffenheit spürt man an fast allen Ecken. Gestern, als ich abends nach dem Besuch beim Uni-Rektor in einer der Bars in der Kröpeliner-Tor-Vorstadt (KTV) saß, spürte ich das besonders. Wären mir auf dem Weg in die Bar die Augen verbunden und sie erst am Tresen wieder geöffnet worden, ich hätte nicht gewusst, ob ich in Berlin-Kreuzberg, im Hamburger Schanzenviertel oder eben in der KTV säße. Doch Rostock hatte in der Vergangenheit auch eine andere, eine hässliche Seite. Die bis dahin massivsten rassistischen Ausschreitungen in der Geschichte der Bundesrepublik haben sich vor und im Sonnenblumenhaus in Lichtenhagen ereignet – im August 1992. Nach dem Pogrom im Rostocker Stadtteil kam es im folgenden Herbst zum Anschlag in Mölln. Dort töteten Neonazis drei Menschen. Ich war 10 Jahre alt. Meine Eltern sprachen nicht viel mit mir über den Hass, der sich zu dieser Zeit quasi vor unserer Haustür entlud. Aber die Worte Lichtenhagen und Mölln gruben sich in mein Gedächtnis ein: Unmenschliches, geschehen durch Menschen.

Zwei Monate nach den Ausschreitungen wurde damals der Verein *Diên Hông* gegründet – von Vietnamesen und Einheimischen, um eine Brücke zwischen Zugewanderten und Rostockern zu bauen.

Ich mache mich mit einem geliehenen Fahrrad durch die Altstadt auf den Weg. Als ich in den mintgrün gestrichenen Vereinsbüros ankomme und nach einem Augenzeugen von damals frage, empfehlen mir zwei beschäftigte Frauen, es mal bei Herrn Khoi zu versuchen. Er, der mittlerweile ein Catering-Restaurant betreibe, kenne sich aus. Also wechsele ich Fahrrad gegen Auto und fahre ins Gewerbegebiet nach Roggentin bei Rostock. Neben der *Autowelt Ockert*, einem Baumarkt und der *Wohnmobilwelt Hartmann* entdecke ich Herrn Khois Restaurant.

Als ich eintrete, steht er in der Küche: ein schlanker Mann mit hellem Bart, Arbeitsjacke und entschlossenem Blick. Einen Augenblick später setzen wir uns mit einem vietnamesischen Kaffee an einen der Tische. Vor uns steht scharfe Soße neben Salz und Pfeffer. 1991 zog Herr Khoi nach Rostock. „Für mich stellten die Ereignisse in Lichtenhagen keine neue Entwicklung dar", sagt er. Damals habe er einen Obst- und Gemüsestand im Zentrum der Stadt betrieben. Doch er und andere Vietnamesen mussten regelmäßig gegen Rechtsradikale kämpfen. „Fast jeden Tag kamen Skinheads und wollten alles zerstören." Immer, wenn er damals zur Arbeit gefahren sei, habe er eine Eisenstange dabeigehabt, die er als Waffe nutzte.

Nach dem Pogrom verkaufte Herr Khoi weiter Mandarinen, Kiwis und Gemüse im Stadtzentrum. An einen Tag erinnert er sich noch heute genau. Da stand eine Frau um die 30 in der Schlange vor seinem Stand. Sie wartete, obwohl sie gar nichts kaufen wollte. Als sie an der Reihe war, gab sie Herrn Khoi einen Blumenstrauß, etwas Geld und sprach einen Satz, den er jetzt, 27 Jahre danach, noch auswendig kennt: „Wir sind nicht alle so." Es dauerte eine Weile, bis Herr Khoi begriff, was die Frau damit sagen wollte. Als es so weit war, zog er sich in seinen Lieferwagen zurück. Er wollte nicht, dass seine Kunden sahen, was mit ihm passierte. „Ich musste weinen, stundenlang. Ich war bereit zum Verteidigen. Aber was sie gesagt hatte! Das war neu! Dann dachte ich darüber nach. Und dann mein Herz macht pumm."

Heute lebt Herr Khoi in einem anderen Rostock. Er führt ein erfolgreiches Unternehmen, hat Arbeitsplätze geschaffen, nennt die Stadt, in der seine Töchter zur Schule gehen, einen Heimatort und hat auf dem Weg zur Arbeit keine Eisenstange mehr dabei. Er liebe diese Stadt einfach, denn die Leute am Meer seien sehr okay, sagt Herr Khoi. Die Geschichte mit der Frau und seinen Tränen habe er in den vergangenen Jahren oft erzählt, weil sie ihn ermutige.

Wir sitzen eine Weile in seinem Restaurant, reden noch über gutes vietnamesisches Essen, Hanoi und die Halong-Bucht. Und während er vom nächsten Urlaub, interessanten Catering-Wünschen mancher Kunden und dem alltäglichen Leben in Rostock erzählt, wirkt es so, als lache er mit jedem ausgesprochenen Wort.

Draußen, vor Herrn Khois Restaurant, gehe ich an einigen Apfelbäumen vorbei, die auf einer Grünfläche neben dem Parkplatz stehen. Vögel fliegen vorüber und ein großer Hase läuft über den Rasen. Er hält seine Löffel hoch und schnuppert im Wind. Spät ist es geworden. Ich habe Hunger. Hätte ich doch nur etwas bei Herrn Khoi gegessen.

Von der B103 Richtung Warnemünde biege ich in Rostock-Lichtenhagen ab. Elf Etagen streckt sich der Siebzigerjahre-Plattenbau in die Höhe. An der Giebelseite leuchten in gelben und grünen Mosaiksteinchen die drei Sonnenblumen. Ausgerechnet! Meine Lieblingsblume! Auf dem Gelände zwischen Bundesstraße und Sonnenblumenhaus, wo sich damals der Mob sammelte, steht inzwischen ein Baumarkt. Dahinter soll eine graue Bodenplatte an die Gewalt erinnern. „2 Selbstjustiz trespass rostock-lichtenhagen-1992.de", ist darauf eingraviert. Neben der Platte steht eine kleine helle Säule, etwa hüfthoch. Niemand der im Alltag zwischen Supermarkt und Baufachgeschäft Vorbeilaufenden schenkt ihnen Aufmerksamkeit.

Mein Hunger wird knurrend lauter. Ich gehe zum Imbiss vor dem Baumarkt, bestelle einen Cheeseburger, ein *Rostocker Pils* und begrüße die Gäste am Nebentisch. Es sind drei Männer und eine Frau, die ihre Bierflaschen vor sich auf den Gartenmöbeltischen abgestellt haben.

Was hier eigentlich 1992 so los war, frage ich etwas beiläufig, um ein ungezwungenes Gespräch zu beginnen. Einer der Männer, er trägt Bart, hellblaues T-Shirt und Hosenträger, antwortet: „Die Asylanten haben sie damals mit Bussen angekarrt. Die haben hier auf dem Rasen gepennt, wochenlang, monatelang, haben alles vollgeschissen und geklaut. Kein Platz nirgendwo."

Der Typ, der neben ihm sitzt – tätowierter Arm, schwarzes T-Shirt – spricht dazwischen: „Kaufhallen leergeräumt und gefickt unterm Balkon haben die auch, und einfach auf die Wiese geschissen."

Der erste Mann mit den Hosenträgern stimmt nickend zu und redet weiter: „So, und dass die Bevölkerung – die normale Bevölkerung sage ich mal – sich das nicht gefallen lässt, das ist doch selbstverständlich. Würdest Du Dir auch nicht gefallen lassen."

Ich frage die beiden, ob sie damals als Augenzeugen dabei waren.

Mann mit Hosenträgern: „Natürlich! Ich bin 52, Digger!"

Typ mit tätowiertem Arm nickend: „Jahrgang 67".

Die Frau, die eine Zigarette in der Hand hält, mischt sich ins Gespräch: „Die Hools und die Skinheads haben damals zusammengehalten wie Pech und Schwefel. Sogar die Autonomen waren dabei. Was glaubst Du, was hier abgegangen ist."

Mann mit Hosenträgern: „Es wurde so dargestellt, als ob es von den Rechtsradikalen startete. Es war aber nicht so. Es waren Fußballfans, Einwohner, alle waren dabei. Die normale Bevölkerung hat Alarm gemacht. Die Rechten kamen erst dazu."

Frau mit Zigarette: „Ja!"

Typ mit tätowiertem Arm: „Die Einwohner haben sich gewehrt, und durch die Medien, die das verbreitet haben, kamen immer neue Leute von überall dazu."

Er beendet seinen Satz mit einem lauten Lachen.

Ich bin irritiert. „Komisch, ich dachte, das war ein Verbrechen", sage ich.

Typ mit tätowiertem Arm: „Aaaaaachhhhhh was!"

Mann mit Hosenträgern: „Ist hier irgendjemand zu Tode gekommen? Nein! Keiner. Es ging hier auch nicht um die Vietnamesen, sondern um den ganzen Scheiß, den sie hier reingeschleppt haben. Hier war nur Müll und Scheiße. Und keiner hat sich dafür interessiert, keiner! Da hat die Bevölkerung gesagt: So geht das nicht weiter!"

Typ mit tätowiertem Arm: „Es war ein Volksbegehren."

Mann mit Hosenträgern: „Genau! Aber im Westen wurde berichtet: alles rechtsradikale Schweine. Die bösen Ossis, die bösen Nazis. Das ist in den Medien immer noch so, leider, 30 Jahre nach der Wiedervereinigung!"

Ich komme kaum zum Cheeseburger-Essen. „Moment, im TV sah es so aus, als ob hier Krieg herrschte", erwidere ich.

Typ mit tätowiertem Arm: „Man wird halt von den Medien beeinflusst! Selbst ein Herr Trump spricht von der Lügenpresse. Irgendwas muss ja dran sein. Verstehst mich?"

Mann mit Hosenträgern: „Die Ausländer waren schon weg, und trotzdem ging die Party noch weiter. Die Presse hat das damals angeheizt."

Typ mit tätowiertem Arm: „Na klar. Macht mal weiter, wir filmen euch – so lief das."

Mann mit Hosenträgern: „Sie haben nicht direkt gesagt, macht mal weiter. Aber: Komm, wir filmen euch. Das wurde so zu einem Wohngebietsfest, ging eine ganze Woche lang. Ich hab mir extra frei genommen. So was gibt's ja nur einmal im Leben. Polizei ist abgehauen vor Angst. Wir haben die Steine aus dem Gleisbett da vorne geholt und erst mal das Hochhaus durchlöchert."

Nach diesem Tag brauche ich dringend Ostseewasser und fahre zum Strand in Warnemünde. Der Leuchtturm blinkt. Während der letzte Rest Sonne hinter Schiffen im Meer versinkt, ziehe ich mich aus, schwimme einige Meter und denke an die Worte, die die Frau an Herrn Khois Obststand sagte: „Wir sind nicht alle so."

Tag 14: Im Feuer des Pogroms

Ich bin unsicher, was ich von Tag 13 dieser Reise halten soll, und will genau wissen, was damals vor dem Sonnenblumenhaus geschah. Deshalb mache ich mich auf den Weg zu einem, der es wissen muss. Wolfgang Richter arbeitete von Mai 1991 bis September 2009 als Integrationsbeauftragter der Stadt Rostock. Jetzt empfängt er mich in seinem Büro der *Gesellschaft für Gesundheit und Pädagogik*. Er trägt einen Vollbart, helle gelockte Haare und schenkt mir ein Glas Wasser ein. Dann erinnert er sich detailliert an die drei Tage, die damals im Pogrom gipfelten. Er spricht mit einer sanften Stimme:

„Die *Zentrale Aufnahmestelle für Asylbewerber*, kurz Zast, unterstand dem Landesinnenministerium und befand sich im Sonnenblumenhaus neben dem Aufgang des Wohnheims der vietnamesischen Gastarbeiter. Ich empfand es von Anfang an als Unsinn, die einzige Erstaufnahmeeinrichtung des Landes mitten in ein Wohngebiet zu legen. Es gab ja keinerlei echte soziale Betreuung. Ostern 1992 hing dann plötzlich ein Schild vor dem Eingang, wonach die Zast erst wieder nach den Feiertagen geöffnet werde. Da standen also viele wartende Flüchtlinge und wurden einfach nicht registriert. Ich rief den Abteilungsleiter im Ministerium an. Doch der wusste von der Schließung nichts. Da in der Zast zu wenig Platz war und die Weiterverteilung der Flüchtlinge nicht so schnell ging, schloss die Einrichtung ab Frühsommer immer wieder tagelang. Die Flüchtlinge campierten auf der Wiese und unter den Balkonen des Hauses. Ihre Notdurft verrichteten sie in den Büschen, da es keinen anderen Ort gab. Etwa 20 bis 50 Menschen, unter ihnen viele Kinder, warteten dort. Wer aus Lichtenhagen zur S-Bahn wollte, musste an ihnen vorbeigehen. Eine Familie war so verzweifelt, dass sie eine Möwe fing, um sie zu grillen. Das stand dann auch so in der Zeitung, und an den Tagen danach hieß es unter den Anwohnern, alle Roma würden Vögel essen.

Dieser Zustand war unzumutbar, für die Flüchtlinge, die Vietnamesen, die nebenan wohnten, und die deutschen Anwohner. Jeden Montag sprachen wir mit dem Bürgermeister darüber, monatelang, ohne Lösung. Von der Stadt hieß es: Das Innenministerium sei zuständig. Dort hieß es: Man sei nur für die Menschen in der Einrichtung verantwortlich. Anfang August 1992 stand dann fest, dass die Zast umziehen sollte – in ein größeres Gebäude außerhalb eines Wohngebietes. Im Innenministerium dachten sie, eine Lösung gefunden zu haben. Doch dafür war es zu spät. Am Dienstag, dem 18. August 1992, rief mich der damalige Redaktionsleiter der Rostocker Ausgabe der *Schweriner Volkszeitung* an. Damals waren Zeitungen noch sehr wichtig. Er sagte, ein anonymer Anrufer habe sich gemeldet: Da die Stadt und das Innenministerium nicht in der Lage seien, die Zustände zu beenden, werde man am Sonnabend auf der Wiese aufräumen. Der Redaktionsleiter fragte nach meiner Meinung. Ich empfahl ihm, es nicht zu veröffentlichen. Er sagte, dass er keine Infos zurückhalten dürfe. Das stimmte natürlich nicht.

‚Anonymer Anrufer kündigt heiße Nacht an', lautete die Überschrift am nächsten Tag auf der Titelseite. Die Zeitung publizierte die Worte des anonymen Anrufers, ohne sie zu überprüfen oder einzuordnen. Am Tag darauf schrieb auch die *Ostsee-Zeitung* darüber. Ich telefonierte wieder mit dem Abteilungsleiter im Innenministerium. Er sagte, das Ministerium würde die anonyme Ankündigung sehr ernst nehmen. Dann kam das Wochenende und er sowie die Führungsebene, die aus Beamten aus den alten Bundesländern bestand, fuhren in ihre Wohnorte Richtung Westen. Sie waren einfach alle weg.

Am **Samstagnachmittag, es war der 22. August**, sammelten sich die Menschen auf der Wiese vor dem Sonnenblumenhaus. Der stellvertretende Bürgermeister diskutierte mit ihnen, sagte, Flüchtlinge seien auch Menschen. Die Anwohner, zum Teil schon alkoholisiert, entgegneten: ‚Das sind keine Menschen. Das sind Viecher, so, wie die sich hier benehmen.' Auf diesem Niveau verlief die Diskussion. Dann flogen die ersten Steine. Die Polizei war mit 25 Leuten da, die Sommeruniform und Halbschuhe trugen. Sie versuchten, die Jugendlichen vom Haus wegzudrängen, doch die waren doppelt so viele. Der eigentlich zuständige Polizei-Einsatzleiter war auch übers Wochenende zu seiner Familie gefahren. Er hatte seinem Stellvertreter auf einem Zettel die Verantwortung übergeben. Der Stellvertreter, noch in Ausbildung, sagte zu mir, ich müsse im Innenministerium anrufen. Doch da war keiner zu erreichen.

Ich war mit den Vietnamesen im Haus und lief noch einmal raus, um den stellvertretenden Bürgermeister zu suchen. Ich wollte ihn fragen, wie es jetzt weitergehen sollte. Doch er war weg. Ich ging wieder ins Haus. Wir sahen, dass die 25 Polizisten keine Chance hatten. Der Mob grölte, warf mit Steinen, zertrümmerte Gehwegplatten und rief Parolen wie ‚Ausländer raus!', ‚Wir kriegen euch alle!' und ‚Deutschland den Deutschen!'. Wir hatten Angst. Als sie in die Balkone klettern wollten, schmissen wir von oben Blumentöpfe und Flaschen. Handys waren damals noch nicht verbreitet. Ich stand am einzigen Telefon des Hauses und sprach mit der Polizei in Lütten Klein. Der dortige Beamte sagte, gleich würden Wasserwerfer eintreffen. Doch das stimmte nicht. Die Wasserwerfer waren zuvor von Rostock nach Schwerin verlegt worden, wie ich später erfuhr. Irgendwann trafen zum Glück mehr Polizisten ein. Sie schafften es, die Wütenden daran zu hindern, in das Gebäude einzudringen. Nachts gegen drei Uhr stoppten die Angreifer, da sie erschöpft oder zu betrunken waren. Gebrannt hatte da noch nichts.

In der **Nacht zum Sonntag, dem 23. August**, waren schon die ersten Fernsehteams angekommen. Bundesweit wurde berichtet. Vielleicht kamen auch dadurch am zweiten Tag jede Menge Zugereiste dazu. Die bundesweite Neonazi-Szene war von der Dimension der Proteste überrascht gewesen und sprang erst jetzt auf. Am Sonntagnachmittag waren also mehr Menschen und auch deutlich mehr Polizisten da. Insgesamt waren es vielleicht 4000 Leute. Zunächst gab es nur Geschreie. Dann schaukelte es sich wieder hoch. Steine flogen und ab und zu auch Molotowcocktails. Vor dem Haus wurden die Straßenschlachten immer schlimmer. Die S-Bahnbrücke, die zum Stadtteil Groß Klein führt, hielten die Gewalttäter quasi besetzt. Sie zündeten einen Müllcontainer an und ließen ihn die Brückenschräge runterrollen – mitten in die Polizei hinein. Die Nazis hörten sogar den Polizeifunk ab. So wussten sie, wo Schwachstellen der Beamten waren und wo sie angreifen konnten. Die normale Bevölkerung gab den Gewalttätern Schutz. Nimmt man die Zahl der Gewalttäter als Maßstab, war der Sonntag der heftigste Tag. Es tobte ein Straßenkampf. Etwa nachts um drei war wieder Ruhe. Ich schlief drei bis vier Stunden im Wohnheim der Vietnamesen.

Am **Montag, dem 24. August,** gab es gegen 13 Uhr eine Pressekonferenz des Ministerpräsidenten, Berndt Seite, und von Bundesinnenminister Rudolf Seiters. Sie verkündeten, die Zast werde nicht geräumt, weil das wie eine Niederlage aussähe. Parallel hatte allerdings jemand aus dem Landesinnenministerium angeordnet, die Zast doch zu verlegen. Die Flüchtlinge wurden mit Bussen an andere Standorte gefahren. Die Gewalttäter applaudierten. Sie hatten gewonnen. Nun waren nur noch Vietnamesen im Haus. Alle dachten, es bleibt ruhig. Ich kam abends gegen 20 Uhr wieder im Wohnheim der Vietnamesen an. Ich sah Menschen auf der Wiese, auch Polizisten, aber es gab keine Auseinandersetzungen. Dann hörte ich Sprechchöre, die immer lauter wurden. Auch das Gegröle wurde lauter. Steine flogen wieder und Molotowcocktails. Ich ging ans Fenster und sah keinen einzigen Polizeibeamten mehr. Die Angreifer hatten freie Bahn. Ich rannte sofort runter zur Pförtnerloge, weil dort das Telefon war. ‚Wir werden angegriffen. Das Haus brennt schon. Hier sind mehrere hundert Leute. Wir brauchen sofort ganz viel Polizei', rief ich. Da schmissen sie die Scheiben der Eingangstür neben der Pförtnerloge auch schon ein. Ich lief wieder hoch in die sechste Etage. ‚Wir müssen uns jetzt selber helfen', sagte ich. Als Erstes holten wir den Fahrstuhl hoch und blockierten ihn. Dann verbarrikadierten wir die zwei Treppenhäuser. Eine Gruppe Vietnamesen ging nach oben in die oberste Etage, um zu gucken, ob und wie wir aufs Dach kommen könnten. Wir waren ja umzingelt. Wir hörten, wie sie unten eingedrungen waren, wie Mobiliar zerschlagen wurde, wie Glas splitterte. Es flogen immer mehr Brandsätze in die Räume unter uns. Der Qualm zog im Fahrstuhlschacht und in den Treppenhäusern nach oben. Wir sahen, wie das Feuer an der Hauswand hochbrannte.

Es waren ungefähr 120 Vietnamesen im Haus. Dazu eine Gruppe von etwa zehn Jugendlichen aus einem linken Jugendzentrum, die den Vietnamesen beistehen wollten. Aus der Zast waren auch noch zwei, drei Leute rübergekommen. Insgesamt waren wir etwa 140 Leute. Schwangere Frauen waren dabei und kleine Kinder. Alle fürchteten sich. Wir hörten ihre Sprüche. ‚Jetzt geht's los', riefen sie, in einem Tonfall und in einer Lautstärke, die ich bis heute nicht vergessen kann. Jeder ‚Jetzt geht's los'-Ruf war Auftakt für eine Angriffswelle. Sie liefen vor, warfen Steine oder Molotowcocktails, liefen wieder zurück und munitionierten sich neu. Hinter den Werfern sammelten sich die Gaffer. Sie feuerten die Leute im wahrsten Sinne des Wortes an. Auf den Balkonen der anderen Häuser saßen auch Bürger, die jubelten. Die Gewalt brach aus den Leuten einfach heraus. Hass war das. Nichts Rationales hat mehr stattgefunden. Alle waren in dieser Welle. Das war die Pogrom-Stimmung. Bis dahin kannte ich dieses Wort nur aus meinem Studium. Aber in diesen zwei Stunden, als die Polizei weg war, entstand ein Sog, dem sich niemand entziehen konnte. Ja, ich benutze dafür das Wort: Pogrom.

Über uns im Dachgeschoss versuchte ein Vietnamese, eine Stahlgittertür und eine weitere Tür zu öffnen. Er unternahm alles und irgendwann, nach mehr als einer Stunde, war der Weg frei. Wir gingen vorsichtig über das Dach, nur in der Mitte. Wir wollten nicht, dass sie uns da oben sahen und uns dann angriffen. Ich sagte zu den Jugendlichen: ‚Leute, nicht rauchen! Zigarettenglut sieht man im Dunkeln.' Wir gingen gruppenweise übers Dach zu einem anderen Hausaufgang, in dem Deutsche wohnten. Unten brannte das Haus inzwischen so sehr, dass die Angreifer wahrscheinlich selbst Angst hatten, da reinzugehen. Wir öffneten eine Luke, die nach unten führte und klingelten an fast allen Türen, in jeder Etage. Von den 60 bis 70 Wohnungen im ganzen Aufgang öffneten sich zwei. Dort konnten wir die schwangeren Frauen und die Kinder lassen.

Wir wollten nicht, dass die Gewalttäter merkten, wo wir jetzt waren. Nach einer Weile bin ich dann als Erster rausgegangen. Als ich das Haus aus dem anderen Aufgang verließ, war gerade die Polizei zurückgekommen. Irgendwann kam auch die Feuerwehr durch. Etage für Etage suchten sie mit Atemschutzmasken ab. Niemand wusste, ob da noch Menschen waren. Später wurden die Vietnamesen abgeholt und mit Bussen in eine Turnhalle gebracht. Dann war Ruhe."

Tag 15: Rostock lieben und verlassen

Das Aufwachen fällt schwer. Ich denke daran, was mir Wolfgang Richter am Ende unseres Gesprächs erzählte. Wenige Tage nach dem Pogrom hatte er Post bekommen. „Wir wissen, wo du Schwein wohnst. Und wenn du nach Hause kommst, werden wir dich erschlagen." Richter ließ sich von diesen Drohungen nicht einschüchtern. Er blieb in Rostock, und ich frage mich, warum er noch keinen Landesverdienstorden bekommen hat.

Auch Herr Khoi blieb in Rostock. Beide und viele andere halfen dabei, die richtigen Lehren aus den drei Gewalttagen am Sonnenblumenhaus zu ziehen. *Diên Hông* wurde kurz nach den Ausschreitungen gegründet und arbeitet bis heute. Aus dem *Bündnis gegen Rechts* erwuchs *Bunt statt braun e.V.* Das Projekt *Endstation Rechts*, die Marke *Storch Heinar*, Musikbands und viele Bürgerinitiativen entstanden. All das sind Konsequenzen aus dem Trauma, das in Lichtenhagen entstand.

Und was habe ich in all den Jahren gemacht? Kaum war meine Schulzeit beendet, verließ ich MV. War mir dieses Bundesland nicht wichtig genug, um hier zu bleiben?

Es ist kurz nach 11 Uhr. Ich liege noch immer im Bett, denke an Kathrin, bekomme Angst. Die Depression ist eine hinterhältige Krankheit. Bevor man begreift, was los ist, hat sie sich schon so weit ausgebreitet, dass die Spirale kaum noch aufzuhalten ist. Man zweifelt, kann sich nur noch schwer motivieren, verliert die Freude an allem und kann keine Entscheidungen mehr treffen. Ich konnte damals keine Artikel mehr schreiben, tippte einen Satz in den Computer, las, was da stand, und löschte alles wieder. Egal, was ich schrieb, nichts gefiel mir, ich gefiel mir nicht mehr. Schaffe ich es nun, in einem Buch, das meinen eigenen Anforderungen gerecht wird, auch über diesen Teil der Vergangenheit zu schreiben? Revolution, Freiheit, Universität, Tod, *Hansa*, Pogrom … So viele Themen nach nur zwei Wochen Reise.

Ich greife noch einmal den Band von Walter Kempowski. „Dieses Jahr wird uns ein Wiedersehen mit der Heimat bringen. Heimat – ein altmodisches, diskreditiertes Wort." Das notierte der Schriftsteller 1990 in seinem Tagebuch. Er, der seine Geburtsstadt verlassen und acht Jahre in sowjetischer Haft verbringen musste, sah in Rostock immer seine Heimat. Und er scheute sich nicht, dieses „diskreditierte" Wort zu nutzen.

Am Nachmittag spaziere ich noch einmal durchs Stadtzentrum, vorbei an der Marienkirche, am Pornobrunnen, der Uni-Bibliothek dem Michaeliskloster und an Pesto Peters Imbiss am Rosengarten. Ich esse Currywurst mit Pflaumenmus und rede kurz mit einem Typen, der in der Fußgängerzone auf einem langen Didgeridoo spielt.

Eine Erinnerung kehrt zurück: Vor 1990 war ich mit meinen Eltern einmal im Rostocker Zoo. Es gibt Schwarz-Weiß-Fotos, auf denen ich ein Tigerbaby im Arm halte. Dennoch war mir Rostock immer etwas fremd geblieben. Erst jetzt, in diesen Tagen, hat sich das geändert, als ich hier alleine mit der Straßenbahn gefahren, ins Ostseestadion, durch Lichtenhagen und die KTV gegangen bin. Vielleicht habe ich durch den Abstand der vergangenen Jahre nun eine neue Nähe gewonnen. An manchen Ecken kommt mir Rostocks Innenstadt wie eine Mischung aus Lübeck, Bremen und Hamburg vor. Trotz aller Modernität hat sie sich etwas von ihrem historischen Erbe bewahrt. Mir gefällt diese Mischung aus alt, noch älter und neu. Rostock ist hinreichend klein, um nicht verloren zu gehen, und groß genug, um sich darin frei zu fühlen.

IV. Nackt durch den Wald: Diktatur oder Demokratie?

„Die Wahrheit ist nackt am schönsten."
(Arthur Schopenhauer, 1851)

Tag 16: FKK am Rätzsee

Heute startet die letzte Nacktwanderung des Jahres durch die Dobbertiner Heide. Neben einem Treffen mit Philipp Amthor gibt es wenige Termine dieser Reise, auf die ich mich mehr freue. Ich lasse Rostock und die Gedanken der Stadt hinter mir, fahre in Sommerkleidung ans südliche Ende der Mecklenburgischen Seenplatte, parke vor dem Eingang des Nacktcampingplatzes am Rätzsee, nehme meinen Rucksack in die Hand und gehe etwas aufgeregt sechs Nackten entgegen, die in der Sonne vor dem Café des Rezeptionshäuschens warten.

„Moin, Steffen Dobbert ist mein Name. Ich möchte zur Nacktwanderung", sage ich.

Sie lächeln, heißen mich willkommen, und ich spüre, dass etwas nicht stimmt. „Muss mich nur noch ausziehen, was?", frage ich mit einem aufgesetzten Lächeln.

Die Antwort lautet: „Ja!"

Weil mir nichts Besseres einfällt, gehe ich mit meinem Rucksack auf die Toilette im Rezeptionsgebäude, ziehe T-Shirt, Hose, Shorts aus und stecke alles in meinen Rucksack. Ich fühle mich komisch und denke an meine ehemalige Mitbewohnerin. „Das traust Du Dich eh nicht", sagte sie, als ich ihr von der Nacktwanderung erzählt hatte. „Für diese Recherche gebe ich das letzte Hemd", erwiderte ich. Doch jetzt kostet die letzte Shorts Überwindung. Ich frage mich, warum ich extra auf die Toilette gegangen bin, um mich auszuziehen, hole tief Luft und atme langsam wieder aus. Was soll's. Mit Latschen bekleidet verlasse ich die Toilette, versuche mir nichts von meiner Unsicherheit anmerken zu lassen und halte meinen Rucksack so in der Hand, dass er lässig vor meinen Lenden baumelt.

Da kommt auch schon Sabine, die Wildnis-Pädagogin, die unsere Exkursion organisiert hat. Sie begrüßt die mittlerweile zehnköpfige Gruppe, kassiert von jedem zehn Euro und erklärt, dass man sich anders fühle, wenn man nackt wandere. Egal, ob man im täglichen Leben Banker, Busfahrer oder Schornsteinfeger sei – in der Natur seien alle Nackten gleich.

Insgesamt sieben Kilometer und etwa fünf Stunden inklusive Pausen liegen vor uns. „Wir werden auf einem Pilgerweg durchs Unterholz des Waldes wandern", erklärt Sabine. Es gehe am Ufer des Rätzsees und dann am Waldesrand entlang. Danach werde uns der Weg über eine Brücke in die Dobbertiner Heide führen. Wer möchte, könne sich auf der Brücke ein Tuch umbinden, aber vermutlich würden wir nur wenige Angezogene sehen. Der See sei motorbootfrei und unsere Bade- und Picknickpausen fänden an abgeschiedenen Stellen statt. Es könne jedoch gut sein, dass wir mindestens einen Fuchs sehen würden, sagt Sabine. Den erkenne man am Schwanz.

Ein Fuchs muss tun, was ein Fuchs tun muss, denke ich. Immerhin stört uns am Himmel keine einzige Wolke, während wir zu „einem der schönsten und natürlichsten Seen Deutschlands" wandern, wie der *Stern* einmal über den Rätzsee schrieb. Zwei Kanäle verbinden ihn mit tausend anderen Gewässern im südlichen Mecklenburg-Vorpommern. Bis zu 33 Meter tief gräbt er sich in die Erde. 500 Meter breit und knapp acht Kilometer lang ist er. Wobei die Größe heute nicht entscheidend ist.

Wir wandern los und kein Haus, keine Straße, keine einzige Hose stört uns auf unserem Weg entlang des Ufers. Hinter einem Zaun erstreckt sich eine Wiese. Sabine zeigt auf das gemähte Gras. Hier sei eine perfekte Stelle, um in der Natur zu baden, sagt sie. Wir sollten nun Gras in die Hand nehmen, uns hinlegen, mit dem Gras streicheln, dabei die Augen schließen und spüren, was passiert. Alle folgen ihren Anweisungen. Und so liegen irgendwo in Norddeutschland in einer Senke zwischen einem Wald und einem See plötzlich elf nackte Menschen im Gras.

Ich weiß nicht, ab wann Gras zu Heu wird, aber während ich die Fasern der goldgelben Wiese auf meiner Haut fühle, muss ich an meine Heu-Allergie und mein Asthma denken. Es juckt. Jetzt einfach aufstehen, während alle anderen in sich hinein und in das welke Gras horchen? Ich will keine Unruhe stiften. Es juckt weiter. Ich erhebe mich und sehe vor mir einige Nackte lässig mit einem Strohhalm im Mund im Gras liegen, andere haben es sich breitbeinig auf der Wiese gemütlich gemacht. Sabine schaut mich an. „Sorry", sage ich, „ich konnte nicht mehr." Kein Problem, jeder, so wie er kann, antwortet sie.

Nach dem Bad in der Natur ist die Stimmung lockerer. Wir unterhalten uns. Da ist ein Ehepaar aus Köln, das gerne nackt und genauso gerne mitten in der Großstadt lebt. Beides sei zur gleichen Zeit in Köln manchmal ein Problem, weshalb sie den FKK-Campingplatz in Mecklenburg sehr schätzten. Da ist Reinhardt, Hannoveraner, der mit dem Motorrad angereist ist, weil er FKK für etwas Natürliches hält. Da ist das Pärchen, das mit Wohnmobil und Kind unterwegs ist. Sie produziert einen eigenen Podcast und nacktwandert mit uns aus Neugier („Bin offen für alles"), während er gerade auf ihre Tochter aufpasst. Dann sind da noch Markus und seine Frau aus der Gegend um Düren, die schon vor langer Zeit festgestellt haben, dass Nacktwandern ihr Ding ist, Basti aus Hessen und Erik mit seinem Partner aus Chemnitz. Die beiden haben jahrelang FKK-Urlaub an der Ostsee gemacht, schätzen das Nacktsein aber mehr als das Meer.

Die meisten gehen mittlerweile barfuß. Es piekt etwas, aber man gewöhnt sich. Um uns herum sind nur Schilf und Buchen, Wasser und Himmel, Schmetterlinge, Vögel und zehn andere nackte Menschen. Schön. Ich denke laut über die Verbindung zwischen Nacktheit und Freiheit nach. Jemand aus der Gruppe erwähnt Friedrich II., den todesmutigen alten Fritz, der als schwuler Absolutist Voltaire an seinen Hof nach Potsdam holte. „Jeder soll nach seiner Façon seelig werden", ein angeblich von ihm stammender Ausspruch, weshalb er für manche FKK-Liebende als Vorbild taugt.

Kurze Unterbrechung. Sabine zeigt uns etwas Großes in ihrer Hand. Wir sollen raten, welcher Baum zu diesem Zapfen gehört. Fichte? Kiefer? Tanne? Viele raten etwas, doch niemand kommt auf die richtige Antwort. „Douglasie." Im urigen Wald der Seenplatte präsentiert uns Sabine noch Schafsgarbe, Spitzwegerich, einen giftigen Fingerhut und Wildschweinspuren. Über die Symbiose zwischen Wolfsmilch und Schmetterlingsraupen, von der unsere Pädagogin ausführlich erzählt, denke ich eine Weile nach und bemerke erst gar nicht, dass das Jucken am Rücken aufgehört hat.

Wir stoppen kurz an einem Ameisenhaufen, groß wie ein Kühlschrank. Danach kreuzen Eichelhäher, Spitzmäuse, Blindschleichen und kleine Frösche unseren Weg. Am Waldesrand fliegt eine Starenschar über uns hinweg. Grillen zirpen, ein Specht klopft und Rehe nehmen Reißaus, bevor wir näher kommen können. Beim Schwimmen entdecke ich Fische, die unter mir durchs Wasser gleiten. Nur einen Fuchs mit buschigem Schwanz, den sehen wir doch nicht.

Nach fünf Wanderstunden bin ich etwas erschöpft, bedanke mich bei Sabine und den anderen Nackten für die Erfahrung. An der Rezeption des Campingplatzes bestelle ich einen Kaffee mit einem Stück Pflaumenkuchen. Axel, der Platzwart, lacht und fragt, wie es war. Ich erzähle vom Streicheln mit dem Heu. Er empfiehlt mir ein Naturistengehöft im nördlicheren MV und zeigt mit seinem Finger auf ein Buch in seinem Kiosk-Regal: *Nackedei 3: Fahrt frei*.

Zumindest das Naturistengehöft muss ich mir anschauen. Ich zahle, gehe zum Parkplatz – und bevor ich mich auf den Fahrersitz setze, ziehe ich mir Hose und T-Shirt wieder an. Ungewohnt fühlt sich die Kleidung auf der Haut an.

Ich frage Google und entdecke die Website von Friedhelm Röttgerdings Naturistengehöft: „Naturismus ist praktisch auf ganzer Fläche möglich", steht da. Ich rufe ihn an. Er sagt: „Komm vorbei!" Und schon bin ich auf dem Weg.

Nach fast zwei Stunden Fahrt Richtung Elbe biege ich nach Neu Karstädt ab. Ich schwitze, alles ist klebrig, heiß und nass. So muss sich ein See im Hochsommer fühlen. Ich folge einer schmalen Teerstraße. Links muht eine Kuh-Herde, rechts stehen Kraniche auf einem Stoppelfeld und ein Haus, auf das ein Baum gefallen ist. Dann bin ich endlich angekommen. Hier ist er also, der Ort der Freiheit.

„Schön, dass Du da bist", sagt Friedhelm Röttgerding und kommt mir langsam entgegen, so wie Gott oder seine Eltern ihn schufen. Friedhelm zeigt mir seinen Hof und eine Stelle neben einer Tanne, wo ich mit Waldemar stehen und schlafen kann. „Kannst hier ruhig nackt sein, auf dem ganzen Hof", sagt der 81-Jährige noch. Ich bedanke mich höflich und weiß nicht so recht.

Friedhelm geht zu seiner kranken Frau ins Haus. Ich lasse meine Hose erst einmal an und laufe etwa 200 Meter zum Ufer des Elde-Kanals, überquere eine Brücke und entdecke einige Meter weiter neben dem Feldweg eine kleine Badestelle.

Ein Specht klopft in weiter Entfernung auf Holz. Hunderte Kiefern stehen um mich herum. Aber kein Mensch ist weit und breit zu sehen. Es ist so ruhig, dass man das Fliegen der Insekten hören kann. Über den Fluss sausen ein paar Wasserläufer. Ich ziehe mich aus und gehe vorsichtig in das Wasser. Am ganzen Körper kribbelt es. Etwa drei Meter neben mir springt ein kleiner Fisch. Ich lasse mich langsam mit der Strömung treiben. Es ist ruhig, harmonisch. Fast fallen mir hier schon die Augen zu. Nacktsein macht frei. Und müde.

Tag 17: Alles ist geil, geil, geil

Ich öffne die Hecktüren und lasse Landluft hereinströmen. Die Nacht im VW-Bus auf dem Naturistengehöft war schön. Sonnenstrahlen erwärmen den Morgen. Im Radio heißt es, *Hansa* habe gegen Ingolstadt 2:2 gespielt. Die Kogge steht nur noch auf Platz 16. Aufstieg wird schwer. Plötzlich taucht der nackte Friedhelm vor dem Busfenster auf. Nach einem „Guten Morgen! Gut geschlafen?" wiederholt er seine Worte von gestern: „Kannst ruhig nackt sein!" Ich bin überrumpelt, aber okay, seit der Nacktwanderung schätze ich körperliche Freiheit.

Nachdem ich meine Zähne geputzt habe, gehe ich ohne Bekleidung zu Friedhelm. Wir setzen uns unter zwei Sonnenschirme auf eine Bank vor seinem Haus und trinken Kaffee. Ich frage, was einen

Naturisten zum Naturisten macht. „Mein Vater hat 1923 in Leverkusen einen FKK-Verein gegründet. Deswegen war ich schon als Kind oft nackt. Meine Söhne waren auch Naturisten, bis ihre Frauen etwas dagegen hatten. Naturisten leben naturnah, natürlich und gesund, ähnlich wie die Naturvölker, bevor ihnen das Nacktsein verboten wurde. Auch wenn der Naturist zu einem guten Stück Schinken nicht nein sagt, ernährt er sich meist vegetarisch. Er ruht in sich, auch sexuell. Naturismus ist keine Religion, sondern eine Art zu leben. Nacktsein hat damit nur am Rande zu tun", sagt Friedhelm.

„Empfindest Du nie Scham, wenn Du nackt bist?"

„Ich schäme mich nur, wenn ich etwas Böses tue. Naturisten beherrschen ihre Sexualität und nicht anders herum. Ich glaube, wenn alle nackt wären, hätten wir auf der Erde keine Überbevölkerung."

„Führt mehr nackte Haut zu weniger Sex?"

„Heutzutage ist alles geil, geil, geil. Einerseits werden brutale Sexfilme im Internet gezeigt, andererseits verhaftet man in manchen Ländern Menschen, wenn sie nackt am Strand sind. Naturvölker hatten weniger Sex. Und ich muss auch nicht jeden Tag kopulieren."

„Was, wenn anderen das Nackte nicht gefällt?"

Friedhelm lacht. „Was soll daran nicht gefallen?", fragt er und erzählt eine Anekdote. Als er 1999 mit seiner Frau aus der Kölner Gegend hierher zog, habe eines Tages der Leiter des Ordnungsamtes vor seiner Tür gestanden. Ob er nackt auf der Straße vor seinem Haus gewesen sei, wollte der Beamte wissen. Ja, erwiderte Friedhelm, nackt in der Tür stehend. Dann habe er dem Beamten von einem Streit erzählt, der 1964 vor dem Oberlandesgericht Hamm entschieden wurde. Eine Frau war angeklagt, weil sie sich nackt in der Öffentlichkeit gezeigt hatte. Doch der Richter sprach sie frei: Nacktheit in der Öffentlichkeit sei bei sinnvollem Anlass nicht strafbar, urteilte er. Friedhelm ergänzte: Der Anlass könne ja gutes Wetter sein. Den Beamten hat er nie wieder gesehen.

Ich denke an ein anderes Urteil: Ein Schotte, der mehr als dreißigmal wegen Nacktheit in der Öffentlichkeit verurteilt wurde, musste ins Gefängnis. Auch der Europäische Gerichtshof für Menschenrechte hob das Urteil nicht auf. Doch ich will Friedhelm nicht verunsichern, trinke meinen Kaffee aus, bedanke mich – und als ich mit Waldemar vom Naturistenhof rolle, steht er da, der 81-jährige Nackte, und winkt. „Komm mal wieder", ruft er.

Tag 18: Eine Frage der Toleranz

Als ich gestern Abend von Friedhelms Naturistengehöft bis auf die Insel Rügen fuhr, hatte ich keine Ahnung, wo ich schlafen sollte. Ein Heu-Hotel in der Nähe vor Garz lag auf meinem Weg, doch meine Allergie …

Als ich dann zufällig diesen Landweg neben Feld und Meer entdeckte, war die Sache klar. Jetzt öffne ich die Augen und höre das Rauschen der Wellen. Eine Stubenfliege kreist mir um den Kopf. Durch das eine Bulli-Fenster sehe ich: Stoppelfeld und Pferdekoppel. Durch das andere: verlassener Sandstrand und Ostsee. Ich stehe auf, schwimme wie ein Naturist durchs Meer und genieße auf dem Campingstuhl die Morgensonne.

Während der Tage in Rostock hatte ich von einem Mann gehört, der für die AfD im Kreistag von Rügen sitzt. Bei einer Veranstaltung der *Ostsee-Zeitung* hatte er in der ersten Zuschauerreihe gesessen, war aufgestanden und hatte Angela Merkel vorgeworfen, „uns im Namen der Toleranz in eine Diktatur" geführt zu haben. Ich sah ein Video von der Szene und war erstaunt. Aber meint er das wirklich ernst? Ich habe mir als Reporter vorgenommen, auf dieser Reise nicht nur gemütlichen Themen nachzugehen. MV ist schön, MV tut gut. Aber MV ist auch ein Bundesland, in dem 24 Jahre nach den Ausschreitungen am Sonnenblumenhaus die AfD mit 20,8 Prozent ins Landesparlament einzog.

Um zu verstehen, wie das passieren konnte, verlasse ich mein wildes Paradies am Strand und fahre nach Bergen, mit knapp 14 000 Einwohnern die größte Stadt auf der größten Insel Deutschlands. Als ich ankomme, steht Thomas Naulin, Jahrgang 1977, neben einem schwarzen BMW-SUV. Er trägt Jeans, Hemd und einen breiten braunen Gürtel. Kräftig sieht er aus. Zwei-, dreimal die Woche treibe er Sport, sagt er, Fahrradfahren. Als Bundesbeamter habe er 18 Dienstjahre vollgemacht und sich dann, 2013, als Polizist zur Ruhe gesetzt – wegen eines Rückenleidens. Im Alter von 36 Jahren ging er so in den Vorruhestand, erzählt er. Seitdem kassiert er monatlich eine Beamten-Pension und erhält für seine Arbeit als AfD-Abgeordneter mehrere Hundert Euro, plus Sitzungs- und Fahrtengelder.

Wir gehen in ein Hotel ums Eck und bestellen Kaffee. Seltsam, denke ich, ein Mann, dessen Leben vom freiheitlich-demokratischen Staat in großen Teilen finanziert wird, will genau diesen abschaffen. Jedenfalls versichert Naulin mehrfach, dass er es sehr ernst meine: Auf jeden Fall seien wir in einer Diktatur angekommen. In seiner Wahrnehmung gebe es in Deutschland keine freien Wahlen mehr. 50 Prozent der Bevölkerung seien fremdgesteuert. Die Medien belögen bewusst das Volk. Und die Meinungsfreiheit sei sehr stark eingeschränkt. Unser Gespräch, sein Auftritt bei Angela Merkel und seine Arbeit im Kreistag belegten doch das Gegenteil, erwidere ich. Er will das nicht akzeptieren. Was in vorherigen Diktaturen funktionierte, sei heute zur Perfektion gebracht worden, sagt er. Nur über die Lügenpresse halte sich unser System noch an der

Macht. Lügenpresse, das von den Nazis geprägte Wort, benutzt er so, als gehöre es selbstverständlich zum heutigen Sprachgebrauch. Dann erklärt er mir, wie seine Partei seit Jahren in MV eine Gegenöffentlichkeit aufbaue, vor allem in sozialen Medien wie *Facebook*: Da könne man für zehn Euro, aber auch für 30 Euro mal schnell eine Werbung schalten und Hunderte erreichen. 2016 habe es in Bergen nur etwa acht AfD-Leute gegeben, sagt Naulin. Mit denen habe er Stammtische organisiert und auf *Facebook* alternative Informationen verbreitet. Der Erfolg kam 2019: Bei den Kommunalwahlen zog die AfD als drittstärkste Partei in den Kreistag.

Ich höre dem AfD-Politiker lange zu und diskutiere mit ihm. Aber von seiner Meinung über unser diktatorisches System ist er nicht abzubringen. Unsere Debatte verläuft wie bei zwei Magneten mit gleichnamigen Polen: Je näher man sie aufeinander zubewegt, desto mehr stoßen sie sich ab. Genug ist genug, denke ich, verabschiede mich und fahre wieder Richtung Meer.

Als ich am Ostseebad Prora ankomme, scheint die Sonne noch stärker als heute morgen. Ich gehe an einer Baustelle vorbei zu einem breiten hellen Strand. Warm und weich fühlt sich der Sand unter meinen Fußsohlen an. Einige Menschen mit Badesachen und viele Nackte liegen vor mir: dicke, alte, rasierte, dünne, junge, große, beharrte, schlafende, ruhige, kleine und laute Leute. Friedhelm vom Naturistenhof wäre erfreut.

Auf dem Wasser düst eine Banane aus Gummi hinter einem Boot vorbei. Ich gehe rein, schwimme raus und schaue zurück auf den Strand und die gewaltigen Häuser dahinter. Einige nennen den *Kraft-durch-Freude*-Baukomplex von Prora „Koloss von Rügen". Er wurde von den Nazis errichtet, mit dem Ziel, dass hier einmal 20 000 Deutsche gleichzeitig Urlaub machen könnten. Neben dem Reichsparteitagsgelände in Nürnberg ist dieses Urlaubsmonstrum die größte geschlossene architektonische Hinterlassenschaft der Hitler-Diktatur. Derzeit werden die Wohnblocks entkernt, geteilt und Stück für Stück saniert. Für 290 000 Euro kann man sich eine Eigentumswohnung mit historisch fragwürdigem Wert kaufen. Die Nachfrage steige stetig, sagte mir eine Frau, die bei meiner Ankunft wenige Meter vom Strand entfernt in einem Verkaufsbüro saß. Immerhin gibt es in einem der Betonklötze ein Dokumentationszentrum über die NS-Geschichte, denke ich, und schwimme mir den Kopf frei.

Am Abend fahre ich nach Rostock. Joachim Gauck stellt in der Altstadt sein neues Buch *Toleranz – einfach schwer* vor. Ich muss unweigerlich an den AfD-Mann aus Bergen denken. Hatte er doch behauptet, „im Namen der Toleranz" in eine Diktatur geführt worden zu sein.

„Ich freue mich, in meiner Heimatstadt zu sein", sagt Gauck zu Beginn seiner Lesung. Wobei Lesung? Er rede lieber, weil er bei früheren Buchpräsentationen festgestellt habe: Je länger er lese, desto eher schliefen die Leute ein. Humor hat er. Und er erzählt wirklich viel. Über den ersten Döner, den er als Mecklenburger in Berlin aß. (Nicht sein Geschmack.) Über die weltweite Migration, die „wahrscheinlich nicht die Mutter aller Probleme" sei, aber durch Flüchtlinge sichtbarer werde. Über die Hoffnung auf das Bessere, die immer eine dunkle Schwester haben werde: die Angst.

In Zeiten, die von Umbrüchen geprägt sind, empfänden wir automatisch Unsicherheit, sagt Gauck. Und dabei könnten Angstwellen entstehen, die die Menschen eventuell überrollten. In MV und anderen ehemaligen Gebieten der DDR lebten wir in Transformationsgesellschaften: Vielfalt sei die neue Normalität. Doch es gebe weder hier noch anderswo eine „Zwangsdönerisierung". Gauck will dem Publikum sagen: Niemand muss einen Döner essen.

Was jenseits unserer Meinung sei, straften wir zu schnell mit Intoleranz ab. So lautet die Kernthese des ehemaligen Bundespräsidenten. Das sollten wir ändern. Denn wir werden nie wieder in eine Zeit kommen, in der wir weniger Toleranz brauchen. Toleranz sei eine beglückende Tugend. Und wir, glaubt Gauck, müssten lernen, anders mit Rechtspopulisten, etwa der AfD, umzugehen, toleranter eben.

Unter den vielleicht hundert Zuhörern im Publikum sind nur fünf, die jünger als 35 Jahre sind. Einer von ihnen verlässt lange vor dem Schlusswort den Buchladen. Ich bleibe sitzen und höre zu. Der Theologe und Politiker Gauck ist ein kluger, liberaler Geist, der selten rechts der Mitte steht. Während der Revolution 1989 hielt er bewegende Reden. Ich schätze ihn. Doch wenn nicht einmal er zur eindeutigen Abgrenzung gegenüber einer teilweise rassistischen Partei aufruft, läuft in diesem Land irgendetwas nicht richtig, denke ich. Die Forderung nach mehr Toleranz für Nationalisten und Rechte, die unsere Demokratie verleugnen, regt mich mehr und mehr auf. 2016 empfahl Jürgen Habermas demokratischen Parteien, sie sollten um sogenannte „besorgte Bürger" nicht „herumtanzen", sondern sie „kurz und trocken als das abtun, was sie sind – der Saatboden für einen neuen Faschismus". Mich enttäuscht, dass eine prominente Figur wie Joachim Gauck diese Klarheit bewusst unterlässt.

Nach der Lesung warte ich eine gute halbe Stunde. Mehrere ältere Damen holen sich Autogramme von Gauck. Ich stelle mich ans Ende der Schlange. Vielleicht habe ich ihn mit seiner These falsch verstanden. Als ich an der Reihe bin, frage ich deshalb höflich, ob er irgendwann in den kommenden Monaten 30 Minuten Zeit für ein Treffen hätte. Er schreibt mir auf die erste Seite meines Buchexemplars ungefragt ein Autogramm. „Senden Sie eine E-Mail", sagt er dazu mit einer Körpersprache, die mich nicht auf das Bessere hoffen lässt.

Tag 19: Not Wasted in Jarmen

Raus aus Rostock, durch die mecklenburgische Schweiz über die Ostseeautobahn nach Jarmen. Vor Waldemar biegt ein Trabant ab, der eine Matratze auf dem Dach transportiert. Ich drehe die Musik auf. „Was denn, was denn? Hast Du das denn nicht bemerkt? [...] Am Ende geht alles, alles kaputt – aufgebrochenes Pflaster, aufgebrochenes Glück." *Am Ende* heißt der Song. Es ist kein stiller Schrei nach Liebe, es ist ein lautes Lied über den Stadt-Land-Konflikt unserer Generation, über Enttäuschung und Wut in einer fast grenzenlos globalisierten Welt, ein Lied von *Feine Sahne Fischfilet* aus ihrem Album *Bleiben oder gehen*. Nach dem gestrigen Tag höre ich so etwas gerne.

Als ich in der Kleinstadt am Südufer der Peene ankomme, parke ich auf dem Marktplatz und gehe spazieren. Im Gebäude des ehemaligen *Schlecker*-Marktes entdecke ich eine Ausstellung zum Thema *Heimat-Ort Jarmen*. Im Blumenladen gegenüber hole ich mir einen Schlüssel – und schon stehe ich in der ehemaligen Drogerie, schaue in die Gesichter fotografierter Menschen und lese ihre Gesprächsprotokolle. Da ist der 1960 in Jarmen geborene Peter Sorge und sein Schuhladen mit Poststelle. Sorge lebt und arbeitet in dem Haus, das sein Großvater vor 100 Jahren gekauft hat. Wie häufig mittlerweile im Internet bestellt wird, merkt er durch die zahlreichen Postpakete, die bei ihm abgeholt und abgegeben werden. Weil viele Leute in seinem Laden jene Schuhe abholen, die sie im Internet bestellt haben, rechnet sich sein Schuhladen nicht mehr richtig.

Da ist Mustafa Yilmaz, 1983 im Kurdischen Teil der Türkei geboren. Er ist 2004 alleine nach Deutschland gekommen. Erst hat er mit seinem Bruder in Malchin gewohnt, dann begonnen in

Jarmen zu arbeiten. Seine Frau hat er hier im Laden seines Bruders kennengelernt. Sie sei Deutsche und einfach vorbeigekommen, sagt Yilmaz: „Die Leute kennen mich alle und grüßen mich." Zusammen mit seiner Tochter versucht er nach der Arbeit die deutsche Schreibschrift zu lernen. Sie gibt ihm Noten für seine Zeilen und freut sich darüber. Drei und sieben Jahre sind seine Töchter alt. Eine heißt Dilara, ‚Herzfeuer' auf Kurdisch, die andere Evin, auf Kurdisch ‚Wahre Liebe'. Dilara und Evin sagen meistens Papa oder Papi zu Yilmaz.

Und da ist Helga Müller, 1938 in Jarmen in der Fabrikstraße im Haus ihrer Großeltern geboren, getauft und konfirmiert. Fünf Jahre hat sie in Saßnitz im *Fischkombinat* gearbeitet, sonst ihr ganzes Leben in Jarmen verbracht. Sie liebe ihre Stadt, sagt sie, und erinnert sich gerne an die Zeiten, als die Zuckerfabrik noch in Betrieb war. Mehr als 100 Jahre ist die Fabrik der größte Arbeitgeber der Stadt gewesen. Ihre Mutter hat dort schon im Alter von 18 Jahren Säcke gestempelt. Jetzt heißt die Fabrikstraße immer noch Fabrikstraße, doch die Fabrik ist seit 1990 nicht mehr da. 2010, als der Giebel von Müllers Haus neu verputzt und neu gestrichen wurde, ließ sie sich die Zuckerfabrik auf den Putz malen. Jetzt guckt sie oft an den Giebel und denkt an andere Zeiten. Ihre Oma sagte immer: „Du möst immer eis af un tau wat gaudes taun. Dat wart di dankt." Und: Es ist alles nur geliehen.

Ich laufe weiter durch die Straßen der Stadt. An der Peene entdecke ich den Hafen und von Bibern angenagtes Holz, gehe an einem Dental-Labor, Gärten, Hühnern und einem Sonnenstudio vorbei. In *Falks Bistro* bringt Sabine Falk mir ein Lächeln mit einem Schnitzel an den Tisch. Ich sitze gegenüber der Tür, rede kurz mit den beiden Herren, die sich ein *Radeberger Pils* gönnen, und lasse die Kleinstadtromantik auf mich wirken. Ich höre von der *Kunstmühle*, Jarmens Hotels, vom Kies-See, *Rossmann*, *Kik*, zwei Tankstellen und dem Moto-Ball-Team, das in der Bundesliga spielt. Moto-Ball funktioniert ähnlich wie Fußball, nur dass die Spieler auf Motorrädern fahren. Sachen gibt's in Jarmen, diesem unaufdringlichen, gar nicht so kleinen und schönen Ort.

Abends gehe ich zu den Eltern von Jan Gorkow, dem Sänger von *Feine Sahne Fischfilet*, den viele Monchi nennen. Er ist gerade beschäftigt, das vierte *Wasted in Jarmen*-Festival vorzubereiten, das morgen beginnen soll. Knapp 5000 Gäste aus Europa und Argentinien werden deshalb für ein Wochenende in den 3500-Seelen-Ort kommen. Alle Tickets waren innerhalb von Stunden ausverkauft.

Mit Monchis Eltern sitze ich auf der Terrasse ihres Hauses. Monchis Mutter leitet eine Zahnarztpraxis, Monchis Vater eine Baufirma. Beide sind ungefähr so alt wie meine Eltern und in ihrem Heimatort fest verwurzelt. Wir reden über *Hansa Rostock*, die friedliche Revolution und fast 30 Jahre Mecklenburg-Vorpommern. Die Gorkows beschweren sich nicht über die Entwicklung ihres Bundeslandes, aber in ihrem Umfeld nehmen sie Unzufriedenheit wahr. Woran kann das liegen? Gemeinsam fragen wir uns, ob es 1989 zu leicht war. Möglicherweise gäbe es heutzutage nicht so viele Unzufriedene und keine so starke AfD, die mit dem Spruch „Vollende die Wende" wirbt, wenn die Bürger der DDR 1989 für ihre Freiheit mehr hätten geben müssen. Sind einer Bevölkerung Freiheitsrechte wichtiger, wenn sie sie in einer Revolution gegen Blut, Verletzte oder gar Tote eintauschen musste? Wir erschrecken über diese ungeheure Frage und denken laut an Frankreich 1789 und die Ukraine 2014. Die Gorkows sind jedenfalls froh darüber, wie es 1989 im Nordosten Deutschland gekommen ist.

Dann kommt Fabian, der jüngste Sohn der Familie, im Biber-Kostüm nach Hause. Jarmen sei eine Biberstadt, erklärt mir sein Vater. 1972, als der Biber vom Aussterben bedroht war, wurden einige Tiere hier ausgesetzt. Inzwischen nagen so viele so heftig am Holz entlang der Peene, dass sie fast zur Plage geworden sind.

Als ich abends auf dem Festivalgelände vorbeischaue, treffe ich Pesto Peter aus Rostock wieder. Er baut einen Imbiss-Stand für das Musikfestival auf und trinkt dabei ein Einstimmungsbier.

Kurz vor Mitternacht sitze ich am Strand des Sees. Das Licht des Mondes spiegelt sich im Seewasser. Der Himmel ist so klar, dass man fast den lieben Gott darin erkennen kann. Ein schöner Ort, diese ehemalige Kiesgrube.

Hinter mir bauen immer noch dutzende Fleißige alles Mögliche für das Festival auf. Vor mir zieht sich ein Mann mit einzigartiger Statur aus und springt ins Wasser. Es ist Jan „Monchi" Gorkow. Er kümmert sich seit vier Tagen um das Geschehen auf dem Gelände und ist heute seit 6 Uhr auf den Beinen. „Moin", sage ich, als er aus dem Wasser stapft, „Nacktbaden hilft gegen Stress!" – „Ahoi!", sagt er. Und: „Bis morgen!"

Tag 20: **Der dienstälteste Bürgermeister**

Um 7:22 Uhr ertönt Musik aus meinem Handy, der Wecker. Ich schaue raus auf die Wiese. Vor Waldemars Hecktür sitzt ein Kaninchen, es frisst Blätter. Zwei Rehe stehen etwas weiter weg auf dem Feld. Über dem Kies-See ist die Sonne schon aufgegangen. Ich beeile mich. Jarmens Bürgermeister Arno Karp, Jahrgang 1949, wartet im hellblauen Rathaus gegenüber dem ehemaligen *Schlecker*-Markt auf mich. Es gibt Kaffee aus *Kahla*-Porzellantassen mit Muster.

Karp, hohe Stirn, randlose Brille und runder Bauch, erzählt mit einem gewissen Stolz über seine Jahrzehnte in der Politik und über die Zeit davor, als er im VEB *Zuckerfabrik Jarmen* arbeitete: „In der DDR hatte man nur Nachteile, wenn man seine Meinung mutig kundtat. Viele, die das erlebt haben, scheuen heute noch die Debatte", sagt er und vermutet, er sei der dienstälteste Bürgermeister des ganzen Landes. Fast 30 Jahre ist er im Amt und damit länger als Wladimir Putin. Und wie Putin musste auch Karp nach seinem Amtsantritt nie in eine Stichwahl. 2018 wurde er für die CDU auch zum Präsidenten des Kreistags Vorpommern-Greifswald gewählt. Ich frage ihn, wie sich seine Stadt seit 1989 entwickelt habe. „Immer besser", antwortet der stämmige Mann und fährt mit seiner rechten Hand durch die Luft. Er zeigt eine diagonale Linie, die schräg nach oben führt: „45 Prozent Steigung, stetig!"

Nach einer Stunde sagt das erfahrenste Gemeindeoberhaupt des Landes dann fast beiläufig: „Die Medien sind ja auch gesteuert. Gucken Sie doch nur, was im Fernsehen läuft." Bei den Beiträgen merke „ein Blinder mit dem Krückstock, was gewollt ist". Den Eindruck habe er, wenn er verfolge, wie zu Wahlen berichtet werde. Auf meine Nachfrage bestätigt er, dass er nicht Russland oder China, sondern die deutschen Medien meine. Er zitiert eine Redewendung aus dem Mittelalter: „Wes Brot ich ess, des Lied ich sing."

„Warum sollte das so sein?", frage ich.

„Da die Angst da ist, dass die AfD super abschneidet, sogar vor der SPD. Darum nimmt man indirekt Einfluss." Und: „So versucht man, den einen in die Poleposition zu bringen und den anderen weiter nach hinten zu schieben."

Er deutet noch einmal an, dass die Medien gekauft sind („Es gibt eine Wegzehrung"), und vergleicht es mit Einflussnahmen auf seine Partei: „Warum wird die CDU denn von sonst welchen Leuten gesponsert? Die machen das ja auch nicht umsonst. Sondern damit keine Vermögenssteuer bezahlt werden muss oder sonst was." Man könne das nicht beweisen, aber heute werde so berichtet, wie der Staat das möchte, glaubt Karp – so wie es auch in der DDR war.

Der CDU-Präsident des Kreistages glaubt ernsthaft, Medien werden in Deutschland gesteuert. Journalisten würden bevorzugt, wenn sie im Sinne der Regierung argumentierten. Und nebenbei behauptet er, in seiner eigenen Partei, der CDU, könnten Spender Einfluss auf politische Entscheidungen nehmen.

Ich verlasse das Rathaus und gehe wieder zum Bistro von Sabine Falk. Heute serviert sie ein Bauernfrühstück mit frischen Kartoffeln. Sie lächelt immer noch. Das hilft.

Ich fahre zum Kies-See, wo *Wasted in Jarmen* begonnen hat. Biber-Olympiade, die witzigsten Hassmails und die Mini-Playback-Show in der Biberburg habe ich schon verpasst. Auf der Freilandbühne neben dem Strand wird Theater gespielt. *Inside AfD* heißt das dokumentarische Stück des *Nö Theaters* aus Köln. Es zeigt, was passieren könnte, wenn Björn Höcke zum Führer der Deutschen würde.

Am Ufer des Sees treffe ich einen Festival-Gast aus Franken. „Moin LIEBE" steht auf seinem Hemd. Ich schwimme einmal zur anderen Uferseite, kehre zurück und rede kurz mit Monchi. Er kennt den Bürgermeister seines Heimatortes und schüttelt den Kopf.

Langsam verschwindet die Sonne über dem See. Auf der Rutsche schlidern immer noch Gummi-Flamingos, Dicke, Dünne und Menschen, die weder das eine noch das andere sind, ins Wasser. Vor der Bühne steigen Seifenblasen auf, sie fliegen einige Meter hoch, um zu zerplatzen. Hinterm Mikro steht nun Sebastian Krumbiegel, der Sänger der *Prinzen*. *Der schönste Junge aus der DDR*, heißt einer seiner Songs. Und: *Jeder Popel fährt 'n Opel*. Dann spielt er sein Lied über die Demokratie. Sie sei weiblich und verletzlich, Liebe und Hoffnung seien ihre Schwestern. Er singt von Solidarität, Schönheit, Freiheit und Verliebtheit und „will ein Leben lang verstehen, dass es sich lohnt, an dieser Front steil zu gehen – für die Demokratie". In seinem Song fällt kein Wort über eine freie Presse. Vielleicht alles nur Zufall, denke ich. Sprache ist die Kleidung der Gedanken. Und Krumbiegel ist ein guter Schneider, ein wahrer Liedermacher.

Auf der Hauptbühne höre ich mir zwei weitere Bands an. Und bevor ich die Augen schließe, entdecke ich eine Nachricht im Messenger meines Handys. Der AfD-Diktatur-Typ von Rügen hat mir geschrieben. Ihm sei eine Idee gekommen. Ich könne doch „so den Wallraff machen", schreibt er. „Spiele doch deinem Umfeld vor, du hast Verständnis für einiges, was die AfD fordert. Besuche Stammtische und werde Mitglied", schlägt er mir vor. Ich brauche einen Augenblick, um diese Dreistigkeit zu begreifen.

Habe ich Naulin gegenüber zu viel gaucksche Toleranz gezeigt?

Tag 21: at.tension

In Jarmen bin ich auf Festival-Geschmack gekommen. Also gleich weiter in die Seenlandschaft der Müritz nach Lärz bei Mirow. Auf dem ehemaligen Flughafengelände, wo im Sommer das gigantische *Fusion*-Festival startet, organisiert der Verein *Kulturkosmos Müritz* alle zwei Jahre das Theaterfestival *at.tension*. 600 Künstler aus ganz Europa erschaffen in der Seenlandschaft vier Tage lang ein Nebenuniversum aus Kunst und Schauspiel. Alle 8500 Tickets sind ausverkauft, aber für Einheimische und mich ist am letzten Tag des Festivals noch Platz.

Gleich nach der Ankunft empfiehlt mir ein Kind, die Disko-Rollschuh-Tanzfläche auszuprobieren. Ich rolle zu Drum and Bass. Danach treffe ich Ali, Ante und Julius – Musiker, die sich *Tagna Fuse* nennen. Und abends betrete ich ein Zirkuszelt groß wie ein *Airbus*. Ein Akrobat steht auf drei Leitern, und eine Akrobatin lässt sich an ihren Haaren 20 Meter in die Luft ziehen. Sie hört dabei nicht auf zu tanzen. Kunst kann verzaubern und wehtun.

Sehr beseelt schlafe ich ein.

Tag 22: **Eule und das Geheimnis der Fusion**

Es gibt Tage, da scheint die Sonne schon am Morgen – und es gibt Tage wie diesen: grau, feucht und kalt. Ich wache in Waldemar am Ufer des Sumpfsees neben dem Festivalgelände auf und schaue auf mein Handy: Heute ist schon der 22. Reisetag. 22, das ist wegen der doppelten 2 meine Lieblingszahl. Aber was mache ich eigentlich mit Kathrins Karton? Und wo schlafe ich heute Nacht?

Die *at.tension* ist zwar beendet, doch ich fahre noch einmal auf den Ex-Militärflughafen, da ich mit der „Gründungszelle" (sein Wort) dieses und des *Fusion*-Festivals verabredet bin. Martin Eulenhaupt, von allen „Eule" genannt, nimmt in seiner WG-Küche Platz. Auf dem Tisch liegt eine Ausgabe der ZEIT, hinter uns an der Wand hängt ein Kopf von Lenin. Eule trägt ein *Fusion*-T-Shirt, um den Hals hängt eine Kette mit glänzendem Stein.

1995 betrat er, der 1962 in Schwaben geboren wurde, erstmals das Flughafen-Gelände. Damals hatten die Russen gerade ihre Kampfflugzeuge hier weggeholt. Eule wollte mit Freunden eine Techno-Veranstaltung organisieren. Etwa 800 Leute kamen zum ersten Rave. Mittlerweile bewerben sich jedes Jahr mehr als 200 000 Menschen für ein *Fusion*-Ticket, weil sie bei einem oder vielleicht sogar dem größten Festival Europas dabei sein wollen. All das wäre hier nicht entstanden, hätte sich der damalige CDU-Bürgermeister aus Rechlin durchgesetzt. „Zu viel Remmidemmi" befürchtete er, sagt Eule. Jahre später, da hatte Eules Verein *Kulturkosmos Müritz* Teile des Flughafens gekauft, kam der Politiker mit seinem Enkel zur *Fusion* und deutete an, dass er sich mit seiner Verbotspolitik geirrt hätte.

„Meine Heimat ist in Mecklenburg-Vorpommern", stellt Eule fest, ohne lange zu überlegen. 22 Jahre wohnt er inzwischen hier.

Auf dem Gelände sind Dutzende Helfer dabei, die vielen Zirkuszelte abzubauen. „Join the creative side of the force" steht an einer Wand. An eine andere hat jemand „Ditt ham wa richtich jut jemacht!" gesprayt.

Während ich an den vielen bunten Telefonzellen auf dem gigantischen Festivalgelände vorbeispaziere und den Raketen-Berg besteige, beginne ich zu realisieren, was hier jedes Jahr entsteht. Mindestens als Kuriosum, vielleicht sogar als Wunder muss man es bezeichnen, was Eule ohne Werbung, gemeinsam mit vielen anderen, hier erschaffen hat: In der Prärie, an einem ehemaligen Ort des Militärs, treffen sich junge Leute, um zusammen und friedlich die Liebe zu feiern.

Warum? Weil Eule kulturelle Anreize schafft. Weil er den Menschen Freiraum und Vertrauen gibt. Und weil hier in MV der Platz dazu da ist.

Inzwischen hat die Sonne den Himmel erobert. Eine rote Flagge weht im Wind. Ich schaue vom Raketenberg über die Landschaft und denke kurz an Udo Lindenberg. „Nimm Dir das Leben und lass es nicht mehr los", singt er in einem seiner Lieder. Udo, auch so ein Künstler. Es kann so einfach sein.

V. Im Bärenwald der Müritz: Angst oder Mut?

> „Ich will verstehen.
> Wenn andere Menschen verstehen,
> im selben Sinne wie ich verstanden habe,
> dann gibt mir das eine Befriedigung
> wie ein Heimatgefühl." (Hannah Arendt)

Tag 23: Kraniche landen ohne Lufthansa

Waren, das Tor zur Müritz. Spätabends bin ich gestern hier angekommen. Dank eines Kollegen konnte ich spontan eine kleine Bleibe in einem ehemaligen Wasserturm beziehen. Das denkmalgeschützte Bauwerk aus dem Jahr 1897 ragt eindrucksvoll in die Höhe. Vier runde Ferienwohnungen beherbergt es. Und in der Wohneinheit *Hagenow* liege ich nach dem Aufwachen lange in meinem Bett.

Die vergangenen Tage waren aufregend und anstrengend. Dass in diesem Bundesland so viel kreative Kraft steckt, wie ich sie in Jarmen und auf dem *Fusion*-Gelände gespürt habe, hat mich überrascht. Weder in München noch in Hamburg oder Berlin habe ich so eine Festival-Energie je erlebt. Über die Korruptionsvorwürfe des Kreistagspräsidenten der CDU Arno Karp gegen die Medien und seine Partei bin ich allerdings noch nicht hinweg. Was soll's. Jetzt habe ich den mit über 112 Quadratkilometern größten in Deutschland liegenden See vor der Haustür.

Die Müritz ist mit der Mecklenburger Seenplatte vor etwa 12 000 Jahren entstanden, am Ende der letzten Eiszeit. Ich beschließe, hier als Naturist schwimmen zu gehen, egal wie eisig das Wasser ist, und später eine Bootstour zu machen. Erst jedoch bin ich mit Jürgen Seidel verabredet.

Der Angler, Musiker, ehemalige CDU-Super-Minister (Wirtschaft, Arbeit und Tourismus), Vize-Ministerpräsident und Landtagsabgeordnete öffnet mir die Tür zu seinem Haus. Viel Zeit habe er nicht, da es morgen mit seiner Frau in den Urlaub gehen solle. Dann holt er jedoch zwei Tassen Kaffee aus der Küche und wir sitzen fast 90 Minuten im Wintergarten unter einem Foto eines Fischs, den er in Island gefangen hat. Auf- und Abstieg der NPD im Land, Übergang der „Blitzableiter-Funktion" von der Linken/PDS zur AfD, Interviews, Intrigen und Wahlkämpfe – Jürgen Seidel hat all das erlebt. Dieses Jahr ist er 71 geworden, am Geburtstag hat Angela Merkel angerufen.

1998 hatte Seidel als Wirtschaftsminister Helmut Kohl so weit, dass dieser Rostock-Laage als *Airbus*-Niederlassung befürwortete. 400 Hektar Land waren vorbereitet, der Standort des Werkes am Kreuz der

A20/A19 fertig geplant. Selbst der damalige *Airbus*-Chef fand den B-Plan gut. Hoffnung wuchs im Land. Und dann kam Gerhard Schröder.

Was wäre, wenn *Airbus* 1998 sein Werk wie geplant in Rostock und nicht in Hamburg eröffnet hätte? Heute ist das Unternehmen mit mehr als 12 000 Mitarbeitern der größte industrielle Arbeitgeber Hamburgs. Die Hansestadt ist im zivilen Flugzeugbau zum weltweit drittgrößten Standort aufgestiegen. „Wir haben uns bemüht", sagt Jürgen Seidel. Er spricht von ungeschriebenen Gesetzen, die die Politik im föderalen Deutschland bestimmten (Bayern und Nordrhein-Westfalen bekämen immer mehr Gehör) – und ich kann nicht recht glauben, dass man sich damit hier abfindet. Mecklenburg-Vorpommern ist doch viel mehr als nur ein Urlaubsland!

Bevor ich gehe, zeigt Jürgen Seidel mir auf einer Luftaufnahme Waren. In dieser Stadt wurde er geboren, hier wuchsen seine vier Kinder auf, hier spielt er immer noch als Bassist zusammen mit seinem Bruder in der Rockband *Black Tigers*. Er hat Mecklenburg-Vorpommern nie den Rücken gekehrt und wirkt wie ein Mann, der trotz Jahrzehnten in der Politik keinen Groll in sich trägt.

Am Nachmittag spaziere ich durch Waren, esse am Hafen ein Brötchen mit Müritz-Hecht und verstehe, welch ein Glück die deutsche Einheit für diese Stadt ist. Innenstadt, Straßen, Promenade, Häuserfassaden – ganz Waren hat sich prächtig gewandelt.

Kurz vor der Dämmerung steige ich auf ein Schiff der *Blau-Weißen Flotte*. Ursprünglich sagten die Slawen Morze zur Müritz, was Meer bedeutet. Je länger wir übers Wasser schippern, desto besser verstehe ich unsere fernen Vorfahren: Wasser, so weit das Auge gucken kann.

Michael Matthes, Vogelfreund, Natur-, Landschaftsführer und Betreiber einer Ich-AG, ist mit an Bord. Er hat für alle Gäste Fernrohre mitgebracht und erklärt, was der Kranich für ein Vogel ist. 2,20 Meter Flügelspanne, langer Hals, lange Beine.

Und da kommen die Riesenvögel auch schon angeflogen, etwa 500 bis 600 Tiere. Wie kleine *Lufthansa*-Maschinen düsen sie über unser Schiff hinweg. Vor den Vogelrastplätzen im Naturschutzgebiet *Großer Schwerin* setzen sie zur Landung an. Sie quieken und schreien. Klingt so, als wäre es ein Abenteuer, abends im Sonnenuntergang zu Hause zu landen. Vielleicht haben sie recht, denke ich: Sicher in seinem Zuhause zu landen, kann ein Abenteuer sein.

Tag 24: Braunbären und Bratwürste – „Wir waren Deutsche"

Gleich nach dem Aufwachen in der ebenerdigen Wohnung *Hagenow* steige ich die Treppen hinauf, fast bis in die Spitze des Wasserturms. Weil gerade gereinigt wird, kann ich eine andere Ferienwohnung, in der noch Teile des ehemaligen Wasserbehälters hängen, besichtigen. Von oben schaue ich durch ein offenes Fenster hinunter auf Müritz und Waldemar. Welch ein Weitblick! Ich bilde mir ein, unterm Horizont das Gelände des größten Bärenschutz-Zentrums Westeuropas zu erkennen.

Bevor ich mich mit dem Auto dahin aufmache, lerne ich noch eine Frau, etwa mein Alter, kennen. Wir quatschen eine Weile, ich erzähle von meiner Buchrecherche und sie ist so gastfreundlich, dass sie mich zum Abendessen einlädt. Bekannte und Freunde von ihr wollten eh am Abend Bratwürste grillen. Da könne ich ruhig dazukommen, sagt sie. „Ich bringe etwas Bier mit", antworte ich, und entschuldige mich. Erst muss ich dem Ruf der Bären folgen.

Auf dem Weg in den Bärenwald komme ich zufällig in Adamshoffnung vorbei. Adamshoffnung, wenn das kein Name für das Zuhause eines Mannes ist. Spontan stoppe ich für einen Spaziergang. Pro Quadratkilometer leben hier laut Wikipedia 23 Einwohner. Über die Geschlechterverteilung unter den 23 kann ich nichts herausfinden. Ich laufe durchs Dorf und entdecke – niemanden. Dafür sehe ich einen Angelteich und ein Haus, in dem es frische Eier zu kaufen gibt. Aus der Ferne vom Straßenrand sehen sie groß, rund und prächtig aus. Kurz überlege ich, ob ich die restlichen 56 Recherchetage einfach in Adamshoffnung verbringen sollte. Das Dorf und der Mann – dieses Setting war schon für andere Reporter ein Erfolgsrezept.

Doch lieber weiter zu Mascha, Otto, Mary, Clara, Sindi, Sylvia, Pavel, Ben, Felix, Katja, Ida, Michal, Balu, Dushi, Rocco, Luna und Tapsi. So heißen die Zotteltiere, die im Bärenwald auf 16 Hektar Waldlandschaft tun und machen können, was sie wollen. Nach einem ersten Rundgang unterhalte ich mich mit Maria, die im Vier-Pfoten-Projekt arbeitet. Maria hat Mia, den größten Teddybären des Hauses dabei. Beide sagen, es gefalle den echten Bären hier sehr gut. So viel Platz kannten die Tiere vorher nicht, da sie alle aus nicht artgerechten Zoos oder privaten Gefängnissen stammen. Seit 2006 existiert der Park und inzwischen besuchen ihn jährlich 90 000 Menschen.

Ich schaue mich um, auch auf dem Bären-Friedhof, wo nichts mehr brummt, sehe Bären, die durch Wasserlöcher schwimmen, schlafen, spielen, kacken, Höhlen buddeln und Besucher begrüßen. Einer, vermutlich Michal, denn der soll am mutigsten sein, kommt direkt und schnell auf mich zugelaufen. Er stoppt kurz vorm Zaun.

Als ich abends wieder in Waren ankomme, ist der Grill schon heiß. Drei Männer und zwei Frauen, alle aus MV, sitzen an einem Tisch: Die Frau, die ich heute früh getroffen hatte; ein guter Freund von ihr, belesen, vielleicht Mitte vierzig; ein dunkelblonder Mann, wohl Ende fünfzig; ein gemütlich wirkender Herr Mitte fünfzig; und eine

Frau, die vom Alter her meine Mutter sein könnte. Alle fünf wirken wie normale Leute von nebenan, Mittelschicht. Sie stimmen zu, dass ich unser Gespräch für meine Recherche aufzeichne. Damit sie dennoch nicht von ihren Nachbarn erkannt werden, nenne ich sie in diesem Buch: Martina, Merten, Frank, Bruno und Elena.

Bautz'ner Senf steht zwischen uns auf dem Tisch. Gemeinsam essen wir Salat und Bratwürste, trinken Bier, reden über Heimat, *Hansa Rostock*, Philipp Amthor, den Bärenwald – und dann frage ich, was mich seit Tagen interessiert. Warum akzeptieren und tolerieren einige in diesem Land die AfD?

Merten: „Weil die Treuhand uns damals ausverkauft hat. Die Leute fühlen sich betrogen."

Frank: „Mit den 100 DM haben sie uns damals gekriegt, diese Strategen. Weil wir das Willkommensgeld bekommen hatten, haben wir CDU gewählt. Aber als 2015 die Flüchtlingskrise da war, habe ich gesagt: CDU nicht mehr."

Bruno: „Ich habe anfangs auch CDU gewählt."

Frank: „Ost und West hatte sich schon wie ein Deutschland angefühlt. Wir waren Deutsche. Und dann stellt Merkel sich hin und sagt: ‚Wir schaffen das!' Da brach es zusammen. Das war ihr größter Fehler, der Niedergang. Es kann doch nicht sein, dass ein Afrikaner hierherkommt. Solche Leute können wir nicht gebrauchen. Wir müssen auswählen."

Bruno: „Das geht heute schon wieder in Richtung Diktatur, wie in der DDR. Die machen es nur intelligenter, nicht so primitiv."

Frank: „Merkel ist ein halber Diktator, deswegen ist der Seehofer vor ihr eingeknickt."

Oha. Ich bin überrascht, wie offen beim Essen geredet wird und erinnere mich an Joachim Gaucks These: Was jenseits unserer Meinung sei, sollten wir nicht zu schnell mit Intoleranz abstrafen. In diesem Sinne höre ich weiter zu.

Bruno: „Merkel und ihre Anhänger geben bestimmte Sachen vor, ohne irgendwelche demokratischen Abstimmungen darüber zu machen. Wenn ich manche Gerichtsurteile sehe, frage ich mich, ob es noch mit rechten Dingen zugeht hier in Deutschland."

Martina: „Und in den Nachrichten läuft nur, was Du glauben sollst. Ich habe das Fernsehprogramm abgeschafft, komplett."

Frank: „Das ist manipuliert! Nachrichten guck ich nicht mehr."

Merten: „DDR 2.0. Du kannst Dich heute aber auch anders informieren. Eine meiner Hauptnachrichtenquellen ist RT. Ich bin auch bekennender Putin-Fan, nur mal so am Rande."

Spätestens jetzt stößt meine Gaucksche Toleranzfähigkeit an ihre Grenze. RT, was früher *Russia Today* hieß, ist ein vom Kreml gesteuerter Propaganda-Sender, der unser demokratisches Mediensystem gezielt ausnutzt, um Stimmung im Sinne russischer Außenpolitik zu machen. Ich erzähle, dass ich zu diesem Thema als Journalist viel in Russland, Brüssel, Berlin und Kiew recherchiert habe und versuche, die Bedeutung unserer Pressefreiheit zu erklären. Doch ich bin in der Minderheit.

Bruno: „Zum größten Teil werden die Medien von der Politik finanziert. Deshalb sind die hörig und bringen genau die Nachrichten, die die Politik hören möchte."

Merten: „Bis vor zehn Jahren etwa habe ich immer grün oder SPD gewählt. Nun bin ich Protestwähler. Bei der Europawahl habe ich *Die Partei* gewählt und bei der Kommunalwahl links."

Bruno: „Ich habe bei der Europawahl AfD gewählt. Und auf kommunaler Ebene die Linke, aber nicht aus Überzeugung."

Elena: „Ich wusste nicht, für wen ich stimmen sollte, und weil mir der Lindner gefallen hat, habe ich FDP gewählt. Zufrieden bin ich nicht."

Martina: „Ich war gar nicht wählen."

Merten: „Wir müssen doch nur 80 Jahre zurückschauen. Warum hat die NSDAP so einen Zulauf bekommen? Weil die Leute so frustriert von der aktuellen Politik waren. Und: Korruption, das ist ein Riesenproblem heutzutage, Korruption."

Martina: „Jetzt biste irritiert Steffen, ne?"

Ja, bin ich. Sogar sehr. Ich freue mich über die Offenheit der Grillrunde. Wann reden Leute schon mal so über ihre politischen Wahlentscheidungen? Und gleichzeitig hätte ich so etwas nicht erwartet: zwei AfD-, ein Protestwähler, eine FDP- und eine Nichtwählerin alle an einem Tisch. Immerhin sprechen wir alle miteinander. Ich berichte den fünfen von Joachim Gaucks neuem Buch und höre Schimpfworte, die ich hier nicht schreiben möchte.

Nachdem der Tisch abgedeckt ist und wir im Sinne der Toleranz über einige unterschiedliche Meinungen hinweggegangen sind, verabschiede ich mich und gehe in meine kleine Wohnung im Wasserturm.

Ich will schlafen. Aber die Diskussionen haben mich aufgewühlt. Politikverdrossenheit, dieses komplizierte Wort über das Gesellschaftswissenschaftler und Politologen oft klagen, hat wohl noch nie so konkret auf mich gewirkt.

Ich schließe die Augen und versuche an Bären und glückliche Hühner in Adamshoffnung zu denken.

Tag 25: **Und auf einmal ist das Heimat-Wort da**

Für ZEIT ONLINE fuhr ich vor einiger Zeit als Reporter in ein Fischerdorf nach Italien. Gorino heißt es und liegt genau in der Kniekehle des italienischen Stiefels, da wo die Halbinsel an den Rest Europas anliegt. Weil am Hafen immer etwa so viele Fischerbötchen vor Anker liegen, wie das Dorf Einwohner zählt, ist Gorino klein und malerisch schön. Als Italiens Regierung entschied, auch in Gorino einige Flüchtlinge unterzubringen, blockierten Dorfbewohner die Straße, eine ganze Nacht lang. Der Bus mit den Flüchtlingen musste umdrehen. Die Männer aus Gorino hatten ihr Ziel erreicht: Gegen Bürgermeister, Polizei, Innenminister und gegen den Regierungschef hatten sie sich durchgesetzt. Das 400-Seelen-Dorf wollte keinen Flüchtling aufnehmen, und es nahm keinen einzigen Flüchtling auf. Als Reporter hatte ich danach eine Woche in Gorino gelebt, mit Politikern, besorgten Bürgern und dem Pfarrer gesprochen. Als die Recherche beendet war, flog ich nach Hause. Und noch im Flugzeug war ich froh, dort weg zu sein. Der Rassismus in diesem norditalienischen Dorf regte mich auf. Und nun? Je länger ich an den gestrigen Grillabend und an meinen Cheeseburger vor dem Sonnenblumenhaus denke, desto mehr erinnere ich mich an Gorino. Rassismus gibt es überall, wo Menschen leben. Klar. Aber in meiner Heimat? Ich erschrecke. Das Heimat-Wort hat sich einfach so in meine Gedanken gefügt. Ich gehe zum Ufer der Müritz, ziehe mich aus, schwimme und begreife langsam, dass diese Reise mehr als ein Buchprojekt für mich werden kann.

Tag 26: Kieve – auch ein blutender Hirschkopf ist schön

Es regnet und windet, ich fahre auf der B198 Richtung Süden. Im Radio die Nachrichten. Es geht um den Lehrer-Pranger der AfD, bei dem Schüler aufgerufen werden, Pädagogen zu melden: „Der Landesbeauftragte für den Datenschutz hat das Online-Meldeportal der AfD verboten", heißt es. Es dürfe nicht sein, dass Lehrer durch ein solches Portal eingeschüchtert würden. Es sei selbstverständlich eine Aufgabe der Lehrer, für Demokratie, Grundgesetz und Menschenwürde einzutreten. Dabei sollten sie keine Angst vor AfD-Aufpassern haben, so der oberste Datenschützer des Landes, Heinz Müller. Leif-Erik Holm von der AfD kommt im Beitrag auch zu Wort. „Dagegen werden wir juristisch vorgehen", sagt er.

Soll er doch, denke ich, während ich das Dorf Melz durchquere und hinter einer Holzbrücke einen See erblicke. Kraniche stehen knietief im Wasser. Wind biegt die Halme des Schilfs und schaukelt die Blätter der Bäume. Als ich den Vögeln entgegengehen möchte, kommt ein grüner Geländewagen vorbeigefahren. Ich winke, er stoppt. Hinterm Steuer sitzt ein Mann mit wenigen und sehr kurzen Stoppelhaaren, aber einem langen Schnurrbart. Er trägt einen dunkelgrünen Pullover und heißt Heinz Sander. Ich frage, wo es nach Kieve gehe. Obwohl Sander seit 1992 in dem Ort wohnt, entschuldigt er sich, nicht von hier zu sein. Er erklärt mir den Weg und bietet an, dass wir uns in einigen Minuten in seinem Haus treffen könnten.

Kieve liegt fast auf der Grenze zu Brandenburg. Auf den ersten Blick ist es ein gewöhnliches Dorf mit 137 Einwohnern. Im Zentrum steht eine Kirche. Viele individuell erbaute Häuser schmücken die Dorfstraße. Nahebei verbindet die Elde den Mönchs- mit dem Großen Kiever- und dem Glambecksee.

In keinem Dorf des Landes stimmten bei der vergangenen Wahl mehr Menschen für die grüne Partei als hier, 36 Prozent. Angekommen bei Heinz Sander, frage ich ihn nach dem bemerkenswerten Wahlergebnis. Er sagt, die Bürgermeisterin komme von hier und arbeite im Bioladen. „Die macht schon richtig was los und ist ziemlich grün angehaucht."

Sander kocht Kaffee und erzählt, dass er 1949 in Berlin geboren wurde und in seinem ganzen Berufsleben Bus gefahren sei. An der Wand hinter der Couch hängt ein Geweih neben dem gerahmten Foto einer Ziege. Auf seinem Hof lebt er zusammen mit zwölf Mitbewohnern: Rudi, seinem Jack Russell Terrier; Otto, seinem Hahn; Luise, seinem Schaf; Lieselotte und Erwin, zwei Nandus, die wie Strauße aussehen; drei Hühnern ohne Namen; Einauge, einem Huhn mit einem Auge; und Erna, der Ziege, die Heinz Sander mit der Flasche großgezogen hat. Sie ist auf dem Foto zu sehen. Lino, Sanders geliebtes Vollblutpferd, verstarb 2018. Es hängt auch als Foto an der Wand.

Sander geht mit mir nach draußen, füttert die beiden Nandus. Erwin ist gerade paarungsbereit. Er schwingt seinen meterlangen Hals aufgeregt durch die Luft. „Hör auf, du Stinker", sagt Sander zu ihm. Erwin wedelt weiter. Sein Schnabel wirkt groß. Heinz Sander hat keine Angst. Nachdem er erkannt hätte, dass sie mit ihm auf Augenhöhe seien, habe er sich Erwin und Lieselotte angeschafft. Und: Tiere seien die besseren Menschen.

Sander hat Humor und erinnert mich an meinen Opa Jochen. Der hat die Natur mit ihren Pflanzen und Tieren ebenfalls mehr geschätzt als Menschen, zumindest in den letzten Jahren seines Lebens. „Ich meide Städte, die mehr als drei Ampeln haben", sagt Sander. Für die Gemeinde mäht er regelmäßig Kieves Wiesen und misst den Wasserstand des Sees. „Jedes Jahr wird es weniger. Du siehst den Klimawandel vor unserer Haustür. Es ist nicht mehr fünf vor, es ist Viertel nach zwölf!"

Bevor ich gehe, empfiehlt mir dieser sympathische sonderbare Heinz Sander Elfriede Wolter. Also laufe ich Richtung Dorfkirche und klingele an einer Haustür gegenüber. Es dauert eine Weile, dann steht eine zierliche, freundlich strahlende Frau mit hellen Haaren vor mir, die ich auf Mitte 70 schätze. Elfriede Wolter wurde hier in der Gegend geboren – vor 100 Jahren.

Ich erkläre ihr, weshalb ich nach Kieve gekommen bin, sie überlegt einen Augenblick und lässt mich dann in ihr Wohnzimmer. „Ich habe viel gearbeitet in unserer Landwirtschaft", erzählt sie. Ihre Eltern lebten schon in diesem Dorf, ihre Großeltern, und ihren Mann habe sie in ihrer Jugend gleichfalls in Kieve kennengelernt.

„Warum wählen hier so viele grün?", frage ich. Das wisse sie nicht, sagt sie und meint, dass es in Kieve „ganz schön" sei.

Weimarer Republik, Diktatur der Nazis, DDR, Kalter Krieg, Revolution, Hungersnöte – diese freundliche Frau war bei allem dabei. Und alles kommentiert sie mit einem Satz: „Wir haben immer so mitdurchgemacht."

Ich verabschiede mich und gehe durchs Dorf. Neben dem Postkasten entdecke ich einen Bücherschrank, der in die Bushaltestelle eingebaut ist. Auf fünf Regalbrettern stehen hinter einer Glastür verschiedene Schmöker. Die Kiever haben einen Schlüssel und teilen sich so ihre Bücher, vermute ich.

Ein paar Meter weiter betrete ich in einem ehemaligen Stall einen Hofladen. Kein Mensch ist da, dafür bieten sich mir selbstgestrickte Schals, Jacken, Mützen, eingeweckter Pflaumenmus, Himbeer-Aprikosen-Marmelade, Kürbisse, Matrjoschkas, Rezeptbücher von *Pfanni*, Eier und historische Teekannen dar. Über den Kostbarkeiten spannt sich ein Bettlaken. „Gott sendet Engelskinder als seine Boten aus, die einen bringen Frieden, die andern Glück ins Haus", steht in altdeutscher Schrift darauf. Wer etwas kaufen möchte, kann Geld in eine Kasse des Vertrauens stecken.

Ich betrete das Grundstück hinter dem Hofladen und treffe erst Dietmar und dann Helga Stintmann. Sie war früher Schneiderin und Floristin, er Dachdecker. Seit sieben Jahren bewirtschaften sie ihren Hof als Rentner. Heinz Sander hatte mir in charmanter Art erzählt, die Stintmanns könnten aus Scheiße Bonbons machen. Der Kaffee und der Kuchen, den sie anbieten, schmeckt weder nach dem einen noch nach dem anderen. Frau Stintmann sagt, um glücklich alt zu werden, müsse man nur viel arbeiten.

Ihren Rat beherzigend laufe ich weiter die Dorfstraße entlang und klingele am weißen Haus von Gerhard Möschen. Der pensionierte

Wasserschutzpolizist öffnet in grauer Latzhose und hellem Hemd die Tür. Ich frage auch ihn nach dem ungewöhnlichen Wahlergebnis. Er zuckt mit den Schultern, nicht weil er ahnungslos ist, sondern weil es für ihn selbstverständlich erscheint. „Uns freut es, dass braune Parteien hier keinen Fuß gefasst haben", sagt er und verweist auf die drei Insektenwiesen, die in Kieve auf Gemeindeland blühen. Weil einige dachten, da wachse Unkraut, habe er Holzschilder gebastelt und aufgestellt, einfach so.

Gerhard Möschen kommt vom Niederrhein, aber seine Heimat sei hier, wo er sich seit Jahren auch in der Kirchgemeinde engagiert. Aber was ist ein Kirchturm ohne funktionierende Glocke? Das fragte auch Möschen sich. In Kieves Kirche läuteten die Bronze-Glocken nämlich schon seit 80 Jahren nicht mehr. Sie wurden wohl von den Nazis nach Hamburg gebracht und dort eingeschmolzen, um im Krieg als Munition Menschen zu töten.

2009 begann Möschen, Spenden für einen Ersatz zu sammeln. Erst baute er Spieluhren-Dosen mit einem Bild der Kiever Kirche zusammen, dann organisierte er mit der Bürgermeisterin die Aktion *Glocken für Glocken*, bei der Spender Osterglocken-Zwiebeln für ihr Geld bekamen.

2015 erfuhr er, dass in seiner „Geburts-Heimat", wie er die Gegend am Niederrhein heute nennt, eine Kirche geschlossen werden sollte. Möschen fragte, ob es möglich sei, die dortigen Glocken zu erwerben. Es war möglich – und 2017 hatte er genügend Spendengelder zusammen, um in Moers-Meerbeck drei Glocken mit elektrischen Läutanlagen ausbauen zu lassen. Glocke I war für die Kirche in Kieve, Glocke II für die in Melz und Glocke III für die Schwandter Kirche vorgesehen. Nachdem Glocke I in Holland umgestimmt war, übernahm Möschen zusammen mit Freunden den 1,5-Tonnen-Transport durch halb Deutschland. Bei der Ankunft in Mecklenburg warteten die Kiever schon. *Großer Gott, wir loben dich*, blies eine Musikerin ins Horn.

Ein paar Tage später fand Möschen einen Brief aus Moers-Meerbeck in seinem Postkasten. „Wir sind froh und dankbar, wenn unsere Glocken nun an einem anderen Ort erklingen. Dafür brauchen wir kein Geld zu nehmen", stand darin.

Die Spendengelder konnten nun für den Einbau der elektrischen Läutanlage genutzt werden. Seit 2019 läutet die Glocke aus Möschens Geburts-Heimat nun jeden Tag um 18 Uhr den Feierabend in seiner Heimat in Kieve ein.

Nach dieser himmlischen Geschichte mache ich mich auf den Weg zur Bürgermeisterin. Dabei komme ich an einem Pick-Up vorbei. Ein Jäger hat sein Auto auf der Straße vor dem Haus des Försters geparkt. Der Kopf eines gerade geschossenen Hirsches liegt im Auto. Das Fell wirkt flauschig. Die Zunge hängt aus dem Hals. Das Blut ist noch frisch und das Geweih so groß, dass es fast die ganze Ladefläche ausfüllt. Der Jäger sagt, der restliche Körper des Tieres sei schon ausgenommen und verarbeitet. Ich bleibe einen Augenblick stehen, schaue in die toten Augen des Hirsches und erinnere ich mich an den Satz, den ich in Dorf Mecklenburg hörte: Schön ist, was man mit Liebe betrachtet.

Ach, Kieve. Dieses Dorf mit seinen alteingesessenen und zugezogenen Einwohnern wirkt auf mich wundersam. Hier ist so vieles schön. Am liebsten würde ich bleiben. Ich gehe weiter und läute an der Haustür der Bürgermeisterin.
  Eine Frau mit kurzen, dunkelblonden Haaren öffnet. Obwohl ich sie im Urlaub erwische, weist sie mich nicht ab. Wir unterhalten uns. Dann sagt sie: „Bleiben Sie doch, das Gästezimmer ist frei!"

Tag 27: Das erste Klassentreffen seit 21 Jahren

Ich wache in einem Holzbett unterm Dach auf. Der Schlaf der Nacht war erholsam. Christine Jantzen, die als Bürgermeisterin vieles getan hat, damit Kieve ein schöner Ort werden konnte, sitzt mit ihrem Ehemann in der Sonne beim Frühstück. Ihr Pudel läuft um den Tisch. Ich setze mich dazu. Jantzen, Jahrgang 1968, stammt aus dem nahe gelegenen Röbel und wohnt seit 1998 in Kieve.
  Als Robert Habeck, einer der Vorsitzenden der *Grünen*, nach den Europawahlen zum Potential seiner Partei gefragt wurde, sagte er, seine Partei sei „nicht nur in großen Städten oder urbanen Räumen, sondern auch in Dörfern wie Kieve in Mecklenburg" erfolgreich. Christine Jantzen, selbst kein Mitglied bei den *Grünen*, las das

und schrieb Habeck einen Brief. Tenor: Schön, dass sie sich mit uns brüsten, aber: Wie sollen wir hier mit der AfD umgehen? Noch hat Habeck nicht geantwortet.

Ich mache mich auf, stoppe Waldemar jedoch schon nach zwei Kilometern und gehe zum Naturstrand des Glambecksees, der mir von den Jantzens empfohlen wurde. Ein Pärchen liegt auf dem Holzsteg und chillt, sonst ist niemand zu sehen. Das Wasser spiegelt den Sommerhimmel. Der See ist so klar, dass ich Fische erkenne, die über den Grund schwimmen. Ich ziehe mich aus, tauche ab, kraule einige Meter, lasse mich treiben und denke schon an Gadebusch.

Von meinem 4. bis zu meinem 19. Lebensjahr habe ich dort gewohnt. Meine gesamte Schulzeit, von 1988 bis 2000, habe ich in den

Schulen der Stadt verbracht. Seitdem war ich nie wieder in den Gebäuden. Ich bin neugierig. Alte Freunde haben für den Nachmittag das erste Klassentreffen der 10d organisiert.

Ich fahre zum Gymnasium in Gadebusch. Als ich dieses verließ, kannte ich Kathrin noch nicht. Obwohl beides, unsere Beziehung und mein Abitur, ähnlich lange zurückliegen, kann ich mich unterschiedlich erinnern. Von den ersten Tagen unseres Kennenlernens könnte ich jedes Detail aufmalen. An die vielen Dinge der Schulzeit, die nur einige Monate zuvor geendet hatte, müssen mich meine einstigen Mitschüler und Mitschülerinnen erst erinnern.

Nach so langer Zeit wieder durch den alten Klassenraum und das Foyer der Schule zu gehen, fühlt sich vertraut und fremd zugleich an.

Vom Gymnasium fahre ich mit den alten Klassenkameradinnen und Kameraden zum *Schwedenkönig*, dem einzigen Restaurant, das in der Altstadt abends geöffnet hat. Ich bestelle Schnitzel, Gemüse, Bier und rede über eine lange vergessene Zeit. Die Nacht endet erst am nächsten Morgen. Im Partyzelt auf dem Erntefest in Carlow tanzen vor mir Junge und Alte zu den Beats von *How Much Is The Fish?*

Musik von *Scooter* läuft immer noch gut, und *Cola*-Korn schmeckt so, als wäre ich nie weg gewesen.

Tag 28: Kitesurfen im Salzhaff

Am Strand ist schon einiges los. Leicht salziger Geschmack liegt in der Luft. Wellen rollen durchs Salzhaff. Der Wind bläst auflandig mit 15 Knoten, wie der Windmesser anzeigt. Schnell (und wider den Kopfschmerzen nach der langen Nacht) die Bänder an den Kite tüddeln, Luft in seine Adern pumpen und hoch in den Himmel mit ihm. Wenn der Drache fliegt, das Wasser unterm Board spritzt und man plötzlich über die Wellen schwebt, vergisst man alles: keine AfD, keine Termine, keine Ex-Freundinnen, nichts und niemand, der irgendetwas will. Nur Ostseewasser, Wind und Sonne. Warum

musste ich 2008 erst nach Vietnam reisen, um diesen Sport zu entdecken? Hier, in der Mecklenburger Bucht vor der Insel Poel, sind die Bedingungen genauso gut. Und zusammen mit Kai macht jede Windböe Spaß. Wir kennen uns seit der Schulzeit, fast 30 Jahre lang. Gern würde ich mit ihm noch ein Bier am Strand trinken. Aber dafür ist keine Zeit.

Im einstigen persönlichen Jagdrevier von Erich Honecker wartet ein Bett mit Blick auf den Drewitzer See auf mich.

Tag 29: Das Fell der Ziegenböcke in Honeckers Jagdresidenz

Nach dem Aufstehen schaue ich mir mit einer Hotel-Mitarbeiterin das Badezimmer in Honeckers ehemaliger Jagdvilla an. Wirkt geschmacklos.

Ziegenböcke leben zur Erheiterung der Urlaubsgäste auf dem Hotelgelände. Ich streichele über ihr Fell und überlege, wie es weitergehen soll. Honecker und Hitler haben zwar nicht viel gemeinsam, aber wenn ich schon in der Gegend bin, will ich versuchen, die Überreste der Nazizeit zu finden.

Tag 30: In Hitlers Germania-Bau – die Weißen Häuser von Rechlin

„Ein Hakenkreuz, heute Morgen, fast direkt vor meiner Haustür", schreibt eine Ex-Kollegin auf *Facebook*. Dazu postet sie ein Foto aus Berlin von einem Brunnen, auf den das Nazi-Symbol gemalt ist. Ich sehe es auf meinem Handy, während ich mit Waldemar auf dem Weg in einen Kiefernwald bin. Im südlichen Ende Mecklenburgs suche ich einen verborgenen Ort der Nazis. Langsam steuere ich meinen Bus durch den Wald. An den Bäumen hängen Schilder: „Kampfmittelbelastetes Gebiet – LEBENSGEFAHR – Betreten und befahren verboten!"

Ich lasse mich nicht abhalten, erreiche eine Wegkreuzung, probiere erst den linken, dann den rechten Pfad aus. Plötzlich stehen sie einfach da, mitten im grünen Wald: die weißen Häuser von Rechlin. Es sind Überreste von Gebäuden, die einst mit weißen Ziegeln verziert waren und zum Test für Hitlers geplante Welthauptstadt *Germania* errichtet wurden. Etwa 20 Meter reichen sie in die Höhe, Stahlbeton, der unzerstörbar wirkt. Hermann Görings Experten testeten hier genau das: „unkaputtbare" Baustoffe. Ab 1935 entstand in der mecklenburgischen Natur auf 120 Quadratkilometern das größte Erprobungsgebiet der Reichsluftwaffe. Jegliches Gerät und alle Flugzeuge der Wehrmacht wurden nach ihrer Entwicklung hier ausprobiert. Für Testzwecke zerstörten die Nazis hier Flugzeuge, Schiffe, Häuser, Leitungen. Sie warfen Bomben auf alles Erdenkliche. Selbst ein Stück Autobahn wurde bombardiert, dort, wo heute wieder Wald wächst.

Ich krieche durch Maschendrahtzäune, um durchs Unterholz zu den umwucherten Gebäuden zu kommen. In einem der vier bombensicheren Blocks stoße ich bis in den Keller vor, entdecke Graffitis und zerschlagenes Geschirr. Eine gespenstische Stimmung. Die Wände sind meterdick. Mit ihnen sollte geklärt werden, ob die Bewohner von Germania, das Hitler nach dem Endsieg in Berlin bauen lassen wollte, weitgehend vor Bombenangriffen geschützt werden konnten.

Einen Weltkrieg beginnen und dann zum Schutz vor Feinden Betonhäuser in Wälder bauen – unheimlich fühlt sich dieser Ort an. Aber die Natur ist stärker als die Pläne des vergänglichen Führers: An allen Ecken und Enden wachsen Bäume, Moos und Gräser über den Nazibeton.

Als die Dämmerung einsetzt, fahre ich wieder zurück auf die Straße. Der Leppinsee versteckt sich unweit des ehemaligen Militärgebiets. Nackt lässt es sich gut durch ihn schwimmen. Ich trockne mich ab und schaue über die Wasseroberfläche, die mich an den See in Groß Eichsen erinnert.

Wer nichts von den Naziwaffen und der Munition in der Erde unter mir weiß, kann diesen Ort für sehr idyllisch halten.

VI. Angela Merkel und der König vom Darß: Hass oder Liebe?

„Demokrat sein heißt, keine Angst zu haben!"
(István Bibo, 1946)

Tag 31: „Mama kommt gleich"

Nach einigen Tagen in der Mecklenburgischen Seenplatte ist es Zeit für einen anderen Landesteil. Mich zieht es zum Fischland-Darß-Zingst, doch erst bin ich mit dem Sänger von *Feine Sahne Fischfilet,* Jan „Monchi" Gorkow, verabredet. Während des *Wasted-in-*

Jarmen-Festivals hatten wir keine Ruhe für ein Gespräch. Jetzt trinken wir in Rostocks Innenstadt in einem kurdischen Bistro einen Tee und essen zusammen Mittag.

Monchi sagt, die *Noch-nicht-komplett-im-Arsch-Tour*, die er zusammen mit anderen vor den Landtagswahlen 2016 in ganz MV organisiert hatte, sei heftig gewesen. Damals war abzusehen, dass mehr als 20 Prozent rechtsextrem wählen würden, weshalb die Band etwas tun wollte. Schon davor hatte jemand mit einer Axt auf sein Auto eingeschlagen. Morddrohungen bekommt er seitdem häufiger („Monchi, wir schlachten Dich"). Und einer seiner Freunde stand auf der Todesliste der rechtsextremistischen Gruppe *Nordkreuz*, gegen die ermittelt wird, weil sie Waffen und Munition für politische Morde in MV gesammelt hat. Laut Verfassungsschutz stammen die meisten Mitglieder aus dem Umfeld von Polizei und Bundeswehr des Landes.

2016 hätten sich noch eine Menge Leute über die NPD empört, jetzt stünden zu viele Bürger einfach da und beklatschen die Rassisten der AfD, sagt Monchi.

Nach unserem Essen fahre ich nach Rostock-Evershagen, parke Waldemar und gehe unter blauem Himmel die Maxim-Gorki-Straße entlang. „Wohin wollen Sie denn?", fragt mich ein Polizist. „Zur Demo", antworte ich. „Dann immer geradeaus!"

Im Radio hatte ich gehört, dass heute Abend hier eine Groß-Demo der AfD geplant sei. Nun komme ich an einem leeren Gebäude vorbei, das früher einen *Edeka* und davor vermutlich eine *Kaufhalle* beherbergt hat. *ChinaPfanne • Hähnchengrill* ist auf dem rissigen Beton eines Anbaus geschrieben. Auf beiden Seiten der Straße erheben sich riesige Plattenbauten in den Himmel, die mich an Stadtteile Kiews erinnern. Auf der Erde zähle ich 33 Polizeiwagen. Ich gehe zu den Beamten und frage nach dem Einsatzleiter. Sie zeigen auf einen Mann, der gerade telefoniert. Es ist der Chef des Polizeireviers Rostock-Lichtenhagen. Ich warte, bis er aufgelegt hat, stelle mich als Journalist vor und unterhalte mich kurz mit ihm. Der Polizei-Hauptkommissar reagiert hilfsbereit und erzählt, dass gerade mehr Beamte im Einsatz seien als bei einem Heimspiel von *Hansa Rostock*. Sogar zwei Wasserwerfer stünden bereit. Es sei bereits die dritte Groß-Demo der AfD im Stadtteil Evershagen. Jedes Jahr laufe die Partei mittlerweile durch fast alle Bereiche der Hansestadt. Und jedes Mal müsse die Polizei die Demos sichern und Gegendemos auf Abstand halten.

Ich gehe weiter, schaue mich um und bemerke, dass viele Anwohner von ihren Balkonen das Treiben auf der Straße beobachten. Vor dem Lautsprecherwagen der AfD werden Deutschland-Fahnen verteilt. Aus den Boxen ertönt Musik von Xavier Naidoo und den *Böhsen Onkelz*. Steffen Reinicke von der Rostocker AfD steigt auf die Bühne des Gefährts und nimmt sich das Mikro. Der dunkelhaarige Mann will den ersten Redner ankündigen. Zuvor sagt er selbst ein paar Worte und kommt auf den Zweiten Weltkrieg zu sprechen: „Es kann nicht sein", sagt er, „dass unsere Generation, die noch nicht einmal die Kriegsgeneration kennengelernt hat, dafür noch Schuld trägt. Das muss aufhören. Das ist nicht richtig!" Applaus. Reinicke beginnt zu brüllen: „An alle, die ihr Gesicht aus religiösen Gründen verschleiern. Ich rate euch, nehmt euch ein Schiff!" Die Menge vor dem Lautsprecherwagen antwortet ihm mit einer Forderung: „Versenken! Versenken!"

Dann tritt der Bauarbeiter Frank Baethke aus West-Mecklenburg ans Mikro und begrüßt alle „echten Patrioten". Flächendeckend vergehe in Deutschland kein Tag, an dem nicht „unsere deutschen Brüder abgestochen oder ihre Kehlen durchgeschnitten" würden, schreit er. „Überall, wo die von unserem kranken politischen System ins Land geholten Moslems sich ausbreiten ..." An dieser Stelle wird er von den Rufen der Männer vor der Bühne unterbrochen. „Hängt sie hoch! Hängt sie hoch!", brüllen sie im Chor.

Der Lautsprecher-Wagen setzt sich langsam in Bewegung. Die fast nur aus Männern bestehende Gruppe von vielleicht 200 Leuten folgt und schwenkt ihre geliehenen schwarz-rot-goldenen Fahnen durch die Sommerluft. Ich gehe hinterher und komme mit einer Frau und einem Mann ins Gespräch. Das Paar sieht wie ein Fernsehteam aus. Sie sagt, was er filmen soll. Er hält mit seiner Video-Kamera drauf und veröffentlicht die Demo live auf Facebook. Es wirkt wie ein mobiler Streamingdienst der AfD. Das Paar sagt, es arbeite für das *Freiheitliche Bündnis Güstrow* und sorge dafür, dass im ganzen Land mehrere Tausend Zuschauer mitansehen können, was hier passiert.

Plötzlich rennt ein Mann von einer Seitenstraße Richtung Lautsprecherwagen. Er wirkt angetrunken und schimpft auf die AfD-

Horde: „Nazis, Nazis!" Sofort wird er von gepanzerten Polizisten an eine Hauswand gequetscht, so hart, dass er vor Schmerz brüllt: „Aaahhh, aahhh, mein Arm ist gebrochen, lasst meinen Arm!" Doch eine Polizistin hört nicht auf. Sie packt fester zu und zieht seinen Arm hinter seinem Rücken hoch. Neue Angstschreie hallen durchs Plattenbaugebiet. Erst als über das Gesicht des Mannes Tränen rollen, stoppt die Beamtin. Ich stehe daneben, filme mit meinem Handy und werde von anderen Polizisten gebeten, weiterzugehen, bis „die polizeiliche Maßnahme" beendet sei. Ich frage, warum und mit welchem Recht der Mann gequält werde. Keiner der Beamten antwortet.

„I gotta feeling, tonight's gonna be a good good night", auf dem Lautsprecherwagen der AfD spielen sie ein neues Lied. An der nächsten Straßenecke sehe ich eine Großmutter, die auf einem Balkon in der ersten Etage steht. Sie trägt ein Kleinkind im Arm und schaut Richtung Demo. Das Kind in ihrem Arm winkt zur Menge auf der Straße. Eine jüngere Frau, die zusammen mit den Rechten marschiert, bemerkt es. Sie lächelt, winkt zurück und ruft: „Mama kommt gleich!"

Gegen 20 Uhr erreicht der Lautsprecherwagen wieder die Maxim-Gorki-Straße. Langsam geht die Sonne unter. Die Rechten versammeln sich vor ihrer Bühne. Aus den Lautsprechern ertönt eine rappende Männerstimme. Es klingt nach modernem Hiphop. Jüngere Demonstranten singen mit. Ich gehe durch eine Gruppe von Männern hindurch, von denen einige besoffen wirken. Sie tragen Deutschlandtrikots mit dem Adler auf der Brust und brüllen: „Merkel muss weg!" – „Merkel muss weg!" Immer mehr stimmen in die Parole mit ein. Die Stimmung wird aggressiver. Auf dem Lautsprecherwagen hat sich ein Mann namens Siegfried Klein von Rügen aufgebaut. „Dieser Widerstand richtet sich an die, die uns den Islam aufzwängen wollen. Wir wehren uns", ruft er und nennt die Bundeskanzlerin „Asylanten-Mutti". Flüchtlinge begehen in diesem Land jeden Tag 728 Straftaten, behauptet er. „Raub, Mord, Massenvergewaltigung, Messerstecherei!" Mit jedem Wort brüllt er lauter. „Sie vergewaltigen auch unsere kleinen Kinder! Oma und Opa werden erst die Schädel eingeschlagen, damit sie dann beraubt werden können. Genug ist genug! ... Wir als AfD werden ein Zeichen setzen. Hier in Mecklenburg-Vorpommern gibt es keine Willkommenskultur!"

Die Menge reagiert mit lauter werdenden Sprechchören: „Abschieben! Abschieben!" Einer der Männer zeigt den Hitler-Gruß.

Zum Abschluss betritt eine blonde Frau namens Heidi Mund die Bühne. Sie sei extra aus Frankfurt am Main angereist, wo sie vor Jahren für *Pegida* geworben habe, heißt es. Sie könnte wie eine nette Dame im mittleren Alter wirken, die neugierig Rostock besucht. Aber sie redet ähnlich aggressiv wie ihre Vorredner. „Die Medien in Deutschland sind gleichgeschaltet!", sagt sie. Und setzt noch eins drauf: „Die Sonne macht den Klimawandel, nicht der Mensch!"

Wir stehen keine fünf Kilometer vom Sonnenblumenhaus entfernt. Meine Beine sind müde. Es ist spät. Und ich halte diesen Schwachsinn nicht mehr aus. Ich will nur noch ins Bett. Doch auf einmal reißt jemand an meiner Schulter. Ich drehe mich um und sehe einen Polizisten in gepanzerter Ausrüstung. „Mitkommen!" Seine Aufforderung ist eindeutig. Ich bin erschrocken und folge dem Beamten zu den Einsatzwagen.

Es ist inzwischen kurz vor 21 Uhr. Ich gebe den Beamten meinen Personal- und meinen Presseausweis und erkläre, dass ich bereits mit ihrem Einsatzleiter gesprochen und mich als Journalist vorgestellt habe. Niemand reagiert. Auf fünfmalige Nachfrage erfahre ich von einem Beamten seinen Namen. Er kommt aus Berlin und sagt, er führe nur Anweisungen seines Vorgesetzten aus.

Weitere zehn Minuten später werde ich unruhig. Ich kündige an, zu gehen, wenn ich nicht erführe, weshalb ich festgehalten würde. Endlich bekomme ich meine Ausweise zurück und eine Antwort. Ich sei gemäß Paragraph 201 Strafgesetzbuch – Verletzung der Vertraulichkeit des Wortes – wegen eines Verdachts beschuldigt, eine Straftat begangen zu haben. Es könne strafrechtliche Konsequenzen haben, wenn ich Aufnahmen von heute Abend veröffentlichte.

Ich frage verwundert, wer denn der Kläger sei. Der Chef des Polizeireviers Rostock-Lichtenhagen, antwortet der Beamte.

Tag 32: **Das Lebensende der Künstler**

Ich wache unter dem Dach des *Künstlerhauses Lukas* in Ahrenshoop auf. Als ich nicht wieder einschlafen kann, google ich den Paragraphen 201. Das Gesetz sieht eine Freiheitsstrafe bis zu drei Jahren vor. Ich kann das alles nicht fassen. Wurde ich am Ende der Demo festgehalten, weil ich die Szene mit dem Gegendemonstranten gefilmt habe?

Nach einem Kaffee gehe ich zum Strand. Salz liegt in der Luft. Kleine Wellen verschönern die Wasseroberfläche. Möwen segeln übers Meer. Einige kreischen. Möwen lügen nicht, denke ich, ziehe mich aus und gehe in die Ostsee. Kühl fühlt es sich an. Tobias, ein Freund aus Amsterdam, versucht jeden Tag des Jahres in einem See oder Fluss oder Meer einige Meter zu schwimmen, egal wie kalt es ist. Das kostet Überwindung, hilft dafür gegen vieles.

Ich trockne mich ab und spaziere durch Ahrenshoop. Ostsee, Strand, ein paar restaurierte Häuser, Kunst: Es braucht nicht viel, um diesen Ort zu einem schönen zu machen. Ich bin froh, für ein paar Tage als Gast im *Künstlerhaus* bleiben zu dürfen.

Dieses Land ist viel mehr als die Frage, wie sehr die AfD hier schon akzeptiert ist. Rostock hat rund 200 000 Einwohner und gestern sah ich nur etwa 200 Menschen, die dem Demo-Aufruf der Rechten folgten.

Um im Zeitplan zu bleiben, hätte ich eigentlich am Manuskript des Buches zu arbeiten, doch heute geht es nicht gut. Ich muss meine Gedanken ordnen. Am Abend spaziere ich noch einmal Richtung Strand. Auf dem Weg huscht eine Wildschwein-Familie vor mir durch die Dämmerung, ziemlich schnell, auch die kleinen Schweinchen. Der Mond leuchtet. Das Ostseewasser fließt. Ich bleibe stehen. Manchmal schaut man in den Himmel und glaubt, die Sterne berühren zu können. Am Meer denke ich das häufiger.

Bis spät in die Nacht sitze ich in der Küche des Künstlerhauses mit einem Komponisten, einem Kurator, einer Performance-Künstlerin und zwei weiteren Künstlern zusammen. Wir essen etwas, das man als Auflauf oder Ofengemüse bezeichnen könnte, trinken Wein und reden über Liebe, Lebensende und Heimat. „Ich bin der Apfelbaum, den ich als Kind erklettert habe", sagt Angelika und fragt ins Rund: „Wo wollt ihr mal beerdigt werden?" Jeder hat dazu seine eigenen Pläne. Obwohl ich mich nach Kathrins Abschied viele Jahre mit dem Tod beschäftigt habe, sehe ich meine letzte Ruhestätte noch nicht vor Augen. Wo soll man schon bleiben, wenn keine Energie mehr durch den eigenen Körper fließt? Muss es ein Ort sein, an dem andere Menschen sich an einen erinnern können? Brauchen Seelen Gräber?

Bevor ich im Bett die Augen schließe, fasse ich einen Entschluss: Weil Wasser die ganze Erde verbindet und weil ich mich im Wasser am lebendigsten fühle, möchte ich irgendwann für immer ins Meer.

Tag 33: Deutschland, Deutschland über alles?

Ein Nachdenktag. Ich gehe zum Strand. Eine Möwe fliegt dicht über der Wasseroberfläche hinweg. Das Meer schmeckt.

Im Sand finde ich einen Hühnergott mit einem großen Loch. Ich schaue hindurch und frage mich, ob Menschen, die in MV oder den anderen gar nicht mehr so neuen Bundesländern vor 1989 geboren wurden, eine andere Beziehung zur EU haben als sonstige Europäer. Fühlt man sich eher europäisch, wenn der Nationalstaat, in dem man geboren wurde, nicht mehr existiert? Wie viel Heimat steckt im europäischen Staatenverbund?

Abends lese ich Kurt Tucholsky, sein 1929 zusammen mit John Heartfield veröffentlichtes Buch *Deutschland, Deutschland über alles*. Darin beschreibt er lange und ausführlich, was er an seinem Land hasst, um im letzten, dem „Heimat"-Kapitel, festzustellen: „Es ist ja nicht wahr, daß jene, die sich ‚national' nennen und nichts sind als bürgerlich-militaristisch, dieses Land und seine Sprache für sich gepachtet haben. [...] Wir sind auch noch da. [...] Deutschland ist ein gespaltenes Land. Ein Teil von ihm sind wir. Und in allen Gegensätzen steht [...] die stille Liebe zu unserer Heimat."

Tag 34: **Rückkehr ins Kinderkurheim**

Die Zeit und die Ruhe in Ahrenshoop wirken wie ein Balsam. Nach dem Aufwachen beschließe ich, heute an einen Ort zurückzukehren, mit dem ich keine guten Kindheitserinnerungen verbinde. Im Alter von fünf Jahren verbrachte ich mehrere Wochen auf Kur in Graal-Müritz – ohne meine Eltern und ohne meinen Bruder. Die Behandlung sollte gegen Asthma-, Bronchitis- und Allergie-Krankheiten helfen. Wir Kur-Kinder gingen tagsüber oft an der Ostseeküste spazieren, badeten in großen Salzwasser-Badewannen, wurden mit speziellen Salben eingeschmiert und inhalierten salzige Luft aus Geräten, die ein brummendes Geräusch machten. Das Stärkste, was mir von diesem Aufenthalt bis heute in Erinnerung geblieben ist: ein kleiner gelber Bär aus Gummi. Auf meinem Nachtschrank neben meinem Bett im Schlafsaal des Kinderkurheims wartete er jeden Tag von morgens bis abends auf mich. Nachts, während ich mich alleine in den Schlaf weinte, weil ich nur weg aus Graal-Müritz und zurück in den Kreis meiner Familie wollte, nahm ich ihn immer in beide Hände. Ich erinnere mich noch genau, wie er aussah und wie er sich anfühlte. Bis spät in die Nacht flehte ich, dass er mich mit seinen kleinen Tatzen auch in den Arm nehmen könnte. Wer ihn mir geschenkt hatte, weiß ich nicht mehr. Er war nicht sehr groß. Doch er hatte erstaunliche Kräfte für einen Honig-Bären: Er beruhigte mich.

Das Kinderkurheim gibt es heute noch. Als ich im Seeheilbad ankomme, erkenne ich ein Haus, in dem ich damals gewesen sein muss. Es steht neben dem Bürgertreff *Onkel Bräsig* vom Arbeiter-Samariter-Bund. *Haus Elisabeth* lese ich auf einem Schild an der weißgrauen Wand. Ich gehe zum Hauseingang, öffne die Tür und schaue in einen bunten Flur. Fotos, ein Krokodil aus Pappe und Zeichnungen, auf denen mit Buntstiften umrandete Kinderhände zu sehen sind, hängen an den Wänden. Ich begrüße eine Erzieherin und erzähle, dass ich vor 32 Jahren schon einmal hier gewesen bin. Sie reagiert freundlich. Da sie vor 1989 noch nicht in der Klinik gearbeitet hat, ruft sie eine Kollegin an, die länger dabei ist. Wenn meine Fragen nicht allzu lange dauerten, könne ich ins Haupthaus gehen und mit Frau Kienitz sprechen, sagt sie.

Ich laufe die Straße hinauf, melde mich am Empfang und gehe in die zweite Etage des Haupthauses. Frau Kienitz sitzt hinter einem Tisch und sagt, sie erinnere sich an mein Gesicht. Mir wird mulmig.

Es gehörte zum Heilansatz der DDR, dass Eltern ihre Kinder – selbst wenn sie noch nicht zur Schule gingen – verabschiedeten, in einen Zug oder Bus Richtung Ostsee setzten und wochenlang nicht sahen, sagt Frau Kienitz. Heutzutage würde wohl niemand so etwas mehr mit seiner Tochter oder seinem Sohn anstellen. „Aber was sollten wir damals machen?", fragt sie. Und gibt selbst eine Antwort: „Wir haben versucht, das Beste zu ermöglichen." Heute dürften Elternteile mit zur Kur ihrer Kinder kommen. Kinder, die alleine hergebracht würden, seien einige Jahre älter. Und statt fünf- oder sechs Betten pro Schlafraum gebe es nun Dreibettzimmer, kleinere Gruppen, eine Schwimmhalle, eine Sauna, Kinoabende sowie Besuche von Zauberern und Clowns. Ich bedanke mich für die Auskunft, drehe eine Runde über den Innenhof der Klinik und gehe dann an Tischtennisplatten vorbei Richtung Wasser.

Auf dem Weg komme ich am Rhododendronpark und dem Heimatmuseum vorbei, das leider schon geschlossen hat. Ich schaue in die nachgebildeten Augen des Küstenfischers Max Gallien. Er wurde 1892 geboren und schipperte von Graal-Müritz aus viele Hunderte Mal auf der Jagd nach fetten Fischen durch die Ostsee. 1980 verstarb er. Doch weil der Rostocker Holzbildhauer Harald Wroost das Antlitz des Fischers in den Stamm einer 100 Jahre alten Douglasie schnitzte, wird Max Gallien so schnell nicht vergessen. Auch dank des Schilds, das neben dem Heimatmuseum unter der Porträtbüste aus Holz angebracht ist.

Am Strand entdecke ich einen verlassenen Strauß bunter Rosen. Zehn Blüten zähle ich, von denen zwei kopfüber im Sand stecken. Graal-Müritz mit seiner Bäderarchitektur und den Gebäuden, die ihre Namen mit Stolz zeigen, haben schon manche Paare ver- und wieder entzaubert, während sie im *Haus Möwe, Haus Windrose, Haus Seeschloss* oder in der *Villa Graalsburg* lebten. Eine Tafel vor dem Heimatmuseum erinnert an Kurt Tucholsky, der sich im Sommer 1920 kurz nach der Heirat mit seiner Frau Else Weil in dem Ostseebad erholte. Vier Jahre später wurde die Ehe geschieden. Nichts bleibt ewig. Aber Blumen zeigen mindestens ein paar Tage ihre Schönheit. Ich nehme mir eine der Rosenblüten mit. Auf meinem Schreibtisch im *Künstlerhaus Lukas* soll sie eine Weile einfach da sein, wie einst der Honig-Bär.

Tag 35: **Die königliche Hoheit von Born**

Ich spürte etwas Furcht, bevor ich gestern nach Graal-Müritz gefahren bin. Am Tag danach bin ich immer noch erschrocken, wie in der DDR Kindergartenkinder wochenlang von ihren Eltern getrennt in Kurheime verschickt wurden. Smartphone und Internet waren damals noch Fremdworte. Und wahrscheinlich durften meine Eltern mich während der Kur gar nicht besuchen.

Heimat und Heimweh klingen auffällig ähnlich. Heimat bezieht sich im Heimweh aber nur in seltenen Fällen auf einen realen Ort. Vielmehr träumt sich eine unter Heimweh leidende Person in eine Verklärung, die fern der Wirklichkeit ist. So lautet eine Erkenntnis der Psychologie. Ich glaube, wer einmal richtiges Heimweh überstanden hat, schaut danach mit anderem Blick auf den

Sehnsuchtsort oder seine „Heimat". Meine Eltern habe ich in späteren Jahren jedenfalls nie wieder so vermisst wie während dieser Kur in Graal-Müritz.

Ich verlasse das *Künstlerhaus* in Ahrenshoop und breche zu einem neuen Termin im Nachbardorf Born auf. Dort habe ich mich mit Gerd Scharmberg verabredet. Scharmberg ist ein großgewachsener Mann, der heute eine dunkle Jeans und ein kariertes Hemd trägt. Ich wollte einen Bürgermeister oder eine Bürgermeisterin vom Darß treffen – und nach meiner Anfrage hatte er sofort zugesagt.

Seit mehr als 15 Jahren hat Scharmberg das Amt in Born inne. Sein Begrüßungshändedruck fühlt sich kräftig an. Wir setzen uns in einen kleinen Aufenthaltsraum der Gemeindearbeiter. Gleich zu Beginn unseres Gesprächs erklärt er mir die Vorteile der kommunalen Selbstverwaltung: „Gebiets-Hoheit, Personal-Hoheit, Organisations-Hoheit und Planungs-Hoheit." Alle Hoheiten, die einem Bürgermeister zustehen, zählt er auf. Ich muss stutzen. Der Kurbetrieb, ein Unternehmen, das jedes Jahr mehr als 600 000 Euro vor allem durch die Kurtaxe einnimmt, gehört nur der Gemeinde. Das Oberhaupt dieser Gemeinde ist Gerd Scharmberg. Wenn ausgerechnet sein Sohn den Posten an der Spitze des Kurbetriebes bekommen hat, klingt das nach Vetternwirtschaft. Doch Gerd Scharmberg geht darauf nicht ein. Dafür redet er fast ohne Pause von seinem ehemaligen Imbiss, der so gut wie ein „Diamantenwerk" lief, vom Naturcampingplatz in Prerow, wo er eigentlich noch angestellt ist, von Griechenland und den Fehlern der DDR. Meine Gedanken schweifen ab. Ich stelle mir den kräftigen Gerd mit einer Krone im Gewand eines kleinen Königs vor, den die normalen Menschen auf der Halbinsel mit „Ihre Hoheit" anreden. In meinem Traum gefällt sich König Scharmberg in dieser Rolle so sehr, dass er ein Lied über die Hoheiten der Selbstverwaltung summt.

Ich zucke kurz zusammen, mein Traum zerplatzt. Der echte Gerd Scharmberg wird lauter und wütender, als er auf „die Medien" zu sprechen kommt. Das „deutsche Volk" werde von „den Medien" falsch informiert. „Die Medien, egal ob ARD, ZDF oder RTL, da sind sie alle gleich", hätten bewusst die Berichterstattung über *Pegida* eingestellt, sagt er. „Wegzensiert" nennt er das und behauptet, „die Medien" hätten sich auf Greta Thunberg eingeschworen und seien russlandfeindlich. Und „die Medien desinformieren uns". Damals, zu DDR-Zeiten, „wusste man wenigstens, dass die Medien gesteuert wurden".

Ich versichere Scharmberg, dass ich seit zwölf Jahren in verschiedenen Redaktionen arbeite und nie in Deutschland erlebt habe, dass irgendetwas systematisch wegzensiert wurde – im Gegensatz zu autokratischen Ländern wie Russland. Unser Treffen wird zum Streitgespräch. Ich sage, Russland habe Krieg gegen Georgien geführt, Soldaten und Söldner nach Afghanistan sowie Syrien geschickt und die Ukraine angegriffen. Teile der Ukraine seien heute noch von Russland annektiert, doch wer als Journalist darüber in Russland berichte, habe es sehr schwer. Ohne Moskaus Akzeptanz der friedlichen Revolution 1989 würden wir wohl noch heute in der DDR leben, sagt Scharmberg. Dafür sollten wir dankbar sein. Dann schreit er: „Die Medien sollen uns informieren!" ▬▬▬▬▬▬▬▬▬▬▬▬▬▬▬▬▬▬▬▬▬▬▬▬▬▬▬▬ Unsere Argumente prallen gegeneinander. Die Meinung des Königs ändert sich nicht.

Auf dem Weg zurück nach Ahrenshoop fahre ich an einer Figur aus Strohballen vorbei. Sie lacht.

Tag 36: Eine Polizistin, die lacht

In Prerow bin ich mit Danny Gohlke verabredet, um am Strand ein Coverfoto für das Buch zu schießen. Wir – Waldemar, der Fotograf und ich – stehen morgens da, wo sich eigentlich kein motorisiertes Gefährt aufhalten darf. Spontan kommen ein paar Sonnenstrahlen dazu. Dann fährt ein silberblaues Auto vor, ein Mann und eine Frau in Uniform und mit Waffen am Gürtel steigen aus. Sie schauen skeptisch und kommen auf mich zu. Ich werde nervös. Zur Polizei habe ich ein ambivalentes Verhältnis. Die Verkörperung von Autorität, Kontrolle und Macht in einer Person beunruhigt mich. Und seitdem ich in Kiew sah, wie ein Demonstrant durch Kugeln eines Polizei-

gewehres vor meinen Füßen starb, denke ich noch kritischer über Beamte mit Waffen. Ich atme tief ein und wieder aus, gehe einen Schritt auf die beiden zu und lächele. Die Beamtin lächelt zurück.

„Wollen Sie mit aufs Bild?", frage ich und ergänze, dass wir Fotos für ein Buch machen. Das Shooting sei mit dem Bürgermeister abgesprochen. „Na klar", antwortet sie und stellt sich ohne zu zögern in Uniform vor die Kamera. „Bin auch auf Insta", sagt sie, während Danny Fotos von uns macht.

Tag 37: **Das Skelett im Bio-Raum**

Um 5:24 Uhr klingelt der Wecker. Ich muss Ahrenshoop verlassen und mit Waldemar weit nach Westen fahren, wieder bis nach Gadebusch. Kurz vor 8 Uhr komme ich da an, wo etwa 90 Schülerinnen und Schüler warten, die in zwei Jahren am Gymnasium das machen wollen, was mir hier irgendwie im Jahr 2000 gelang: Abitur.

Herr Helms ist auch schon da, mein damaliger Klassenlehrer. Zur Jahrtausendwende hatte er gerade sein Referendariat beendet, heute ist er zweiter Schulleiter. Er wartet in der alten Aula zusammen mit Laura, Chris, Florian und Nico auf mich, auch ehemalige Abiturientinnen, die heute Polizist, Gamedesigner, Berater bei der IHK und angehende Lehrerin sind.

Als mich Herr Helms zu diesem Berufsorientierungstag einlud, wusste ich nicht, was mich erwartete. Jetzt wecken die Diskussionen mit den angehenden Abiturienten Hoffnung. Das Skelett im Bio-Raum ist zwar noch das gleiche wie vor 20 Jahren. Aber heute lernen hier junge Leute, die neugierig sind, die sich Gedanken machen, die sich für eine nachhaltige Welt engagieren.

Wer liest eigentlich noch Zeitung? Ist Donald Trump eher gut oder böse? Warum wird die AfD in MV gewählt? Und weshalb ärgert die eigene Familie einen, wenn man umweltfreundlicher leben will? Wir diskutieren und ich lerne: Bei der Junior-Wahl, die parallel zur Europawahl an „meinem" alten Gymnasium stattfand, wurden die *Grünen* eine starke Kraft. Nein, meine Schule ist gar nicht provinziell, abgehängt oder langweilig. Bis nach China reichen die Verbindungen. Im Kunstraum regt Schulhund Hildi die Kreativität der Kinder an. Und Herr Roller, der Hausmeister, der früher manchen Rabauken wie mich anknurrte, beißt gar nicht (mehr).

„Jede Schule ist ein eigenes Universum", sagt Herr Helms, als wir nach den Debatten bei Brötchen mit Salami und Brötchen mit Käse zusammensitzen und über die rasante Entwicklung der Digitalisierung reden. Wohl keiner hätte vor zwanzig Jahren gedacht, dass im Jahr 2019 der amerikanische Präsident einen Großteil seiner Politik via Twitter den Menschen in den USA vermittelt.

Auf dem Rückweg nach Ahrenshoop stoppe ich in Rostock. Mit einem Freund von Monchi treffe ich mich in einer Bar. Er engagiert sich für die Achtung von Menschenrechten und gegen Rechtsradikalismus in MV. Da sein Name auf der Todesliste der *Nordkreuz*-Terroristen steht, beschließen wir, seine Identität in diesem Buch nicht zu veröffentlichen. Seit er von den Mord-Plänen erfahren habe, gehe er nicht mehr mit seinen Kindern ins Stadtzentrum. Handele es sich um die Sicherheit seiner Familie, verlasse er sich nicht mehr auf die Polizei, sagt er.

Monchi hatte mir erzählt, dass man in manchen Teilen Vorpommerns Probleme oder gar Schläge bekommen könnte, wenn man dort in Klamotten von *Feine Sahne Fischfilet* auftauche. Sein Freund sieht das auch so. Mir kommt eine Idee: Ich werde mir eine Jacke mit Feine-Sahne-Aufnäher kaufen und die These der beiden testen. Eine neue Jacke kann ich ohnehin gebrauchen. Monchis Freund lacht, ist aber skeptisch, ob mein Einfall gesundheitsfördernd sei. Er nennt mir Städte, in denen er lieber nicht mit so einem Kleidungsstück auftauchen würde.

Als ich nachts in Ahrenshoop ankomme, leuchten Sterne durch den Nebel, der sich über die Stranddünen und das Meer gelegt hat. Ich bin erschöpft vom langen Tag. Sätze von Herbert Grönemeyer klingen durch Waldemars Lautsprecher: „Die Erde ist freundlich. Warum wir eigentlich nicht? Die Erde ist freundlich. Warum wir eigentlich nicht?"

Tag 38: **Fickt eure Bruderschaft!**

Es geht Richtung Süden. 99 Kilometer liegen zwischen Ahrenshoop und Demmin. Hier Wellen, die auf den Strand rasen, mit Schilfrohr bedeckte Luxusferienwohnungen, Restaurants, die Mangold und verschiedene Schafskäsesorten anbieten, und so viele Künstlerinnen und Künstler aller Art, die mit ihrer Kunst weitere Künstlerinnen und Künstler und immer mehr Urlauber anlocken.

In Demmin nach der Ankunft: ein Döner, mit allem.

Monchi hat mir empfohlen, in die ehemalige Kreis- und heutige Kleinstadt zu fahren. Peene, Trebel und Tollense – drei Flüsse fließen hier zusammen, und heute Abend tritt eine Nachwuchsband auf, die Monchi für einen Geheimtipp hält.

Pablo aus Siedenbüssow, etwa 13 Einwohner pro Quadratkilometer, Albert, ebenfalls aus Siedenbüssow, und Denny aus Hohenbrünzow, auch nicht viel mehr Menschen pro Fläche, begrüßen mich vor dem *Lübecker Speicher Demmin*. Die drei tragen Jogginghosen, Sportschuhe und Trainingsjacken. Zusammen gehen wir ein Stück am Ufer der Peene entlang und setzen uns auf eine Bank unter einer Laterne. Vor drei Jahren, als man sie noch als Dorfkinder aus dem Demminer Umland bezeichnen konnte, hatten sie eine Idee: Hiphop made in Vorpommern. Sie nannten sich *Hinterlandgang* und schrieben Songs wie *Industriehafen* oder *Die Nikes riechen nach Benzin*. Pablo, Albert und Denny wollten ganz andere Musik als *Feine Sahne*

Fischfilet machen, jedoch genauso furchtlos ihre Stimme gegen Nazis erheben. Ihr erstes Album luden sie einfach auf Youtube hoch. Und bei Hinterland dachten sie an ihre Heimat: die Gegend, die hinter der Touristen-Boomzone der Ostseeküste beginnt, die bis nach Polen reicht und „in der man auf Schulhöfen aufs Maul bekam, wenn man sich nicht den Faschos anschloss".

Um sich auf ihren Auftritt vorzubereiten, verschwinden die drei im Speicher. Ich gehe zu Waldemar, um meine Jacke abzulegen. Neben mir sehe ich einen Typen, der in die Peene pisst, ein anderer steht bei einem Sattelschlepper und brüllt in sein Mobiltelefon: „Was laberst Du?" Kurz danach brüllt er noch lauter: „Was schreist du mich an?" Ich gehe durchs Tor des großen Backstein-Gebäudes.

Drinnen hat das Konzert mit *Pöbel MC* schon begonnen. „Demmin, habt ihr Bock zu rammeln?", fragt Pöbel und knapp 300 Jugendliche zeigen, dass sie Bock haben. Sie wippen zu den Beats. Dann betritt die *Hinterlandgang* die Bühne. Denny mischt als DJ die Töne, Pablo und Albert rappen. Der Saal schreit. Der Saal springt. Der Saal tanzt. Ich bewege mich automatisch mit der Masse.

„Wir gehen erst schlafen, wenn der Mond in den Netto kracht. Wir alle bleiben hier. Und das schon seit 2004."

„16. Geburtstag, saufen bis zum Koma, der Sonne entgegen ... Man sagt, Zuhause ist da, wo der Anker fällt. Doch mein Zuhause bleibt MV ... Fickt eure Bruderschaft! ... Jedes Wort schreibt meine Seele!"

„Vorpommern! Vorpommern!", brüllen die Fans. Und als ich das erste Mal auf die Uhr gucke, ist es schon nach Mitternacht. Ich bin beeindruckt. Musik, die nach Berlin-Neukölln klingt und mit so viel Liebe gemacht ist, hatte ich in Demmin nicht erwartet. Einige Textfetzen kreisen noch während der Rückfahrt in meinem Kopf. Respekt, für diese Jugend. Die Zukunft war gestern schon mal schlechter.

Tag 39: Männerfüße stampfen Apfelmus

Sonntag. Wieder Ahrenshoop. Ich wache spät unterm Dach im Künstlerhaus auf, höre Songs der *Hinterlandgang* und bemerke, dass dieser Tag seine Chance schnell wahrnimmt. Beim Schwimmen tauche ich durch Wellen so groß wie im Atlantik. Wind weht, und diese eine fette Möwe bleibt einfach auf ihrem Strandkorb sitzen: Egal, ob ich mich vor ihr ausziehe. Egal, ob eine Frau im Vorbeigehen ruft, ich sei verrückt, viel zu kalt. Die Möwe bleibt sitzen. Auch, als ich zurückgehe ins Künstlerhaus, wo heute zum *Tag der offenen Tür* einiges geplant ist.

Dana, meine Zimmernachbarin, zeigt Fotografien und eine Videoinstallation, bei der die Protagonisten den Zuschauern sehr lang und sehr tief in die Augen schauen. Ehsan, der Komponist, dessen sanfte Art ich in den Tagen unter einem Dach schätzen gelernt habe, hat Freunde eingeladen, die sein Musikstück spielen. Zu dritt setzen sie sich dafür auf den Holzfußboden. Über ihnen hängen Fotos einer weißen Jeans. Dann quiekt, fiept, rummelt und brummelt es. Sie machen mit ihren Instrumenten Dinge, die wohl selbst die Instrumente nie für möglich gehalten hätten. Für mich klingt es kurzzeitig so, als würde jemand einer Maus ihren Schwanz durch die Ohren ziehen. Dann Stille. Keiner sagt, aber jeder denkt etwas. Eine Pause? Noten vergessen? Schluss? Soll man applaudieren? Darf man weiter Hip Hopper aus Demmin im Kopf haben?

Doch weiter geht's. Brumm, Zupf, Kabumm. Welch eine irre Reise zwischen den Soundwelten. In den Gesichtern der Zuschauer erkenne ich eine Frage: Ticken Bassklarinette, Kontrabass und Bratsche noch ganz richtig?

Am Ende: Applaus! Großartig!

Dann kommt die Performance. Angelika führt das Publikum aus dem Saal durch ihr Zimmer auf die Dachterrasse des Künstlerhauses. Unten im Garten liegt Axel auf der Wiese unterm Apfelbaum, nackt. Die Äpfel werden eingesammelt. Das Publikum wundert sich und geht danach langsam wieder zurück in den Saal. Axel kommt rein. Er steht nun fast nackt in einer großen Schale auf dem Holzfußboden und stampft Äpfel mit seinen Füßen zu Brei. „Wer möchte einen Löffel?", fragt Angelika ins Publikum.

Ein reifes Ehepaar schaut sich skeptisch an. „Hat der sich die Füße gewaschen?", fragt sie ihn. Nach Vollendung der Performance sind sie nicht die einzigen Zuschauer, die leicht verstört das Künstlerhaus verlassen: Experiment geglückt, Apfelmus lecker.

Am Abend laufe ich am Strand durch einen heftigen Regen. Die Ostsee wütet und spuckt ihr Salzwasser mit Nachdruck ans Land. Ich gehe in ein Hotel mit Sauna. Kunst braucht Wärme, um die Kreativität wirken zu lassen. Und was für ein Zufall: Nackt bis auf die Halbglatze treffe ich in der Sauna einen Mann, der eben noch neben mir in der Aufführung saß. „Naja, also Mainstream war das ja nicht gerade im Künstlerhaus", sagt er. „Nein", antworte ich, „Glücklicherweise nicht!"

Tag 40: **Eine Bundeskanzlerin fotografiert ihre politische Heimat**

Der Sommer verabschiedet sich langsam. Während ich Ahrenshoop verlasse, stürmt es draußen. Ich fahre nach Osten, bis zum größten Bundeswehr-Ausbildungsstandort der Marine in Parow. Nachdem ich an der Marinetechnikschule geparkt habe, spaziere ich durch den Hafen. „Hier werden Matrosen ausgebildet, bevor sie in den Einsatz gehen", sagt Johannes, der seit vielen Jahren der Bundeswehr dient und sich mit Kanonen-Abfangsystemen auskennt. Er zeigt mir ein Schiff und redet über „die Uschi", die jetzt in Brüssel arbeite. Ich danke ihm und muss weiter ins Gebäude mit dem *Stralsund-Saal*, wo gleich der Festakt zum 29. Jubiläum der Wiedervereinigung startet. Das *Jugendorchester Grimmen* hält seine Instrumente schon bereit. Einige hundert Stühle sind vor der Bühne aufgestellt. Ich nehme in der zweiten Reihe Platz.

Obwohl ich sie nie gewählt habe, schätze ich ihren sachlichen, uneitlen und unaufgeregten Politikstil. Laut *New York Times* ist sie die „mächtigste deutsche Frau, seit Katharina die Große Russland regierte". Vermutlich wird sie als eine der wichtigsten Politikerinnen dieses Jahrhunderts in die Geschichte eingehen. Ihre Ukraine- und Russland-Politik, ihr Einstehen für Menschenrechte von Flüchtlingen, Brexit, Griechenlandkrise und ihre halbherzigen Versuche, die EU zu modernisieren – in vielen Texten habe ich über Angela Dorothea Merkel, geborene Kasner, als Journalist geschrieben. Und jetzt betritt sie den Saal, setzt sich schräg neben mich auf einen der Stühle mit Holzlehne. Sie wirkt kleiner als im Fernseher und studiert einen Zettel, den sie gleich für ihre Rede braucht.

Erst spielt das Jugendblasorchester ein Stück namens *Transformers*, das nicht ganz nach der gleichnamigen Comicserie klingt. Dann steht Merkel auf, geht ans Rednerpult und vergleicht sich selbstironisch mit einem Dinosaurier. „Es war ja nicht so, dass wir in der DDR nicht schon vor 1989 von Freiheit geträumt haben. Mauerfall und Wiedervereinigung – die Jahre 1989 und 1990 – markieren eine Zeit, die bis ins Heute wirkt", sagt sie. Mit Kerzen in der Hand habe damals alles begonnen. Es habe Mut erfordert, auf die Straße zu gehen. Deshalb danke sie den Demonstranten der ersten Stunde, die „die Tür zur Freiheit geöffnet haben". Sie fragt (rhetorisch), was „unsere Biografien" heute wert seien – und meint Menschen wie sich selbst, die einen Teil ihres Lebens in der DDR verbracht haben. Ihrer Meinung nach lohne es sich, die Revolution oder „das, was man da gelernt hat", zu nutzen. Sie ermutigt, sich einzubringen, in die Politik zu gehen. Auch wenn häufig nur gehört werde, wer ein bisschen lauter sei.

Merkels Rede dauert 20 Minuten. Am Ende verweist sie auf zwei Zahlen, die Ansporn sein sollen. Betrug die Wirtschaftskraft der neuen Bundesländer 1990 noch 43 Prozent des deutschen Durchschnitts, sind es heute 75 Prozent. Ihren Wahlkreis rund um Stralsund bezeichnet sie als politische Heimat und bekommt dafür eine Kiste Heringe samt Applaus. Dann blasen, streichen und pauken die Jugendlichen aus Grimmen noch mal drauf los – und Merkel setzt sich mit ihren Heringen wieder schräg neben mich. Sie beginnt mit ihrem Handy zu simsen und fotografiert die Bühne, auf der sie eben noch stand.

Als der Festakt beendet ist, stelle ich mich und das Buchprojekt bei ihr kurz vor. Mitarbeiter eines polnischen Abgeordneten machen ein paar Fotos von uns, und Merkel wirkt interessiert. Auf dem Weg zum Buffet sagt sie: „Heimatsuche, MV: gute Themen." Wenn Herr Seibert, der Regierungssprecher, noch einen Termin finde, würde sie darüber mit mir noch mal in Ruhe reden. Anders als bei meiner gescheiterten Interviewanfrage bei Joachim Gauck (auf meine E-Mail folgte eine Absage), habe ich das Gefühl, dass sie es ernst meint. Ich vermute jedoch, dass – solange ihre Amtszeit noch läuft – Herr Seibert keinen Termin finden wird.

Während Merkel mit lokalen CDU-Politikern ein Selfie nach dem anderen macht, entdecke ich Fischsuppe, Kürbissuppe, verschiedene Buletten, Hähnchenspieße, Tsatsiki, belegte Brote, Salate und Mousse au Chocolat im Nebenraum. An der Bar fließt das Bier. Vor dem Buffet hat sich eine Schlange gebildet. Gerd Scharmberg, der König von Born, der mit seiner FDP-Mitgliedschaft hadert, geht an mir vorbei und grüßt. Ich esse eine Suppe, trinke einen O-Saft – und bevor ich mich bei Merkel verabschiede, um wieder zu Waldemar zu gehen, traue ich meinen Augen kaum: Da steht tatsächlich Thomas Naulin von der AfD. Vor wenigen Tagen wetterte er noch gegen die angebliche Unterdrückung seiner Partei, beteuerte seinen Hass auf Merkel und beschwerte sich über die angebliche Diktatur, die ihm das Leben so schwer mache. Und nun steht er fröhlich neben der Kanzlerin am Buffet, trinkt Bier auf Kosten der demokratischen Strukturen, die ihn stören, und lacht wie ein kleiner Junge.

VII. Der letzte Cowboy Mecklenburgs: Fortbleiben oder heimkehren?

„Ich vergesse nie die Tage
Da draußen auf dem Meer
Du warst so oft für mich da
Jetzt bin ich für dich hier."
(Aus „Warten auf das Meer" von Feine Sahne Fischfilet, 2015)

Tag 41: Auf nach Karnitz

Ich muss Fischland-Darß verlassen. Diesen Strand, die Lebenskünstler in diesem Dorf und das Wasser der Ostsee werde ich vermissen. Aber MV ist mehr als Ahrenshoop.

Heute ist schon der 41. von 80 Tagen. Etwa 10 000 Kilometer bin ich schon mit Waldemar durchs Land gedüst.

Und je länger ich unterwegs bin, desto wohler fühle ich mich.

Nun geht es ins Zentrum, in die Mecklenburgische Schweiz zwischen Kummerower- und Teterower See, zum *Projekthof* in Karnitz. Was ich weiß: Durch die Gegend verläuft die Grenze zwischen Mecklenburg und Vorpommern. Ansonsten habe ich keine Ahnung, was mich erwartet.

Als ich ankomme, ist es schon dämmrig. Martina Zienert und Joachim Borner, die den zerfallenen Hof 1994 zusammen mit umweltinteressierten Studentinnen und Studenten übernommen haben, führen mich an einem Klavier vorbei und zeigen mir ein Zimmer unterm Dach. Ich beziehe das Bett selbst, in dem ich einige Tage schlafen kann, laufe eine Runde unterm Mond durchs Dorf und nehme Kathrins Karton vom Auto mit nach oben. Doch für die Vergangenheit bin ich heute schon zu erschöpft.

Tag 42: **Lieber stehend sterben als kniend leben**

Ich erwache und schaue durchs Fenster. Ein paar Wolken schieben sich über den Himmel. Schleierwolken heißen diese weißen Fetzen wohl, dabei verschleiern sie gar nichts.

Ich gehe in die Küche. Martina und Joachim sitzen schon am Tisch, zusammen mit Tim, der auf dem Hof seinen Bundesfreiwilligendienst leistet, mit Oliver, der hier ein Schulpraktikum absolviert, und mit Jonathan, der samt Hund aus Berlin gekommen ist, um beim Ausbau der Scheune zu helfen. Es gibt Rührei, Gemüse vom Hof und selbst gebackenes Brot. Ich lerne ein neues Wort: „verlangweilen". Das könne passieren, wenn Kinder nichts mit sich anzufangen wüssten, sagt Joachim. Alle am Tisch wundern sich. Wer die Kunsthalle, den Garten, die Seminar-Räume und Bauwagen auf diesem Projekthof betritt, der kennt keine Langeweile.

Dann erwähnt jemand den einzigen Cowboy Mecklenburgs. Jan Tessin soll er heißen und aus Malchin kommen.

Nach dem Frühstück setze ich mich in die Sonne. Auf *Facebook* finde ich einen Jan Tessin, schicke ihm eine Nachricht und lege mein Telefon zur Seite. In der Ferne schreit ein Hahn. Obwohl der Herbst also eine Kopie für sich erstellt. Ich blicke auf Zeilen, die ich schon Hunderte Male gelesen habe. „PS: Ich bin kein Engel", lauten die letzten Worte, die sie unten ans Ende des Briefes gequetscht hat.

Das glaub' ich ihr bis heute nicht.

Am Nachmittag fahre ich noch einmal nach Salem an die Badestelle. Auf dem Weg sehe ich ein schwarzes Schaf. In Schlakendorf hat jemand seinen alten Mähdrescher, wohl ein DDR-Fabrikat, mitten auf seiner Koppel stehen lassen. „Fortschritt" prangt auf dem Gehäuse. Der Erdboden, hier etwas uneben, hat die Maschine durch den Lauf der Dinge schon leicht verschluckt. Daneben liegen Kühe im Gras und lassen sich die Herbstsonne aufs Fell scheinen. Rehe hoppeln über eine Wiese. Und einige Pflanzen haben ihre Blätter bereits rot gefärbt. Ich komme an einer umgebauten Mühle vorbei, vor der Alpakas stehen. Sie schauen mich an, ohne zu spucken. Und in Neukalen, wo es schon ein Tanzlokal gab, als meine Eltern noch jung waren, schwimmen im mittelalterlichen Stadtzentrum Enteriche durch den Ratmannsteich. Türkisfarben schimmern ihre Köpfe im Licht, grün und blau wie das Meer am Great Barrier Reef in Australien.

43 Tage reise ich jetzt durch dieses oft unterschätzte Land. Es hat mich mehr in seinen Bann gezogen, als ich vermutet hätte. Und ohne zu wissen, warum, schleicht sich erstmals ein Gedanke in meinen Kopf, der mir ungeheuerlich erscheint: Wie wäre es, wenn ich wirklich heimkehren würde? „Je länger man vor der Tür zögert, desto fremder wird man", schrieb Franz Kafka 1920 in seiner Erzählung *Heimkehr*. Seine Worte sind auch heute nicht von gestern. Aber wie fremd bin ich mir selbst schon geworden?

Tag 44: **Zappzarapp beim Polizeidirektor**

Vor der Tür ergraut das Bunt-Land des Herbstes. Regen, Regen, Regen und kein Sonnenstrahl, der es durch die Wolkendecke schafft.

Wolfgang Richter, der die Ausschreitungen am Sonnenblumenhaus in Rostock-Lichtenhagen miterlebt hat, hatte mir empfohlen, mich mit einem Polizisten zu unterhalten, der damals dabei war.

Ich fahre nach Neubrandenburg und esse im *Monika Grill* einen von Sasha Manukyan zubereiteten Döner. „Mecklenburger Land immer nass. Immer weinen. Aber weinen hilft nicht. Muss bleiben gesund, Zappzarapp", sagt der Wirt wegen des Wetters. Beim Essen reden wir über den Klimawandel und seine Folgen: Starkregenfälle nehmen an manchen Orten in MV zu, Phasen starker Trockenheit gleichfalls. Dann zeigt Manukyan mir den Weg zur Polizei.

Michael Ebert, stellvertretender Polizeipräsident im Polizeipräsidium Neubrandenburg, nimmt sich in seinem Büro Zeit für unser Gespräch. Er trägt weißes Hemd unter dunklem Polizei-Schlips. Auf dem Schrank neben seinem Schreibtisch liegt neben zwei Polizeibären aus Plüsch ein Fußball von *Hansa Rostock*. Ja, er sei *Hansa-Fan*, seit seiner Kindheit, sagt Ebert. Der Verein gehöre zur regionalen Identität des Landes. Und übernächstes Wochenende werde er mit seiner Familie wieder ins Stadion gehen. Seit etwa 2016 gebe es mehr linke als rechte Ultras im Ostseestadion, glaubt Ebert, der viele Jahre in der Hansestadt als Polizist gearbeitet hat. An der Entwicklung der Fankultur macht er einen gesellschaftlichen Wandel in ganz Rostock fest. Die Stadt habe sich seit Jahren immer mehr zu einer weltoffenen Metropole entwickelt.

Ich denke an einen Stadionbesuch. Es muss in den Neunzigern gewesen sein. Damals stand ich zwischen den Menschenmassen, als plötzlich ein Teil des Fanblocks „Sieg" schrie und der andere mit „Heil" antwortete. Meinen *Hansa*-Schal trug ich danach lange nicht mehr. Jetzt erfreut mich Eberts Einschätzung. Und ich denke an *Hansa*-Fans wie Marteria oder Monchi – ihre Musik hat sicherlich zum Wandel beigetragen.

1992, als Ebert sich noch am Anfang seiner Beamtenlaufbahn befand, stand er in Lichtenhagen vor dem Sonnenblumenhaus. Alle Polizisten, egal ob aus alten oder zu der Zeit wirklich noch neuen Bundesländern, hätten damals deutsch gesprochen. Aber verstanden hätten sie sich untereinander nicht. Er habe sich viele Gedanken über das damalige Versagen gemacht, sagt Ebert. Die Erneuerung, die erst danach richtig begann, von der DDR-Polizei hin zu einer neuen demokratischen Polizeiarbeit, sei ein langer Prozess gewesen. Als er Leiter der Polizeiinspektion Rostock wurde, habe er alles getan, damit sich so etwas wie in Lichtenhagen nicht wiederholt: „Nie wieder!", sagt Ebert. Als die AfD 2015 und 2016 auch in Mecklenburg-Vorpommern versucht habe, Geflüchteten die Menschenrechte abzuerkennen, habe Rostock ein anderes Gesicht gezeigt. Spätestens seitdem sei die Hansestadt ein sicherer Ort für alle. Wir reden über *Nordkreuz*, das *Fusion*-Festival und Morddrohungen gegen seine Familie. Ebert glaubt daran, trotz aller Hierarchien und Probleme mit einzelnen Beamten, dass die Polizei eine demokratische Polizei sein müsse. Rassismus, Machtgehabe und Führerkult dürften nicht geduldet werden.

Dann erzähle ich ihm, was mir in Evershagen auf der AfD-Demo passiert ist, von der Drohung, sein Kollege könnte mich anzeigen. Überzogen und nicht vom Gesetz gedeckt, nennt er das. Er wolle nichts rechtfertigen. Aber vielleicht hätten seine Kollegen wegen der Aggressivität des Umfelds so gehandelt.

Tag 45: Vogelscheuchen und Kuhherden

Schon beim Aufwachen sind sie wieder da: die Heimkehr-Gedanken. Vor dieser Reise habe ich mich vor allem als Erdenbürger gefühlt, der überall Zuhause sein kann, aber nicht unbedingt in diesem kleinen MV.

Und jetzt? Kiews Dneprufer, Griechenlands Inseln, Stockholms Innenstadt, Havannas Malecón, Mozambiques Strände, Portugal, Asien, Berlin, Hamburg, Australien – ich liebe so viele Orte dieser Erde. Doch dieses Ostseeland mit seinen Seen, Stoppelfeldern, Wäldern und Wiesen wirkt nun besonders auf mich. Das ist das MV, in dem ich aufgewachsen bin und in dem meine Familie seit langer Zeit heimisch ist.

Ich fahre nach Dargun zu den Klosterruinen und laufe zwischen den von Mönchen erbauten Gemäuern umher. Nach der Reformation ließ man das Kloster zu einem Schloss umbauen, das Ende des Zweiten Weltkrieges fast komplett abbrannte. Heute sind Teile der Anlage wieder restauriert. Aber gerade dieses Unfertige und die Spuren der Zerstörung beeindrucken mich. Ich setze mich auf eine Bank, denke an Ernst Bloch.

Der Philosoph glaubte, Heimat entstehe erst, wenn man sich am Ende des Daseins befände und zurückschaue, was „in die Kindheit schien".

Meine Freundin Lamis ruft aus Berlin an. Am Telefon spreche ich mit ihr über die Entwicklungen in mir. Sie wurde in Palästina geboren und liebt ein Land, das seit Jahrzehnten umkämpft und besetzt ist. Welches Glück ich dagegen habe: Heimat muss kein realer Ort sein – aber wer in einer Welt, die für viele Menschen immer noch durch Grenzmauern und Reisepässe zerteilt ist, frei in einer offenen Landschaft leben kann, der sollte dankbar sein.

Auf dem Rückweg nach Karnitz halte ich kurz am Straßenrand. Ich pinkele stehend und schaue auf eine Kuh-Wiese, wie es sie hier und anderswo im Land unzählige Male gibt. Die kleine Herde grast im Licht der untergehenden Sonne. Strohballen lagern im Hintergrund.

Eine Kuh mit hellem Fell hebt, während sie gelassen weiterkaut, den Kopf und schaut zu mir herüber. Nichts scheint sie und die anderen Tiere zu stören. Ein Marienkäfer setzt sich auf meinen Arm. Und für einen Moment erkenne ich in dem Bild vor meinen Augen ein Caspar-David-Friedrich-Gemälde. Ich nehme meine Kamera und es macht klick.

Tag 46: **Vom Kabarettisten zum Oberbürgermeister**

Der Tag beginnt spät, da ich fast bis zur Mittagszeit verschlafen habe. Silvio Witt, Oberbürgermeister Neubrandenburgs, wartet im Rathaus auf mich. Ich fahre schnell, parke vor einem Plattenbau und laufe in die oberste Etage.

Was als Interview beginnt, wird schnell ein Gespräch. Witt, Jahrgang 1978, der heute das Wappen seiner Stadt auf seinem dunklen Jackett trägt, bietet Wasser in kleinen Flaschen an und erzählt – über seine Liebe zur drittgrößten Stadt des Landes und wie er es ins Amt des Bürgermeisters geschafft hat:

Es ist das Jahr 2006. Silvio Witt, geboren in Neustrelitz, Absolvent des Sportgymnasiums Neubrandenburg, kehrt nach seinem Wirtschaftsstudium in Worms in die Vier-Tore-Stadt zurück. Er arbeitet zwei Jahre als Zeitungsredakteur beim *Nordkurier*, gründet eine Medien-Agentur und startet eine eigene Kabarett-Show: das *Stadttheater*. Fünf Jahre macht er sich mit Gästen auf der Bühne über die regionale Politik lustig. Zur dreißigsten und letzten Show, einige

Monate vor der nächsten OB-Wahl, kommt der noch amtierende Bürgermeister Paul Krüger. Das Publikum lacht, applaudiert, und Witt spürt, dass etwas zu Ende geht. Er hat Lust auf Veränderung. Alle Menschen, die für den obersten städtischen Posten kandidieren, kennt er. Doch von keinem ist er überzeugt.

Was wäre, wenn er mit einer Fake-Kandidatur als Satiriker anträte? Oder wirklich selbst kandidierte, ernsthaft? Während eines Urlaubs in Zimbabwe stellt er sich beide Fragen und spürt eine Motivation: Neubrandenburg offener, diskursfreudiger zu machen und als unabhängiger Bürgermeister mit den Menschen etwas zu bewegen.

Zurück in Neubrandenburg verrät er Freunden seinen Plan. Es ist schon Dezember 2014, keine drei Monate mehr bis zum Wahlgang, und die Reaktion der Freunde ist eindeutig: Keine Chance werde er haben, sagen sie. Nur Witt selbst glaubt an das Wunder. Er erzählt seinen Eltern nichts und reicht die Bewerbung samt polizeilichem Führungszeugnis ein. Als seine Kandidatur öffentlich wird, reagieren die „Stadtoberen", wie er das örtliche Establishment nennt, mit Hohn: der kleine Kabarettist, der sonst nur Witze reißt? Der will Bürgermeister werden? Ein Scherz. Und kein guter.

Doch Silvio Witts Wahlkampf ist anders als alles, was man in Neubrandenburg kennt. Er schließt sich keiner Partei an und klingelt an keiner Haustür, um Werbegeschenke zu verteilen. Er will mehr Beteiligung der Einwohnerinnen und Einwohner an und mehr Identität der Bürgerinnen und Bürger mit ihrer Stadt stiften und die Altschulden der Kommune abbauen – ansonsten hört er den Leuten lange zu und verspricht ihnen nicht viel. Selbst am Samstag vor der Wahl trommelt er nicht wie seine Gegenkandidaten auf dem Marktplatz für Stimmen, sondern stellt sich in einen Park und grillt Bratwürste.

Und dann geschieht das Unerwartete: Die Neubrandenburger wählen den damals 36 Jahre alten Politik-Neuling als ersten offen schwul lebenden Bürgermeister des Landes ins höchste Amt ihrer Stadt: 69,7 Prozent der Stimmen im zweiten Wahlgang.

Die Putzfrau klopft. Eigentlich wäre bald Feierabend, sie müsse sich nun um das Büro des Bürgermeisters kümmern. Alles okay, sagt Witt und wünscht ihr ein schönes Wochenende. Ich bin erstaunt. Zu Beppe Grillo, dem italienischen Komiker und Gründer der *Fünf-*

Sterne-Bewegung, und Wolodymyr Selenskyj, dem Schauspieler und Präsidenten der Ukraine, habe ich viel recherchiert und geschrieben. Dieser Silvio Witt aus Neubrandenburg hat eine ähnlich ungewöhnliche Geschichte.

Nachdem wir das Rathaus verlassen haben, fahren wir mit dem Wagen des Bürgermeisters durch die Stadt, die einst als DDR-Vorzeigeort galt. Von einst 93 Millionen Euro Schulden müsse Neubrandenburg aktuell noch 25 Millionen schultern, sagt Witt, ein Verdienst vieler, wie er betont. Natürlich stoße man als parteiloser Quereinsteiger hier und da immer mal wieder an Grenzen. Er spricht von alten Parteistrukturen und gegenseitigen Abhängigkeiten, die über viele Jahre gewachsen seien. Nicht jeder verstehe, dass man in einer Demokratie Macht nur auf Zeit verliehen bekomme. Für ihn wäre – sollte er noch einmal gewählt werden – nach zwei Amtszeiten als Stadtoberhaupt jedenfalls Schluss.

Wir besuchen Karl Marx, dessen Statue Witt nach wochenlanger Debatte 2018 wieder aufstellen ließ, und fahren weiter. Niemals zuvor habe ich so viele verschiedene Plattenbauten gesehen wie hier. Einige Musterhäuser der DDR-Architektur wurden in Neubrandenburg originalgetreu restauriert, viele andere so umgebaut, dass sie das Stadtbild bereichern.

Am Ende unserer Tour halten wir am Tollensesee, gehen auf einen Steg, von dem man die Insel sieht, auf der die Nazis einst Torpedos getestet haben. Es ist windig. Vom See rasen kleine Wellen Richtung Ufer.

Neubrandenburg hat mich in seinen Bann gezogen. Die Vier-Tore-Stadt ist bisher eine der größten Überraschungen dieser Reise.

Tag 47: **Undine, eine Zufallsbekanntschaft, die vieles ändert**

Unterm Dach im *Projekthof Karnitz* öffne ich die Augen, vorerst ein letztes Mal. Zum Frühstück esse ich Martinas selbst gebackenes leckeres Roggenbrot, vorerst zum letzten Mal. Nebenan in der Kunstscheune, wo geerntete Kürbisse und Kastanien ruhen, mauern heute zwei Maurer an einer Wand. Die Sonne scheint. Ich fotografiere

Martina und Joachim, ohne die dieser menschen- und naturfreundliche Ort nicht entstanden wäre. Während ich meine Tasche ins Auto packe, entdecke ich einen Marienkäfer. Er sitzt auf Waldemars Frontscheibe und fährt mit, durch Pohnsdorf bis auf die asphaltierte Straße und weiter Richtung Güstrow. Wir kommen an einem Feld voller Sonnenblumen vorbei, deren Köpfe sich schon dem Boden zuneigen.

Der *Künstlerbund* des Landes trifft sich in der Güstrower Wollhalle unweit des Schlosses zur Mitgliederversammlung. Ich hatte davon beim Frühstück in Karnitz gehört und platze nun einfach rein in die letzten

Diskussionen der vielen kreativen Menschen. Als sie sich fertig beraten haben, erzähle ich kurz von meiner Heimatsuche. Im Nebenraum der Halle führt mich Sylvester Antony, der sich selbst als Heimat-Künstler bezeichnet, durch seine Ausstellung. Antony trägt sein weißes langes Haar offen. Seine Fotos und Skulpturen aus Schweineohren, Schlafsäcken, Kühltruhen, Kronen und rohen Herzen faszinieren und irritieren zugleich. Es sind Alltagssituationen wie gedeckte Abendbrottische oder Blumensträuße mit Blut. Für einige Monate ist der eigentlich in Wrodow lebende Antony in die USA gezogen und verarbeitete dort in weiteren Fotos sein Heimweh nach MV.

Draußen hat Susanne Gabler aus Wismar die Drittvariable aufgebaut – eine Wippe, auf der man gemeinsam das Gleichgewicht suchen muss. Susanne und ich sind eine Generation. Und während wir uns unterhalten, stelle ich fest, dass sie die erste Künstlerin ist, die ich aus meinem Geburtsort kennenlerne.

Das Café, in dem es im Sommer den geeisten Windbeutel gab, hat geschlossen. Ich gehe weiter zu einem Bäcker, der sich *CAPpuccino* nennt. Im Warmen bietet er zwei Holztische mit Blick auf den Marktplatz. Ich bestelle Kaffee und Kuchen für 2,20 Euro. An einem der Tische sitzend, schreibe ich Notizen ins Handy und genieße die Stille. Ausgerechnet in diesem Augenblick bleibt eine Frau, gestützt auf ihrem Gehwagen, neben meinem Tisch stehen. „Darf ich mich zu Ihnen setzen?" Mir ist wirklich nicht nach Gesellschaft, die vielen Künstler, die Geschichte von Silvio Witt, Wörter wie Broiler oder Heiße Hexe, die plötzlich wieder in meinem Kopf rumschwirren, und dazu der Gedanke, vielleicht nach MV zu ziehen – all das braucht jetzt Zeit zum Über- und Nachdenken. Aber eine Dame abweisen, die freundlich fragt?

„Na klar dürfen Sie das, ist doch ein öffentliches Café", sage ich und schaue dabei auf den leeren Nebentisch. Meine Antwort ist höflich, doch ich spreche sie nicht höflich aus. Guter Kompromiss, denke ich, und konzentriere mich weiter aufs Handy.

Die Frau setzt sich mit einem schnaufenden Geräusch an meinen Tisch. Ich ignoriere sie. Sie legt ihre Hände auf die Tischplatte und fixiert mit ihrem Blick das Ladekabel meines Telefons. Ich ignoriere sie. Sie sagt: „Oh, ich wusste gar nicht, dass man hier auch sein Telefon laden kann." Ich ignoriere sie.

Meine Aussage eben hat wohl nicht ausladend genug geklungen. Noch genervter antworte ich: „Dieses, mein Telefon wird von meiner eigenen Batterie geladen!" Stille für einige Sekunden. „Ach so, ich will Sie auch gar nicht stören", sagt sie. Stille für viele Sekunden.

Ich spüre ihren Atem, ihre Anwesenheit und kann mich nun gar nicht mehr auf meine Notizen konzentrieren. Der Moment, der folgt, dauert nicht lange, aber er verändert viel, vielleicht den gesamten Verlauf meiner Reise. Ich überlege, weshalb ich so abweisend zu der Frau bin, und stelle fest, dass sie überhaupt nichts für meine Unruhe kann. Also beschließe ich, diesem Augenblick, der jetzt ist und nie wiederkommen wird, meine Aufmerksamkeit zu schenken. Schließlich habe ich diese Reise gestartet, um MV im Ist-Zustand kennenzulernen – mit allen Menschen, die ich dabei treffe.

„Kommen Sie aus Güstrow?", frage ich nun mit echtem Interesse. Mit vorsichtiger, brüchiger Stimme sagt sie, sie heiße Undine. Sie erzählt, dass sie hier im Chor singe, gerne in Güstrow lebe, aber eine Sehnsucht zur Ostsee verspüre. In ihrem Herzen sei sie Rügenerin. Undines Gesicht wird weich. Ein Lächeln blitzt auf. Wir unterhalten uns eine Weile. Ich erzähle, dass ich durch MV reise. Sie sagt, dass sie lange Zeit ihres Lebens in Krankenhäusern verbracht habe: depressiv, manisch, wieder depressiv. Während ich Undine zuhöre, denke ich an Kathrin. „Wegen der Depressionen hält es kein Mann mit mir aus. Der letzte, ein guter Freund, hat sich vor zwei Wochen das Leben genommen," sagt Undine. Und nun habe sie ein Problem. Sie müsse wegen einer seit Monaten geplanten OP zwei Wochen ins Krankenhaus. Die Beerdigung des Freundes sei aber in dieser Zeit.

Ich bin überrascht. Obwohl wir uns eben erst kennengelernt haben, verbindet mich mit Undine etwas. Sie weiß nichts von Kathrin. Aber ich biete ihr Hilfe an. „Würden Sie das wirklich tun?", fragt sie ungläubig. Ich nicke. Schließlich müsse ich ohnehin durchs Land fahren. Undines Gesicht beginnt zu strahlen. Es würde ihr eine besondere Freude bereiten, sagt sie, wenn ich eine Karte und einen Blumentopf von ihr bei der Beerdigung überbringen könnte.

Während sie langsam zum benachbarten Supermarkt geht, um einen Blumentopf zu kaufen, laufe ich in ein Drogeriegeschäft an der nächsten Straßenecke. Der Himmel verdunkelt sich bereits. Im Laden bin ich der letzte Kunde. Ohne lange zu überlegen, kaufe ich für 50 Cent eine Trauerkarte mit Umschlag. Auf dem Rückweg zum Café bleibe ich auf der Straße kurz stehen. Auf einem Gully-Deckel liegt ein weißes Blatt Papier. Es könnte auch eine Papier-Serviette sein, die sich auf das Abwasser-Absperrgitter gelegt hat. Man kann die Form eines hellen Herzens erkennen. Das ist jetzt ein allzu symbolisches Zeichen, denke ich, mache aber ein schnelles Foto. Wieder beim Bäcker angekommen, gebe ich Undine die Karte. Sie hat sich in der Zwischenzeit für gelbe Blumen entschieden. Nachdem sie etwas auf die Karte geschrieben hat, gibt sie mir die nötigen Daten: Plau am See, Hauptfriedhof, Samstag, 9:30 Uhr, Beerdigungsfeier.

Es ist viel später als gedacht, als ich mit Waldemar von Güstrow Richtung Herrenhaus Vogelsang bei Lalendorf fahre. Ich bin dort zu einem *Barocken Tafelmahl* eingeladen und schon jetzt knapp eine Stunde verspätet. Vielleicht, weil ich etwas total Ungeplantes getan habe.

Tag 48: **Harfenmusik, Kreisligafußball und ein FDJ-Abzeichen**

Regen tropft auf Waldemars Dach. Es ist kühl, gemütlich und noch vor sieben Uhr – zu früh, um an einem Sonntag aufzustehen. Enten, die aufrecht watscheln und dabei wie schnatternde Menschen wirken, laufen am Fenster vorbei. Ich schaue ihnen nach, wie sie über den Hof des Herrenhauses wetzen, und drehe mich im Bett noch einmal um.

Das Tafelmahl im Herrenhaus von Robert Uhde zog sich bis in die Nacht hin. Es gab zum Essen Kunst, viel Wein und Gin. Die Folgen spüre ich nun. Aber mir geht es erstaunlich gut. Die nächtlichen Unterhaltungen waren interessant. Da waren Unternehmer aus MV, die sich Gedanken über die wirtschaftliche Entwicklung des Bundeslandes machen. Ich redete mit einer Feuerspuckerin, die auch als Akrobatin auftritt, und traf eine Frau, die Ausstellungen im Schloss

Kummerow organisiert. Sie erzählte, dass dort aktuell der international gefeierte Fotograf Andreas Mühe seine Werke präsentiere. Und jetzt denke ich: Wie gut, dass ich für heute noch keinen Plan habe. Schloss Kummerow ist nicht allzu weit entfernt, und ich bin frei zu entscheiden, wo ich hinfahre.

In Waldemars Bett liegend döse ich noch eine Weile vor mich hin. Vor mir auf dem Beifahrersitz steht der Blumentopf, den ich für Undine mitgenommen habe. Verrückt? Vielleicht. Zumindest spannend. Die vergangenen Tage waren aufregender als gedacht. Es ist Zeit für Neues, Zeit aufzustehen.

Die aufrecht laufenden Enten huschen ein zweites Mal vor dem Autofenster vorbei, und gegen 8:30 Uhr gehe ich ins Herrenhaus, suche die Dusche und sehe zufällig, wie Julia Lehne vor dem Kaminfeuer sitzt. Die Künstlerin, die am Vorabend beim *Barocken Tafelmahl* mit ihrem Instrument aufgetreten ist, spielt ihre Harfe jetzt ganz für sich alleine. Sie sitzt auf einem Hocker vor den lodernden Flammen. Sie bemerkt mich nicht, und vielleicht kann ich deshalb einen sehr schönen Moment dieser Reise erleben. Mit Hingabe und fokussiert auf ihr Instrument zupft die Musikerin die Saiten. Sie singt dazu von Mittsommernacht, Druiden und einem Feuer, das ewig brennen wird.

Nach der Dusche trinke ich mit der Harfenkünstlerin sowie Isabel und Robert Uhde Kaffee. Das Paar hat das Herrenhaus vor einigen Jahren gekauft und nach dem Umzug von Rostock viel Energie in das Ensemble gesteckt. Im Jahr 1379, also vor fast 650 Jahren, soll ein Fürst den Brüdern Wozenitz Vogelsang als Eigentum übergeben haben. Im 19. Jahrhundert wechselten die Besitzer häufig, um 1840 entstand das jetzige Herrenhaus im Tudorstil samt Parkanlage im englischen Landschaftsstil. Ein Marstall mit Wasserturm, ein Kutscherhaus und ein Inspektorenhaus sind heute noch neben kleineren Stallgebäuden und dem Apfelgarten erhalten.

Robert Uhde erzählt von Hochzeiten, die er nach den ersten Restaurationsarbeiten in Vogelsang veranstaltet hat, und von einer Idee: Um das Dach des Herrenhauses zu sanieren, hat er die *Zinkvögelgemeinschaft* ins Leben gerufen. Wer Mitglied und somit Zinkvogel werden möchte, muss Robert Uhde einmalig 3 333 Euro als Darlehen gewähren. Dafür wird der Name auf einer Zinkbahn auf dem Dach des Herrenhauses verewigt. Nach drei Jahren bekommt jeder Zinkvogel sein Geld zurück – plus 333 Euro Zinsertrag. Ein genialer Einfall, denke ich, und entdecke den Zinkvogel in mir. Isabel und Robert Uhde freuen sich und laden mich und meine Freundin zu einer Party in einigen Wochen im Herrenhaus ein.

Gegen Mittag fahre ich nach Kummerow. Eigentlich will ich direkt in die Kunstausstellung im renovierten Schloss, aber nachdem Waldemar geparkt ist, erfahre ich, dass heute *Rot-Weiß Kummerow* gegen die *Sturmvögel* aus Völschow spielt: Kreisoberliga inklusive Bier, Kopfbällen, Grätschen, einigen Schimpfwörtern und vom Spielfeldrand aus einem fast atemraubenden Blick auf den Kummerower See. Auf der gegenüberliegenden Seite glaube ich die Badestelle in Salem zu erkennen. Nach sechs Toren gewinnen die *Sturmvögel* ihr Auswärtsspiel mit 5:1. Die Kummerower Kicker erkennen die Leistung ihres Gegners an und klatschen ab. Einige der fast 200 Fans gönnen sich ein Bier. Auch Kreisoberliga kann ein kulturelles Highlight sein.

Ich gehe ins Schloss und entdecke in den restaurierten Ausstellungsräumen tatsächlich Werke von Andreas Mühe. Der Fotograf, 1979 im damaligen Karl-Marx-Stadt als Sohn des Schauspielers Ulrich Mühe und der Regisseurin Annegret Hahn geboren, gilt als Chronist des wiedervereinten Deutschlands. Erstmals sehe ich Originalbilder von ihm. Angela Merkel und den Gespensterwald im Ostseebad Nienhagen hat er auf eine Art fotografiert, die seine Bilder wie Malereien erscheinen lassen. Mühe liebt die Ostsee. Seine Fotos entstehen mit ähnlichen Inszenierungstechniken, wie sie Leni Riefenstahl oder Hitlers Fotograf Walter Frentz nutzten. Seine Merkel-Bilder wurden dadurch so berühmt, dass man Mühe plötzlich als Kanzlerinnenfotograf bezeichnete. Als er von diesem Image hörte, sprach er mit seiner eigenen Mutter, tourte mit ihr durch Deutschland und fotografierte sie in farbigen Blazern, wie man sie von Merkel kennt.

In der obersten Schloss-Etage bleibe ich vor einer Installation eines anderen Künstlers stehen: Es ist ein Stern, der sich vor meinen Augen auflöst und in einen großen Kreis verwandelt. Das Gebilde hängt vor einer Wand, an der ein Zitat aus dem Jahr 1961 vom Vorsitzenden des Staatsrates und Ersten Sekretär des ZK, des Genossen Walter Ulbricht, klebt: „Denken ist die erste Bürgerpflicht".

Ein paar Meter weiter prangt ein restauriertes Zeichen der *Freien Deutschen Jugend: FDJ*. Ich kenne es aus meiner Kindheit und vergleiche es mit dem Logo von *Feine Sahne Fischfilet* auf meiner Jacke. Hätte es eine solche Punkrock-Band zu DDR-Zeiten auch zu so einem Erfolg bringen können? Hätte Monchi seine teilweise staats- und polizeikritischen Texte auch aufführen dürfen?

Dieses große FDJ-Abzeichen vor mir als Spur der Vergangenheit zu bewahren, war eine bewusste Entscheidung. Das Schloss in Kummerow ist nicht überrestauriert. Es regt zum Nachdenken an: über den richtigen Umgang mit einer schwierigen Vergangenheit und über falsche Schlussfolgerungen aus folgenschwerer Geschichte.

Tag 49: Im Kultur-Stall in Userin – Es ist was es ist, sagt die Liebe

Ich wache in Neubrandenburg auf. Gestern Abend war ich mit dem Oberbürgermeister und seinem Ehemann am ehemaligen Güterbahnhof der Vier-Tore-Stadt Abendessen. Danach tranken wir *Kölsch* und diskutierten über Hemdengünni, Fledermaus, Goldpinsel, den schönen Dan und über Gründe, die Leute dazu zu bringen, ihr Kreuz bei einer Partei wie der AfD zu setzten. Wie in Waren beim Grillen fiel am Ende unserer Debatte ein Schlüsselwort mehrmals: Korruption. Seltsam. Auch in Neubrandenburg ist das ein Thema.

Ich verlasse mit Waldemar über die vierspurigen Highway-Straßen die Stadt und fahre bis ins Dorf Userin. Dagmar Wenndorff wartet dort auf mich, und obwohl wir uns noch nie zuvor gesehen haben, begrüßt sie mich mit offenen Armen und zeigt mir ihren *Kultur-Stall* für Musik und Literatur. Ihr Haus ist eine Theaterbühne des Lebens – mitten im mecklenburgischen Dorfland, nahe dem Useriner See. Im Flur entdecke ich ein Gedicht von Erich Fried. Und im Garten staune ich über die auf dutzende Steinplatten geschriebenen Lebensweisheiten, die die 76-Jährige wie Kunst-Objekte auf ihrem Hof verbaut hat:

„Sie kommen hier nicht rein – nur Du"

„Oh Lust des Beginnens"

„Dankbarkeit ist das Gedächtnis des Herzens"

„Jeden Morgen ist Welturaufführung"

„Vorm Tod ist alles Leben"

„Der Mensch braucht Heimat"

Dagmar sagt: „Ich kann die Welt nicht retten, nur ein bisschen Dich und mich, doch vom Glauben an die Liebe lasse ich nicht." Dann zeigt sie mir die Dorfkirche direkt gegenüber, für deren Erhalt sie sich einsetzt.

Eine Katze huscht an uns vorbei. Wir gehen wieder zurück über die Straße, setzen uns ins Wohnzimmer und essen zur späten Mittagszeit ein mecklenburgisches Frühstück: Tomaten, Mettwurst, Eier, Schinken, Käse und Butter. Als Gregor Gysi für eine Lesung hier war, nannte er die Verpflegung „Ferienlageressen". Mir schmeckt es. Und beim Essen verschwenden wir keine Zeit mit Smalltalk. Dagmar erzählt von ihrem Leben. Ihre Mutter Käthe war Mitglied der NSDAP, ihr Vater kämpfte für die Nazis im Krieg. „Käthe, Käthe, wehe, wehe, wenn wir den Krieg verlieren, wir haben so viel Unrecht getan!" Das schrieb Dagmars Vater 1943 in einem Brief von der Front. Es war sein letzter.

Im Sommer 1945 nahm die Mutter Dagmar, die damals zwei Jahre alt war, in den Arm. Sie drückte ihre Tochter an sich und lief mit ihr und anderen Frauen in den Tollensesee – aus Angst vor Vergewaltigungen und Strafen, die sowjetische Soldaten als Vergeltung für die Kriegsverbrechen der Deutschen nun an ihnen begehen würden. Ein Offizier bemerkte das Geschehen. Viele Frauen waren schon im Wasser, da schoss der Rotarmist in die Luft, rief seine Soldaten zusammen und befahl, „die verrückt gewordenen Weiber" aus dem See zu treiben. So bekam Dagmar zwei Jahre nach ihrer Geburt noch einmal das Leben geschenkt. Sie hatte Glück. Viele andere nicht. Als die Rote Armee anrückte, brannte die von der Wehrmacht verteidigte Innenstadt Neubrandenburgs fast komplett ab. Sowjetische Soldaten vergingen sich an Frauen und Kindern. Auch in den Flüssen Peene und Trebel ertränkten sich Frauen mit ihren Kindern. In Neubrandenburg begingen Schätzungen zufolge 3 000 Menschen Selbstmord. Im nördlich der Vier-Tore-Stadt gelegenen Demmin sollen es an die 1000 gewesen sein.

Dagmar macht in ihrer Erzählung einen Sprung, fast 60 Jahre später, 2003. 13 Jahre nachdem die DDR implodiert und Dagmars Traum eines sozialen Staates, ausgerichtet an den Zielen der Französischen Revolution – Freiheit, Gleichheit, Brüderlichkeit –, geplatzt war, erhielt sie einen Brief vom Arbeitsamt. Sie, die überall, wo sie sich nach dem Mauerfall beworben hatte, abgelehnt worden war, las es nun amtlich bestätigt schwarz auf weiß: Sie sei „nicht mehr vermittelbar". Nach ihrem Gefühl hieß das: Sie werde nicht mehr gebraucht. In einer Aprilnacht in diesem Jahr 2003 konnte sie schlecht schlafen, stieg ins Auto und fuhr auf ein Feld zwischen Lindenberg und Groß Quassow. Morgens um 7 Uhr stand sie an diesem Tag unter einer Eiche, in ihren Händen der Strick. Sie war entschlossen, es zu tun.

Glück? Zufall? An diesem Morgen kam Bauer Günther vorbei – ein ehemaliger Traktorist der LPG, ein Geschöpf des Systems, an das Dagmar geglaubt hatte. Vielleicht wollte er nur sehen, ob die Saat auf dem Feld aufging. Vielleicht brauchte er einen Spaziergang.

Sicher ist: In Herrgottsfrühe sah er dort unter der Eiche eine Frau mit Strick stehen. Er schrie ihr etwas entgegen. Heute weiß Dagmar nicht mehr genau, was. Aber sie weiß, was dann folgte. Sie weinte so heftig wie noch nie zuvor. Und sie fuhr zum Grab ihrer Mutter, dachte an das Ende des Zweiten Weltkriegs.

Ein paar Tage später räumte sie ihren Stall auf und begann, ihr altes Bauernhaus Stück für Stück in ein Theater der Liebe zu verwandeln. Sie beschloss, mit ihrer Kunst, mit Bert Brecht, mit Erich Fried, mit Zuversicht noch einmal anzupacken. Nach ein paar Wochen nahm sie psychologische Hilfe an, redete sich bei einem aus Westdeutschland hergezogenen Arzt viel Kummer vom Leib. Sie fing an, selbst als Trauerrednerin zu arbeiten. Und sie erfüllte sich einen Traum, den sie schon zu DDR-Zeiten gehabt hatte: Sie fuhr nach Paris, spazierte durch die Stadt und ging zum Cimetière de Montmartre ans Grab von Heinrich Heine.

   Heute kann Dagmar sich vor Aufträgen als Trauerrednerin kaum retten. Menschen aus der Gegend suchen in ihren Worten Trost. Und in ihrem Kulturstall treten regelmäßig Autorinnen und Musiker auf. „Ich wollte immer eine Spielstätte haben, im brechtschen Sinne – damit das Vergnügen am Denken angeregt wird", sagt Dagmar. Ich erzähle ihr von Undine, von Kathrin und meinen Gedanken an den Tod. Dagmar umarmt mich und schenkt mir ein Buch mit ihrer eigenen Lyrik.

Bevor ich mit Waldemar weiterfahre, gehe ich noch einmal im Flur an dem eingerahmten Gedicht von Erich Fried vorbei:

> „Es ist Unglück
> sagt die Berechnung
> Es ist nichts als Schmerz
> sagt die Angst
> Es ist aussichtslos
> sagt die Einsicht
> Es ist was es ist
> sagt die Liebe"

Tag 50: Heimat ist kein verbranntes Wort

Ich übernachte in Neustrelitz, treffe die Malerin Cornelia Kestner und schaue auf ihre Werke, die voller Bullen, Mäuse, nackten Menschen und nackten Bäumen sind. 50 Tage der Reise sind vorbei. Und ich kann nicht mehr sagen, ob mein Zuhause in Berlin oder dieses MV mit seinen Seen, verwurzelten Seelen, Künstlern und der liebevollen Natur anziehender ist.

Note to myself: Heimat ist kein verbranntes Wort.

Tag 51: Kleiner Mann – was nun?

Kleiner Mann – was nun? Fast an jedem Morgen dieser Reise stelle ich mir diese Frage. Nach dem Aufwachen in Neustrelitz beschließe ich, zu einem Schaffensort des Urhebers zu reisen: zum *Hans-Fallada-*

Haus in Carwitz, wo der Schriftsteller nach seinem Welterfolg lebte, arbeitete und weitersoff.

Bevor ich losfahre, gehe ich durch Neustrelitz, diese grobe Schönheit zwischen dem Glambecker und dem Zierker See, und komme am Hafen an. Die Sonne beleuchtet die renovierten Ziegelgebäude. Ein Mann im T-Shirt wirft seine Angel aus. Zwei Frauen, eine mit Baby in der Tragetasche vor der Brust, eine mit Sonnenbrille auf der Nase, spazieren vorüber. Und draußen auf dem See sehe ich Ruderboote schnell durchs Wasser gleiten. „Eeeeiins, zweeeii …!" Die Ansagen der Taktgeber hallen bis zum Land. Fast genau zu der Zeit, als ich MV verlassen habe, wurde dieser Stadthafen fertiggestellt.

Ein Typ mit wilden Haaren kommt mir entgegen. „Soll ich 'n Foto machen?", fragt er. „Das ja nett", sage ich. „Nee, wenn dann freundlich. Mein Spitzname ist Tom", entgegnet er. Tom, der eigentlich Thomas heißt, setzt sich mit mir auf eine Bank, wir quatschen, gehen zum Hafencafé und quatschen weiter.

59 Jahre ist Tom alt. Um den Hals trägt er eine Kette mit zwei Delfinen, er lacht oft und gönnt sich ein *Lübzer Pils*. Seit mehr als 40 Jahren arbeite er als Berufsschullehrer, erst in der DDR, dann in der BRD, doch seit September sei er mal wieder unbegrenzt krankgeschrieben: Tinnitus und Burnout. „Können mich alle mal", sagt er dazu. Eigentlich wohne er in Eisenach, aber seit Jahren treibe es ihn immer wieder in die Mecklenburger Seenlandschaft. Da er hier bei seinen Großeltern aufwuchs, komme ihm die Gegend so vertraut vor. In Thüringen vermisse er die Landschaft mit den natürlichen Mecklenburger Seen immer mehr.

Wir reden über meine Reise, das Buch, Freiheit. Und ich erzähle, dass ich heute zum Fallada-Haus nahe der Grenze zu Brandenburg möchte. Tom sagt, in Carwitz kenne er sich aus. Er habe Freunde dort. Also fahren wir zusammen hin.

Hans Fallada, 1893 in Greifswald mit dem Namen Rudolf Ditzen geboren, lebte ein Leben voller Leben. Als 18-Jähriger erschoss er bei einem verunglückten Doppelselbstmordversuch seinen damals besten Freund. Später, als die Nazis in Deutschland die Kontrolle an sich rissen, verschwand Fallada nicht ins Ausland. Er blieb, schrieb, studierte seine Umgebung, wurde von der SA verhaftet. Viel Zeit seines Lebens musste er in Gefängnissen und Heilanstalten verbringen. Er war morphiumsüchtig, depressiv, trank und wurde des Mordversuchs an seiner Ex-Frau verdächtigt. Trotz des internationalen Erfolgs seines Romans *Kleiner Mann – was nun?* galt Fallada im Literaturbetrieb lange als unterschätzt. Seinen letzten Roman *Jeder stirbt für sich allein* soll er in nur 24 Tagen kurz vor seinem Tod 1947 geschrieben haben. Der italienische Schriftsteller Primo Levi bezeichnete den Text als größtes Buch, das je über den deutschen Widerstand geschrieben worden sei.

Während wir in Carwitz ankommen, auf der einen Seite MV, auf der anderen Brandenburg, stellen Tom und ich eine These auf: Vielleicht brauchte Fallada dieses Fischerdorf inmitten der Feldberger

Seen, um zumindest zeitweise bei Verstand zu bleiben. Als Antithese fällt uns mit Blick auf die Landschaft nichts ein. Wir parken, und weil im und am Fallada-Haus niemand weit und breit zu erblicken ist, gehen wir ungesehen ins Museum. Tom und ich reden über Fallada, den Blumentopf, den ich für Undine mit mir herumfahre, und genießen im Museumsgarten den Blick auf den Carwitzer See.

Nach dem Museumsbesuch fahren wir ein paar Meter bis zum Ufer des Schmalen Luzin. Auf der einen Straßenseite erhebt sich die Carwitzer Windmühle, auf der anderen erstreckt sich eine Wiese mit zwei Bänken und freier Aussicht auf den See. Für einen Oktobertag ist es warm, und Tom gefällt mein Vorschlag: Wir ziehen uns aus, springen ins Wasser und schreien vor Freude.

Er wolle in Carwitz bleiben, sich hier weiter durchschlagen und seine Freiheit genießen, sagt Tom, als wir uns abgetrocknet haben und über die Wiese wieder Richtung Auto gehen.

Zum Abschied schenkt mir der Mann, den ich heute Morgen noch nicht kannte, einen Blinker als Glücksbringer, zwei Äpfel und sein herzlichstes Lachen. Bei der Abfahrt winkt er mir hinterher.

VIII. Wismar, mehr als ein Geburtsort: Freundschaft oder Fremde?

> „Du bist in mein Herz gefallen,
> Wie in ein verlassenes Haus.
> Hast die Türen und Fenster weit aufgerissen,
> Das Licht kann rein und raus."
> (Aus dem Lied „Linda"
> von Gerhard Gundermann)

Tag 52: Saman zeichnet ein neues Wismar-Bild

Die zweitgrößte Hanse- und Hafenstadt an der Ostseeküste MVs (bezogen auf die Fläche) war für mich bis zu dieser Reise nicht viel mehr als das Wort, das immer in meinem Ausweis stand. Man wird in diese Welt ja ungefragt hineingeboren, an irgendeinen Ort der Erde. Und nachdem meine Eltern mit mir als Kleinkind Richtung Gadebusch gezogen waren, lernte ich Wismar so flüchtig wie viele andere Städte kennen. Auf dem Weg zu Verwandten fuhren wir oft mit dem Auto durch die Stadt, meistens ohne anzuhalten. Obwohl Wismar immer mein Geburtsort war, trat ich mit ihm nie in einen Dialog.

Als ich in der Innenstadt ankomme, trägt der Himmel weißgrau: viel Herbst, wenig Sonne heute. Rötlich schimmernde Blätter, die noch an den Bäumen hängen, werden vom Wind ordentlich durchgeschaukelt. Ein Jugendlicher geht vorbei, keine zwanzig Jahre alt. Er wedelt mit den Armen und schimpft dabei laut. Ich schaue ihm hinterher. Niemand ist in seiner Nähe, kein Telefon an seinem Ohr. Debattiert er mit sich selbst? Genau das sind ja manchmal die schwersten Gespräche.

In der Pension *Chez Fasan* in der Bademutterstraße reserviere ich mir ein Bett für die Nacht, stelle meine Tasche im Zimmer ab und rufe meine Mutter an. Als sie mit mir schwanger wurde, hatte sie gerade eine Ausbildung zur Krankenschwester in Wismar begonnen. Fast zwei Jahre haben wir zusammen im Krankenschwestern-Wohnheim gelebt, die ersten Monate auf neun Quadratmetern.

Wir mussten die Gemeinschaftsküche und das Gemeinschaftsbad mitnutzen. Das sei nicht leicht gewesen, sagt meine Mutter, besonders wenn mein Vater länger zu Besuch kam oder sie Nachtschichten übernehmen musste. Am Telefon beschreibt sie mir den Weg von meiner Pension zum ehemaligen Wohnheim. Ich markiere den Ort auf meinem Stadtplan. Eins noch, sagt sie mit einem fröhlichen Unterton. Ich hätte als Baby oft mit Kakerlaken gespielt, die an der Rückseite unseres Kühlschrankes lebten. Aber schön sei Wismar schon damals gewesen.

Mit dem Reiseführer in der Hand breche ich zu einem kleinen Stadtrundgang auf und bin schon nach den ersten Metern irritiert. Ägyptens Pyramiden, Russlands Kreml, Indiens Taj Mahal, Palästinas Geburtsstätte Jesu Christi, Australiens Great Barrier Reef, Finnlands Festung Suomenlinna, Griechenlands Akropolis oder Vietnams Bucht von Ha-Long – als Reporter und Urlauber habe ich einige Welterbestätten der *UNESCO* besucht und bestaunt. Aber dass Wismars Altstadt gemeinsam mit der Stralsunds seit 2002 auch zu dieser Auswahl zählt, war mir nicht bewusst. 2002, kurz nach Kathrins Tod, hatte ich davon nichts mitbekommen. Jetzt gehe ich über einen der größten Marktplätze Deutschlands und kann die Entscheidung der *Vereinten Nationen* gut verstehen. Die Fassaden der historischen Gebäude erinnern mich an Amsterdam.

Mal dänisch, mal schwedisch, mal preußisch, mal mecklenburgisch kontrolliert, war Wismar in den vergangenen 800 Jahren oft umkämpft.

1427, als die Bürger im Handwerker-Aufstand mehr Mitspracherecht gegenüber der Oberschicht verlangten, rollten gleich zwei Köpfe über diesen Marktplatz: der des Bürgermeisters und der eines Ratsherrn. 200 Jahre später erfasste der Dreißigjährige Krieg die Stadt. Wegen eines Bündnisses mit dem dänischen König stand Wismar auf der Seite der Protestanten. Doch als Wallenstein, der Oberbefehlshaber der kaiserlichen Armee, mit seinen Truppen die Stadt belagerte, flohen die dänischen Soldaten per Schiff. Der Wallensteingraben, der den Schweriner See mit Wismars Ostsee verbindet, erinnert noch heute an den Feldherren, der sich nach seinem Siegeszug zum Herzog zu Mecklenburg, Graf von Schwerin und Herr von Rostock ernennen ließ. Nur wenige Jahre später blockierten dänische und schwedische Schiffe Wismars Zugang zu den Weltmeeren. Die Hansestadt konnte nicht mehr handeln, verlor viele Einnahmen, wurde 1632 von den Schweden eingenommen und abwechselnd unter dänischer oder schwedischer Kontrolle zu einer der größten Festungen Europas ausgebaut – mit Hunderten Kanonen und zwei Zitadellen. Die Festung wehrte bis zum Großen Nordischen Krieg im 18. Jahrhundert viele Angreifer ab. 1716 beugte sich das Schwedische Wismar erneut den Dänen, um ein Jahr später wieder Teil des schwedischen Königreiches zu werden. Für 1250000 Taler wurde die Stadt später an den Herzog von Mecklenburg verpfändet. Erst 1903 gelangte Wismar endgültig zurück an Mecklenburg beziehungsweise das Deutsche Reich. Bis heute feiert die Stadt deshalb in jedem Sommer das *Schwedenfest*.

Ich gehe an einem Gebäude vorbei, das eine *Karstadt*-Filiale beherbergt. In ihr ist zumindest von außen kein Kunde zu sehen. Dabei ist Wismar nicht irgendein Ort für die Warenhauskette: 1881 eröffnete Rudolph Karstadt hier sein erstes Manufactur-, Confections- und Tuchgeschäft.

Über eine kleine Brücke gelange ich zur gigantischen Nikolaikirche. Neben mir reihen sich uralte und zugleich wunderschöne Wohn- und Geschäftshäuser aneinander. Und drei Mädchen kommen mir entgegen. Eine starrt in ihr Smartphone, die andere schwingt ihren Turnbeutel lässig durch die Luft, die dritte lacht.

In der Kirche gehe ich ohne groß zu überlegen in einen Raum unter der Orgel. Eine Schülerin erhält dort gerade Klavier-Unterrichtet. Für eine Kirchen-Führung sei ich heute leider zu spät, teilt mir eine Frau mit. Schade, denke und sage ich zu ihr. Als ich mich wieder umdrehen will, reagiert ein junger Mann, der neben ihr steht. Er ist bereit, mir doch einiges zu zeigen. Saman Hassani – 28 Jahre, dunkles Haar, feine Gesichtszüge – arbeitet freiwillig als Touristenführer in St. Nikolai, fast jeden Tag, wenn sein Deutschunterricht beendet ist. Er nimmt sich Zeit für mich und geht voran. Ich folge ihm nach oben. Aus drei Millionen Backsteinen sei die Kirche erbaut, erfahre ich. Ich erzähle Saman, dass mich die Recherche hierher getrieben hat, und nenne ihm den Buchtitel. In seiner Heimat Kurdistan tobe seit Wochen wieder der Krieg, sagt er. Die Kurden seien immer Flüchtlinge, immer. Er spricht ruhig und gelassen. Und nachdem er im Dachgeschoss ein Fenster geöffnet hat, zeigt er hinaus – auf Wismar, den Hafen, die Ostsee. „Da", sagt er, „das da ist Deine Heimat."

Kurz schweigen wir uns beide an. Ich bin beeindruckt, wie selbstverständlich Saman das Heimat-Wort benutzt, und versuche ihm zu erklären, dass Heimat meiner Meinung nach kein Ort sein muss. Er klopft mit der flachen Hand dreimal auf seine Brust, Herzhöhe: „Heimat ist und bleibt Heimat."

„Und Wismar?", frage ich.

„Wismar ist eine sehr schöne Stadt. Ich habe hier viele Freunde und hilfsbereite Menschen kennengelernt. Aber auch schlechte Leute gibt es überall auf der Welt."

„Ich bin in Wismar geboren. Du in Kurdistan. Aber Du zeigst mir nun Wismar."

„Jeder Mensch ist anders. Mein jüngerer Bruder ist auch hier. Er macht gerade eine Ausbildung zum Hotelfachmann. Ich will hierbleiben und leben. Wenn mein Deutsch gut genug ist, werde ich auch arbeiten."

Wir gehen noch höher, viel weiter als normalerweise bei Kirchenführungen. Erneut Treppen, Leitern, immer höher steigen wir, bis es nicht mehr weiter geht und wir direkt unter dem Dach des Kirchenturms vor der Glockenanlage stehen. Ich schaue wieder aus dem Fenster. Es ist, als würde man aus einem Flugzeug nach unten auf die Erde blicken.

Ich überlege kurz, ob ich vor Freude gegen die Glocken schlagen soll, um sie zum Klingen zu bringen. Wir lachen.

Saman zeigt mir auf seinem Telefon das Foto einer Zeichnung. Es ist eine immens detailreiche Darstellung der Kirche, in der wir stehen. Mehr als 70 Stunden habe er daran mit einem Bleistift gearbeitet. Er male, wenn es ihm mal nicht so gut gehe. „Macht gute Laune!", sagt er und schickt mir das Handyfoto. Wenn es im Buch auftauchen sollte, werde er sich freuen.

Inzwischen hat die Dämmerung eingesetzt. Ich verabschiede mich von Saman und gehe durch die Innenstadt Richtung Lindengarten. Diese Stadt hat mir heute schon viel gegeben, aber mein Ziel habe ich noch nicht erreicht. Wo war das Schwesternwohnheim, in dem ich einst gelebt habe? An einer Kreuzung kommt mir eine Frau entgegen, dunkles Haar, rundliches, heiteres Gesicht, vielleicht um die 40. Ich zeige meinen Stadtplan und frage nach dem Weg. Kurz unterhalten wir uns. Nach vielen Umzügen lebe sie seit fast zwei Jahren in Wismar. An der Stadt möge sie die Ostseenähe und das Beschauliche. Wo weniger als 50 000 Menschen wohnten, werde es seltener hektisch. Und Heimat? Die sei da, wo ihre beiden Katzen sich wohlfühlten. Irgendwann habe sie das für sich festgelegt. Und gut.

Und gut? Ankommen und aufbrechen, weggehen und zurückkehren, Metropole oder Peripherie: Gibt es eine Brücke zwischen Polyglott und Provinz? Die Katzenliebhaberin ist schon weitergegangen. Auch ich muss weiter, laufe so lange, bis ich den Ort entdecke, in dem ich als Baby wohnte: Gelb ist der Putz mittlerweile gestrichen, hohe eckige Fenster und ein dunkles restauriertes Dach. *Evangelisches Kinderhaus – Koch'sche Stiftung* steht auf der Rückseite über dem Eingang. Eine Wismarerin, die damals unsere Nachbarin war und immer noch hier wohnt, steht mit ihrem Mann vor ihrer Haustür. Sie sagt, die Diakonie betreibe hier heute eine Kita, alles saniert. Und: „Willkommen. Man muss immer mal an seinen Ursprung zurück."

Auf meinem Spaziergang zurück zur Pension muss ich wieder an Amsterdam denken. In der dortigen Altstadt habe ich oft gearbeitet und ab und an Urlaub gemacht. Es gibt dort diese Brücke. „Terugkomen is niet hetzelfde als blijven", steht auf ihr. Und jeder, der etwas Plattdeutsch versteht, erkennt den Sinn: Wiederkommen ist nicht dasselbe wie bleiben.

Tag 53: **Radtour mit Schiefschnauzen-Seuchengesichtern**

7:44 Uhr, der Wecker klingelt. Ich wache nach zu wenig Schlaf auf, fahre mit Waldemar zum Bahnhof, hole mein Rennrad raus und rolle damit zum Gleis: Es ist nun 8:25 Uhr.

Der Zug fuhr um 8:24 Uhr, und er kommt meinetwegen nicht mehr zurück.

Vielleicht ist auch das gut so. Gestern war ich durch die Begegnung mit meiner Geburtsstadt so aufgewühlt, dass ich erst spät zur Ruhe kam. Es fühlt sich wie ein neuer Frieden mit der Vergangenheit an, den ich nach langer Zeit schließen konnte und der nun etwas Zeit braucht.

Ich fahre ohne Stress zur Tankstelle an der Schweriner Straße, hole mir einen Kaffee, gebe den Rennradreifen Luft und radele dann durch ein Gemisch aus Sprühregen und Sonnenstrahlen dem verpassten Zug hinterher – und den Menschen entgegen, auf die ich mich im Laufe dieser Reise sehr gefreut habe: Christian, Kai, Jens und Daniel. Für mich sind das nicht irgendwelche Namen. Es sind

Freunde seit Kindheitstagen. *Die Seuche* nannten wir 1997 unser Freizeit-Fußballteam. Wir meldeten uns in Rostock beim *Adidas-Cup* an, tranken *Corona*-Bier und wollten gegnerische Teams mit bunten Haaren und diesem komischen Team-Namen beeindrucken. Im ersten Jahr belegten wir den zweiten Platz, im zweiten Jahr gewannen wir den goldenen Fußballschuh des Turniers. Danach ging jeder von uns seine Wege. Einer wurde Brandschutz-Experte für Atomkraftwerke, einer Beamter im Bauamt, einer Werkstattleiter eines Autohauses und einer fast Fußballprofi. Manchmal verloren wir uns in den vergangenen 23 Jahren für einige Zeit aus den Augen, bekamen Kinder, graue Haare und heirateten. Doch immer, wenn ein Umzug anstand oder einer zum *Seuchen-Treff* rief, waren alle wieder da. Für heute haben wir uns zu einem Radtourwochenende verabredet: Vom Priwall bis nach Wismar wollen wir fahren, immer an der Ostsee entlang, von West nach Ost. Am zweiten Tag soll es weiter bis Rostock gehen. Da werde ich dann nicht mehr dabei sein können.

Ich komme zu spät, da ich doch nicht schneller als der Zug bin, aber Christians Vater fährt mit dem Auto einen Umweg, sammelt mich samt Rennrad ein und bringt uns zu unserem Startpunkt kurz vor Lübeck. Kai und Jens setzen mit der Fähre zu uns über, und nach einem Willkommensfrühstück mit Blick auf die Trave schwingen wir uns auf die Räder. Wir kreuzen den ehemaligen Grenzstreifen, rollen vorbei an Fischkuttern, Kuhherden, Wäldern, Traktoren, Ferienhäusern, bergeweise geernteten Zuckerrüben, an Schwänen, die auf der Ostsee paddeln, und lassen uns den Wind um die Nase wirbeln. Wenn man sich seit 30 Jahren kennt, gibt es einiges zu erzählen. Erste Bierpause auf dem ehemaligen Kolonnenweg zwischen der einstigen Bauernstelle Musenest und Boltenhagen. Der Blick reicht über die Steilküste bis zum *Hansa-Park* in Schleswig-Holstein. Salz liegt in der Luft. Die Sonne durchbricht die Wolken und der Wind dreht auf. „Wind?", fragt Jens und antwortet selbst: „Wind ist, wenn die Schafe keine Locken mehr haben!" Also weiter. Kurzzeitig versperrt Seegras, das jemand zu Hügeln aufgeschüttet hat, unseren Weg. Es riecht nach Verwesung, wir fahren drum herum.

Zweite Bierpause am Hafen der Weißen Wiek, wo wir uns auf den Bootssteg setzen und die Beine baumeln lassen. Dritte in Wohlenberg am Campingplatz, wo Gunnar, ein anderes Seuchen-Mitglied, gerade den Wohnwagenstellplatz seiner Familie räumt. Wir reden über Alexander und Torsten, der eigentlich auch dazu gehört, radeln weiter, bis wir am Abend mit 76 Kilometern in den Beinen in Wismar an der Seebrücke ankommen. Ich erzähle den Jungs von Friedhelms Naturistengehöft, ziehe mich aus und gehe schwimmen. Ein Herr mit Krückstock geht vorbei, schaut ungläubig und murmelt „Diese Jugendlichen ..." in seinen Bart.

Um die Jahrtausendwende, als ich mir meine erste digitale Kamera gekauft hatte, meldete ich mich bei einem Fotowettbewerb an. Wie die Rettungsschwimmer von Malibu in der TV-Serie *Baywatch* stellten sich die Seuchen-Mitglieder vor mir auf – in roten Badehosen und mit *Lübzer*-Dosenbier. Den Wettbewerb gewann ich nicht, aber die Bilder hingen lange in Kathrins und meiner Wohnung. Jetzt, 20 Jahre danach, nehmen Christian und ich noch einmal die *Baywatch*-Pose ein und schauen wie David Hasselhoff in die Ferne. Es ist genauso albern wie früher, nur schöner. Alte Freunde treffen – das ist Heimat.

Tag 54: Beerdigung und Parteitagsrede – ein Tag wie eine Welturaufführung

„Jeden Morgen ist Welturaufführung", das habe ich vor dem *Kultur-Stall* in Userin gelesen. Und daran denke ich um 7:02 Uhr nach dem Aufwachen. Jens und Kai liegen neben mir im Doppelzimmer. Freunde teilen zur Not auch ein Bett. Während ich mich zum Frühstücksbuffet schleiche, schlafen sie weiter. Die *Seuche* muss später ohne mich von Wismar bis nach Warnemünde radeln: Heute ist die Trauerfeier für Undines Freund. Das Rennrad verstaue ich im Auto und fahre zur Beerdigung eines Menschen, den ich nie kannte.

Genau vor einer Woche habe ich Undine zufällig in Güstrow getroffen. Seitdem hat ihr Blumentopf auf Waldemars Beifahrersitz überlebt – und ich habe das Gefühl, dass sich etwas verändert: Höhe Goldberg reißt die Sonne die Wolkendecke auf. Auf meinen Straßen ist weniger Stau.

In Plau gehe ich an alten Gräbern vorbei zu einer kleinen Kirche, vor der einige Menschen warten. Ich betrete als Letzter die Trauerhalle, gebe Undines Karte ab und setze mich in die hinterste Reihe. Ein toller Vater und Großvater sei er gewesen, hatte mir Undine über ihren Freund erzählt, aber seit seine Freundin ihn vor etwa fünf Jahren verlassen hätte, kämpfte er mit Depressionen.

„Wir waren geboren, um zu leben … mit den Wundern jeder Zeit." Nach der Trauerrede beginnt eine Frau auf einem Keyboard zu spielen und sanft und klar zu singen. Ich muss an Kathrin denken, kann Schmerz noch immer spüren, bin aber nicht mehr hoffnungslos.

Langsam erheben sich die Besucher der Trauerfeier, gehen nacheinander an einem Foto des Verstorbenen und aufgestellten Blumenkränzen vorbei nach draußen und stellen sich vor dem Grab auf. Ich folge ihnen, warte abseits und lege nach einer Weile Undines Blumen zur Urne. Danach gehe ich über den Friedhofshügel wieder zu Waldemar und schaue den orangenen, grünen und dunkelroten Blättern beim Fliegen Richtung Erde zu.

Es ist ein warmer Oktobertag geworden, den die Sonne nicht vergessen hat.

12:10 Uhr, es bleibt nicht mehr viel Zeit. Ich fahre durch Plaus Innenstadt an den Hafen zur Elde, atme mehrmals tief durch und versuche die Gefühle der Trauerfeier zur Ruhe kommen zu lassen. Heute findet in Güstrow die Landesdelegiertenkonferenz der *Grünen* statt. In Rostock hatte ich Claudia Schulz, die Landesvorsitzende der Partei, kurz kennengelernt. Sie bot mir an, die heutige Veranstaltung ihrer Partei zu besuchen. Als Gast sei da fast jeder willkommen. Und wenn ich den Delegierten aus ganz MV kurz etwas von meiner bisherigen Recherche erzählen würde, könnte das interessant werden – so ihre Vermutung.

Im Saal von Güstrows Bürgerhaus sitzen mehr als 100 Landespolitikerinnen und *Grünen*-Mitglieder. Ich komme gerade rechtzeitig. In einer Pause des offiziellen Programms nach Tagesordnungspunkt sieben werde ich auf die Bühne gebeten und darf kurz von meinen bisherigen Erlebnissen in MV berichten. Ich erzähle von meiner Begegnung am Imbiss in Rostock-Lichtenhagen, von meinen Gesprächen in Kieve, dem Dorf mit sozialem Zusammenhalt, Blühwiesen, Kirchglocke, Hirschkopf und einer Bürgermeisterin, die zwar grüne Politik macht, sich aber scheut, der Partei beizutreten. Und ich nutze den Moment, um an Tipps für die restlichen Reisetage zu kommen.

Danach bleibe ich noch auf Kaffee, Kuchen und ein paar kurze Gespräche. Stefan Fassbinder, der Oberbürgermeister Greifswalds, gibt mir seine Nummer und lädt mich in seine Hansestadt ein. Mir fällt auf, dass besonders die Jugend des Landes sich für Bündnisgrün in MV engagiert.

Gerne würde ich noch bleiben, aber die *Seuche* ist nach 70 Kilometern auf dem Rad schon am Ziel angekommen.

Meine Freunde sichern mir ein Bett in der Jugendherberge, und ich fahre zu ihnen nach Warnemünde. Vor der Unterkunft parke ich Waldemar, schnappe mir ein Handtuch und düse mit dem Rennrad zum Strand. Ich springe ins salzige Wasser, lasse meinen Gedanken freien Lauf und meinen Körper von der Ostsee tragen. Am Strand hinter dem Klotz des *Neptun*-Hotels verkriecht sich die Sonne langsam zur Nacht. Neben mir an der Warnowmündung blinkt der Leuchtturm.

Nachdem wir zusammen gegessen haben, ziehen wir am Alten Strom von Kneipe zu Kneipe. Alles, was mir bisher auf dieser Reise den Kopf zerbrochen hat, diskutiere ich mit der *Seuche*. Und in einer der urigen Seemannsbars steht ein Musiker mit Schifferklavier vor uns. Er freut sich so sehr über unsere Mitsingversuche, dass er ein Lied gleich mehrmals anstimmt:

„Wo die grünen Wiesen leuchten weit und breit
Wo die Ähren wogen zu der Erntezeit
Wo die Kiefernwälder stehn am Ostseestrand
Da ist meine Heimat – Mecklenburger Land".

Tag 55: Der Sound der Stille

Ich erwache im Sechs-Bett-Doppelstockbettzimmer. Kater in den Gliedern. Leberwurst zum Frühstück. Ausfegen, Bettwäsche bitte selbst abziehen.

Als ich auf dem Weg von Warnemünde nach Berlin bin, stehen Hunderte Kraniche auf den Feldern neben der Fahrbahn. Die Vögel sind auf Durchreise. Ein paar Kilometer weiter sitzt ein strubbeliger Waschbär am Straßenrand und guckt mich an. Ich höre den Sound der Stille, sehe den grauen Karton im Auto liegen und begreife allmählich, dass ich immer mehr die Distanz zum Berichtsobjekt, zu diesem Land, verliere. Immer weniger kann ich die Rolle des unabhängigen Reporters ausfüllen. Im Ich-Erzähler hat sich ein Eigenleben entwickelt, als wäre er wieder ein Teil dieses Landes.

Zuhause in Berlin offenbare ich meiner Familie einen ungeheuerlichen Gedanken: Könntet ihr Euch vorstellen, nach Mecklenburg-Vorpommern zu ziehen?

IX. Umarmung eines Baumes: Vergangenheit oder Zukunft?

> „Das Vergangene ist nicht tot,
> es ist nicht einmal vergangen"
> **(William Faulkner, 1951)**

Tag 56: Eyes wide shut im Herrenhaus Vogelsang

Es regnet, graue Luft. Der November hat begonnen. Von allen Monaten mag ich diesen am wenigsten. Er ist der Anti-Mai. Wenn Herbstblätter nass werden, verlieren sie an Farbe. Nix blüht auf, die Kraft der Sonne wird von Tag zu Tag weniger, und um draußen zu sein, braucht man Jacken.

Im Herrenhaus Vogelsang, wo ich schon zum *Barocken Tafelmahl* gewesen bin, findet heute ein *Maskeraden-Ball* statt. Robert Uhde und seine Frau haben ihn organisiert. Einige Zinkvögel, die ich hier beim letzten Mal kennengelernt habe, sollen auch wieder dabei sein. Vielleicht treffe ich erneut die Harfenspielerin und die aufrecht watschelnden Enten, denke ich und reise mit Lamis, meiner Freundin, an. Ich möchte ihr das Herrenhaus und ein wenig MV zeigen.

Wir setzen unsere extra besorgten goldenen Masken auf und nehmen in einer Kutsche Platz, die alle Gäste durch den Schlossgarten fährt.

Im Haus speien vor den Backsteinwänden Feuerspucker Flammen. Eine Sängerin wird von Klaviermusik begleitet. Alle Gäste haben sich tatsächlich an das Motto des Abends gehalten. Frauen tragen Hörner, Männer Hosenträger an Röcken. Einige haben sich ihre Maske auf die Haut malen lassen. Jede und jeder der Anwesenden ist unter einer Verkleidung in eine neue Rolle geschlüpft. Irgendeine spielt man ja immer. Warum nicht mal eine besondere?

Wir tanzen, gehen in den Casino-Raum und spielen ein paar Runden Poker. Kein Gewinn, dafür Liebe, Absinth und interessante Leute, die dem Alltag entschwinden wollen. Ein Paar, mit dem wir uns unterhalten, hat sich wochenlang auf diese Party vorbereitet und Kostüme schneidern lassen. Zusammen haben die beiden ihre Rollen einstudiert und sind mehrere hundert Kilometer nach Mecklenburg gereist. Gemeinsam gehen wir in die oberste Etage des Herrenhauses und nehmen vor einem aufgebauten Podest Platz. Zwei Frauen und ein Mann betreten die Bühne, alle drei fast ohne Kleidung.

Ist es Kunst, Akrobatik oder einfach ein schmerzendes Resultat der zivilisatorischen Langeweile der ersten Welt, wenn eine erwachsene Frau sich an acht Stellen ihres Körpers Metallhaken durch die Haut stechen und sich an einer Seilwinde langsam nach oben ziehen lässt – so lange bis sie baumelnd in der Luft hängt, blutet und schreit? Sie scheint es jedenfalls zu mögen. Viele maskierte Zuschauerinnen und Zuschauer applaudieren. Und ich frage mich, was einer wie Uwe Johnson zu dem sagen würde, was hier in „seinem" Mecklenburg passiert.

Nach der Vorführung gehe ich in den Schlosskeller, hole mir an der Bar einen Drink und unterhalte mich mit einem aus Mexiko stammenden Barkeeper. Er ist aus Rostock angereist und beobachtet hinter seinem Tresen die bunten Gäste der Nacht. Freiheit sei Autonomie des Subjekts, sagt er. Und: „Kontrolle ist eine Illusion."

Ich setze mich in einen runden großen Käfig, wie ein Vogel, der nicht wegfliegen kann. Meine Freundin schließt die Tür von außen und schaukelt mich hin und her. Es geht auf und ab.

Unter welcher Maske Kathrin sich verstecken würde, frage ich mich kurz und schaue durch ein Kellerfenster raus in die Novembernacht.

Tag 57: Wer eine tausend Jahre alte Eiche umarmt

Wir wachen spät in einem Doppelbett in Lalendorf bei Vogelsang auf. Das Hotel ist seit 1991 inhabergeführt: 20 Zimmer, Raufasertapete und Holztische mit Stofftischdecken. *Pippi-Lounge* steht auf dem Schild, das zur Toilette zeigt. Frühstück gibt es auch sonntags nur bis 10 Uhr. Dann eben Kaffee und Vanilleeis mit Herbstapfel, während andere Gäste um 11:40 Uhr schon zu Mittag essen. Ich versuche, die Nacht zu verarbeiten und höre Stimmen von den Nebentischen:

„Was ist denn das für ein Gesöff?"
 „Hat er schon eine Neue?"
 „Alles Verbrecher …"
 „Mitte nächsten Monat ist Schluss mit meiner Chemo. Fast alle Tumore weg. War 'ne harte Sache …"
 „Ich will bezahlen."
 „Wir ziehen dir den Hosenboden stramm …"
 „Der Verkehr hat wirklich zugenommen, durch die vielen Autos überall …"

Nach dem Essen fahren wir Richtung Ivenack. Der Weg führt an einer Gänsefarm vorbei. Die Sonne scheint. Hunderte, vielleicht tausende weiße Hälse schnattern über den Rasen.

Vor Malchin fallen meiner Freundin die Augen zu. Ich erinnere mich an einen magischen Ort, biege auf die Landstraße, fahre nach Salem, nehme mein Handtuch und gehe zur Badestelle am Kummerower

See. Zweimal war ich schon hier, am viertgrößten See des Landes. Die nackte Frau mit ihrem runden Körper, die immer zum Sprung ins Wasser ansetzt, grüßt immer noch. Ein paar Jugendliche, die neben der Statue stehen, schauen zu mir herüber. Möwen schreien durcheinander, dazwischen kann ich das leise Plätschern der Seewellen hören. Ich ziehe mich aus und schwimme eine kleine Runde. Die Kälte des Wassers lässt mich meine Haut am ganzen Körper spüren. Danach, während ich mich abtrockne, fühlt es sich warm an. Ein Vogelschwarm zieht wie eine Wolke über alles hinweg. Und der Horizont zeichnet mit Sonne, Wolkenfetzen und dem goldfarbenen Schilf ein Bild, an dem ich mich nicht sattgucken kann. Ich habe mich geirrt: November kann auch schön sein.

Weiter nach Ivenack. Im Radio höre ich, wie *Hansa* das 1:2 und das 1:3 in Jena kassiert. Meine Freundin erwacht. Wir parken vor einem Wald.

995 wurde Mecklenburg dank eines Arabers erstmals urkundlich erwähnt. Gegen 1160 ließ Heinrich der Löwe nach Schlachten gegen die slawischen Obotriten das Christentum verbreiten. 1164 feierte Schwerin sein Stadtrecht. 1492 entdeckte Christoph Kolumbus eine neue Welt. 1618 brach der Dreißigjährige Krieg aus, der MV besonders traf. 1713 definierte Carl von Carlowitz erstmals Nachhaltigkeit. 1873 veröffentlichte Jules Verne *In 80 Tagen um die Welt*. 1914 und 1939 begannen die Weltkriege. 1946 forderte Winston Churchill die Vereinigten Staaten von Europa. 1965 wurde der *FC Hansa* gegründet. Und bis 1990, keine 50 Jahre, existierte die DDR. In den vergangenen etwa 1000 Jahren ist einiges passiert. Und die Eiche, die vor mir steht, hat – wie einige andere Bäume in diesem Wald – all das überstanden. Ihre Blätter wuchsen, ihre Blätter fielen. Immer ruhig, immer freundlich. Als ihr Dasein begann, kannte noch niemand die Wörter Pandemie oder CO_2. Und egal, was auch passierte, sie blieb einfach stehen, immer an ihrem Platz in der Mecklenburgischen Schweiz. Heute ist sie ein Natur-Denk-Mal.

Eine Weile stehen wir einfach da und schauen diesen Baum an, sein Stamm dick wie ein kleines Haus.

Dann denke ich, es ist Zeit, so einen Baum zu umarmen.

Tag 58: Leben in Lebehn

Ich fahre vom Zentrum des Landes in den Südosten bis zu einem Schild, das wichtig war, bevor es die EU gab: „Letzte Abfahrt vor der Grenze". Sie nehme ich und tuckere mit Waldemar durchs Dreiländereck Brandenburg–MV–Woiwodschaft-Westpommern. Es dunkelt früh. Der Handyempfang reißt ab.

Vor mir ein Badesee. Ich betrete den Angelsteg, höre aus der Ferne noch immer das Motorengebrüll der Autobahn. Es ist 17 Uhr. Wenn Waldemar mit seinen Scheinwerfern kein Licht spenden würde, wäre es bereits zu dunkel für ein Foto. Auf der spiegelglatten Wasseroberfläche erkennt man Umrisse der am Ufer stehenden Bäume.

Zwei Fische tauchen kurz auf und wieder ab. Minutenlang schaue ich auf den See und überlege: Novembernacktbaden? Hier? Würde sich sicher gut im Buch machen: eine Szene kurz vor der polnischen Grenze, mit spritzendem Wasser, Gänsehaut und so.

Ich steige ins Auto und fahre in einen Ort namens Lebehn. Thomas und Susanne, die ich kurz beim *Grünen*-Parteitag getroffen hatte, erwarten mich. Als ich ankomme, zeigt Thomas mir den Bauwagen, in dem ich ein paar Tage übernachten kann. Selbstausbau. Auf dem kleinen Tisch unterm Fenster läuft ein Marienkäfer von links nach rechts. Daneben lodert die Gasheizung.

Abends kommt der Hausherr mit drei Flaschen *Pilsator* vorbei. Nachdem er 20 Jahre in Berlin-Kreuzberg zwei Kinos und einen Filmverleih betrieben hatte, zog Thomas, der eigentlich Sozialpädagoge ist, 2004 hierher ins Nirgends – wo man heute noch ein Haus am See für den Preis eines E-Autos bekommt. Er, der vor einigen

Tagen seinen 60. Geburtstag gefeiert hat, wuchs an der niederländischen Grenze auf. Wir trinken, reden, diskutieren – und nebenbei lerne ich einige Dinge über das Leben in Lebehn: Dass ohne die Polen, die hier im südlichen Vorpommern viele Häuser kaufen, fast gar nichts mehr los wäre. Dass die Ziege die Kuh des kleinen Mannes darstellt. Dass die Milch einer Kuh (täglich 7 bis 14 Liter) zu viel für eine Familie ist. Dass man Ziegenkäse leicht selbst machen kann. Dass Susanne und Thomas hier zu Ökobauern wurden und sich um zwei Pflegekinder kümmern. Dass diese Art zu leben im Alter eine unglaublich schöne und manchmal anstrengende zu sein scheint: Man spüre, so Thomas, die Gelassenheit der Natur, man erde sich und sehe das Wichtige in vermeintlich kleinen Dingen – wie dem Wechsel der Jahreszeiten …

Tag 59: Im Penkuner Schloss zerplatzt der Traum einer guten DDR

Es ist so kalt, dass ich morgens mit der ersten Regung aus dem Bett springe, die Gasheizung schnell wieder anstelle und mir eine Jacke überziehe. Draußen vor dem Bauwagenfenster hängen nasse, aber noch bunte Herbstblätter. Novemberregen, sieben Grad. So gemütlich wie die Betäubung beim Zahnarzt.

> „Ich bin zu Schiff durchs Schwarze Meer geschwommen,
> ich war in Warschau, wo man polnisch spricht …"

Beim Googeln entdecke ich ein Gedicht Rudi Strahls. *Unterwegs nach Penkun* heißt es. Mit Blick auf den noch jungen Tag wandele ich die Zeilen des viel gespielten Theaterautor der DDR etwas ab:

> Selbst bis nach Sydney und Havanna bin ich schon gekommen –
> doch in Penkun war ich bis jetzt noch nicht.
> Als mich Waldemar vor Wochen einmal fragte,
> weshalb ich niemals dort gewesen sei,
> war ich ganz verwundert, und ich sagte:
> So ein Ort wie dieser ist mir gar nicht einerlei.

Also mache ich mich auf den Weg in die kleinste Stadt des Landes, unweit der polnischen Grenze. Zumal Thomas mir vom dortigen Schloss erzählt hat.

Etwa 1200 Menschen wohnen in Penkun. Und liest man ein paar Zeitungsartikel, muss man leider ein „noch" hinzufügen: Noch hat Penkun etwa 1200 Einwohner. Zu DDR-Zeiten waren es fast doppelt so viele.

Der Ort kämpft mittlerweile seit Jahren darum, dass wenigstens die Schule erhalten bleibt. Auf dem Markt haben die ehemalige Fleischerei und ein Blumenladen schon geschlossen. Mit etwa vier Millionen Euro Schulden muss die Gemeinde klarkommen. Das Durchschnittsalter der Penkunerinnen und Penkuner schwankt je nach Berechnung zwischen 55 und 65 Jahren. Aus der Ferne betrachtet wirkt die Stadt im letzten Zipfel des Landes wie eine Insel. Weil sie von Schloss-, Bürger- und Lankesee umgeben ist. Und weil sie von deutschen Großstädten abgeschieden wie ein fernes Eiland ist. Bis Schwerin sind es knapp drei Stunden. Bis Rostock etwa zweieinhalb. Mit dem Auto. Denn einen Bahnhof gibt es in Penkun nicht.

Einerseits verdreifachten sich in MV seit Anfang der 1990er-Jahre die Übernachtungszahlen von Urlaubern. Der Wohlstand in ostseenahen Regionen und Rostock wuchs. Andererseits gibt es Orte wie Penkun im östlichsten Landkreis Vorpommern-Greifswald, die man wohl als abgehängt und strukturschwach bezeichnen muss. Im viertärmsten Kreis Deutschlands verdienen die Bewohner durchschnittlich 17 300 Euro pro Jahr. Wegen der Mischung aus einerseits und andererseits könnten laut Berechnungen des Berlin-Instituts für Bevölkerung und Entwicklung im Jahr 2035 wohl nur noch 1,4 Millionen Menschen in MV leben – etwa 500 000 weniger als 1990.

Ich parke auf dem Schlossplatz. Ende des 12. Jahrhunderts begannen die Penkuner erstmals mit der Errichtung eines repräsentativen Gebäudes an diesem Ort. Insbesondere im 15. Jahrhundert mehrfach umgebaut, ist es heute ein imposantes Schloss mit hohen Türmen und weiten Fluren. Nur die Tür ist noch verschlossen. Neben dem Eingang entdecke ich eine Telefonnummer, rufe an und manövriere Waldemar einmal durch die Innenstadt. Birgit vom Museumsverein hat einen Schlüssel. Sie leiht ihn mir, und wenig später befinde ich mich alleine in einem unsanierten, viele Jahrhunderte alten Schloss.

Die Holzdielen knarren, es muffelt nach Geschichte. In einem Raum stehen ein Trabant der Feuerwehr und eine Reisekiste aus Holz. Sie stammt aus Penkun: 1889 schipperten Elise und Arthur Schaefer mit ihr über den Atlantik nach Chicago. Sie wollten neues Glück in der Ferne finden und wanderten deshalb aus. Nachkommen der beiden brachten die Truhe vor ein paar Jahren zurück nach Penkun zum Heimatverein. Auf einem kleinen Tisch neben ihr liegen Fotoalben mit alten Postkarten aus Kiew, aus Berlin, Dresden, Amsterdam. So schrieben zum Beispiel 1980 „Dorchen und Horst" aus dem Westen an die „liebe Lene" aus Penkun: „Die Kinder haben nun Ferien. Hoffen wir auf gutes Augustwetter."

In der zweiten Schloss-Etage bestaune ich Telefonapparate, die so alt sind wie ich. Sie stehen vor Nähmaschinen aus DDR-Zeiten. Daneben hat jemand ein Musikzimmer aus den Siebzigern oder Achtzigern mit Schlagzeug, Gitarre und Glitzer eingerichtet. Und dann betrete ich einen Raum, der mich in eine lange vergessene Zeit mitnimmt. Auf solchen kleinen Stühlen mit Holzlehne saß auch ich einmal in der Grundschule in Gadebusch – mit einem blauen Halstuch. Von so einer Lesetafel habe ich Lesen gelernt. Eine *FDJ*-Fahne hängt an der Wand, Leder-Tornister sind über die Holzstühle gehängt, wie damals. Genau so eine Ledertasche habe ich noch heute zuhause, von Opa Jochen. Wie ein DDR-Klassenraum ist dieses Zimmer des Schlosses eingerichtet.

Zufällig entdecke ich auf einem der Tische ein Buch, das 1974 zum 25-jährigen Bestehen der DDR erschien. Papier und Optik wirken ähnlich wie heutige Hochglanz-Magazine, für die ich viele Artikel geschrieben habe. Ich schlage es auf und tauche mit jeder Seite tiefer in den aufgehübschten Alltag der Deutschen Demokratischen Republik ein.

„Die DDR ist unsere Heimat, unser sozialistisches Vaterland. Hier leben und arbeiten und lernen wir. Hier schmieden wir gemeinsam unser Glück." Und ein paar Seiten weiter heißt es, der Anteil von Fernsehgeräten in DDR-Haushalten sei von 16,7 Prozent im Jahr 1960 auf 77,6 Prozent im Jahr 1973 gestiegen. Eine fette Überschrift lautet: „Unsere Staatsmacht ist Demokratie".

Klar, das ist Partei-Propaganda. Mittlerweile habe ich viel über die Politisierung des Heimat-Begriffs in der DDR gelesen. Trotzdem blättere ich weiter im Buch.

Wie viele haben an all das, was hier steht, trotz allem geglaubt? Nachdem der Krieg Schutt und Leichen hinterlassen hatte, bauten diese Generationen den sozialistischen Staat auf. Sie erlebten in ihm ihre Kindheit, ihre Jugend, und damals, nach den ersten 25 DDR-Jahren, ging es ja – scheinbar – wirtschaftlich tatsächlich bergauf. Ich blättere immer weiter, lese und denke an meinen Großvater, meine Eltern, Kathrin, Tausende Familien, die zu jener Zeit auf dem Gebiet des heutigen MV gelebt und gearbeitet haben. Und dann wird mir anders.

Funktioniert diese Propaganda noch immer? Gehe ich ihr auf den Leim, obwohl ich es besser wissen müsste? Oder muss ich wirklich erst im Alter von 37 Jahren alleine in einem fast zerfallenen Schloss in Penkun ein altes Buch finden, um die Enttäuschung der älteren Generationen nachzuempfinden? Je weiter sich die DDR zu einem Unrechtsstaat mit Überwachungsapparat der Stasi entwickelte, desto mehr Zukunftsträume sind sicher auch bei meinen Großeltern und Eltern geplatzt. Was bedeutete es – selbst für Oppositionelle –, wenn sie Jahr für Jahr mitansehen mussten, wie ihre Lebenswelt weiter aus den Fugen geriet und sie noch nicht einmal offen darüber reden konnten?

Und wie fühlt man sich, wenn an einem 9. November plötzlich das eigene Land verschwindet, die Kulisse und mancher Protagonist der alten Zeit jedoch noch lange da ist?

Demut erfasst mich. Ich war zu jung, um all das bewusst mitzuerleben. Und deshalb ist es auch jetzt angebrachter, Fragen statt Antworten zu formulieren.

„Das Prinzip Sozialismus wurde auf allen Ebenen verheizt. Und ich habe mitgemacht. Ich habe Demokratie verhindert und dafür gesorgt, dass am Ende die Mehrheit der Bevölkerung gegen die Idee war", so drückte es Gerhard Gundermann, der großartige Liedermacher aus Hoyerswerda, der Stasi-Spitzel und aufrichtig zugleich war, einmal aus.

Ich war auch zu jung, um Gundermanns Musik und die Widersprüche der DDR, die sich in seiner Person zeigten, zu erfahren. Aber der Regisseur Andreas Dresen hat das Leben Gundermanns verfilmt, ohne zu viel Sentimentalität, mit viel Gespür für die Unwägbarkeiten des Daseins und die Schwierigkeit mancher Entscheidung, vor die Menschen in Unterdrückungsstrukturen gestellt werden.

Als ich das DDR-Schloss in Penkun verlasse, denke ich an einen Satz, den ich bei Dagmar Wenndorff im *Kultur-Stall* in Userin las: „Das Beste an der DDR war der Traum, den wir von ihr hatten."

Tag 60: Dj Melody lädt zum Dorfbums

Durch die Mitte des Tages fahre ich über Landstraßen und Hosenträger-Wege. Orangene Schilder, auf denen „Dorfbums" mit „Dj Melody" steht, hängen am Straßenrand.

In Dörfern Vorpommerns ist man direkt.

Tag 61: Die Probleme mit der Friedlichen Revolution

Ich muss Abschied nehmen vom Bauwagen in Lebehn. Alma, eines der beiden Ponys auf dem Hof, gibt mir dabei fast einen Kuss auf meine Seele.

Die Zeit im südöstlichsten Zipfel des Landes hat mich beeindruckt. Besonders die DDR-Überbleibsel von Penkun beschäftigen mich weiterhin. Die Ossi-Werdung, also vor allem das Annehmen einer von außen immer wieder thematisierten Identität, könne eine unmittelbare Reaktion auf Pauschalurteile sein, schreibt Steffen Mau in seinem Buch *Lütten Klein*. Darin schaut der Soziologe zurück auf den Umgang mit und die Reaktionen von ehemaligen DDR-Bürgern in den Jahren nach dem Mauerfall.

Maus Buch ist lesenswert. Geht es allerdings in der Gegenwart um Ost- und Westdeutschland, gefallen mir genau diese Worte nicht: Ost- und Westdeutschland. Die beiden „Länder" gibt es nämlich seit einigen Jahrzehnten nicht mehr. Obwohl sich beispielsweise die

Bundesländer auf dem Gebiet der ehemaligen DDR seit 1990 immer weiter ausdifferenzieren, wird in der Öffentlichkeit beharrlich immer wieder über „den Osten" geurteilt. Wie Zombies, die nicht abtreten dürfen, werden „der Ossi" und „der Wessi" so auch 30 Jahre nach dem Ende der DDR in Medien, Politik, Kampagnen und Gesprächen am Leben erhalten und fördern eine Art Ossi- und Wessifizierung im geeinten Deutschland. Wer allerdings Bundesbürger aus Thüringen, Sachsen, Sachsen-Anhalt, Brandenburg und MV heutzutage in einem eigenen Land namens Ostdeutschland verortet, migrantisiert einen großen Teil der Bevölkerung. Das könnte frustrierte Menschen geradezu in die Abgrenzung, ins identitäre Wutlager treiben. „Vollende die Wende!", schrieb die AfD neulich auf ein Wahlplakat. Was für eine Beleidigung an alle, die 1989 Mut bewiesen haben!

Freie Wahlen, Reisefreiheit, demokratische Institutionen, Rechtsstaat, eine besser funktionierende Wirtschaft und freie Medien: Fast alles, weswegen viele Leute damals auf die Straße gingen, bekamen sie durch ihren Willen für Veränderung. Dennoch ist heute laut Umfragen knapp die Hälfte der Menschen auf dem ehemaligen DDR-Gebiet eher unzufrieden mit der Funktionsweise der Demokratie. Nur eine Minderheit (38 Prozent) hält die Wiedervereinigung für gelungen. 41 Prozent finden, man könne heute seine Meinung nicht freier äußern als zu DDR-Zeiten. In MV sind sogar lediglich 18 Prozent der Bürgerinnen und Bürger mit der Demokratie zufrieden. Und jeder Zweite in den gar nicht mehr so neuen Bundesländern fühlt sich als Bürger zweiter Klasse. Ich habe das nie so empfunden. Dennoch verstehe ich, dass Menschen nach 1989 Kränkungen ertragen, viele noch einmal von vorne anfangen mussten. Doch die Mehrheit der Bevölkerung hat sich für dieses Wagnis entschieden. Im März 1990, als sich die DDR in eine echte parlamentarische Demokratie verwandelt hatte, stimmten bei den ersten und letzten freien Volkskammer-Wahlen fast 75 Prozent für Parteien, die den Weg in die Einheit versprachen – bei einer Wahlbeteiligung von 93,4 Prozent.

Tag 62: **Aus Post-Ruine wird Postel**

Ich erwache in Wolgast im ehemaligen Post-Gebäude, Baujahr 1884. Da es vor einigen Jahren ein Hostel mit 84 Matratzen und 12 Themenzimmern geworden ist, heißt es heute *Postel*. Jeder Raum hat seinen eigenen Briefkasten. Im Gang stehen ein Snooker-Tisch und eine postgelbe Telefonzelle. Ich frühstücke, ziehe in Gedanken an die These von Monchis Freund meine Trainingsjacke mit *Feine-Sahne-Fischfilet*-Aufnäher über und spaziere durch die Stadt.

Mittags bin ich am Rathausplatz im *Onkel Ben's* mit Martin Schröter verabredet, dem Betreiber des *Postel*. Im Frühstücks- und Mittagslokal sind alte Spiegel und Schränke rund um ein antikes Sofa aufgebaut. Schröter kennt Ben, der den Laden seit mehr als zwei Jahren im Zentrum Wolgasts betreibt. „Das soll hier den Charme von Omas Wohnzimmer versprühen", sagt mein Gesprächspartner, legt seinen Cowboyhut ab und empfiehlt zum Mittag die Hausmannskost.

Eigentlich ist Schröter gelernter Schmied, der zu DDR-Zeiten in Berlin-Hoppegarten Pferden passende Hufeisen verpasste. Bevor er das *Postel* entwarf, arbeitete er auch als Galerist, Innendesigner, Heuimporteur, Papier-Baustoffentwickler, Erfinder, Musiker, Netzwerker für Zukunftsforscher, Bootsbauer und Tourismusexperte. 2016, nachdem auf dem Parkplatz vor seinem Hotel Rechte sich zur Kundgebung trafen und Schröter befürchtete, Wolgasts Innenstadt könnte „kippen", organisierte er ein paar Tage danach Bürgerforen. Drei Regeln gab es bei den Versammlungen:

ERSTENS: Wie es ist, ist es okay. Nichts, was bisher geschah, wird hinterfragt. Schuldfragen sind nicht erlaubt.

ZWEITENS: Das Argument „gab es schon mal" gilt nicht.

DRITTENS: Niemand darf auf den Bürgerforen in seiner Rolle als Bürgermeister oder Unternehmer auftreten. Alle reden als gleichberechtigte Bürger.

Beim ersten Forum reichten die Stühle kaum, um allen Leuten Platz zu bieten. Danach entwickelte sich aus der Idee eine eigene Gesprächsreihe, in der Wolgasterinnen und Wolgaster die Zukunft ihrer Stadt diskutierten. Zwischen 40 und 60 Leute nahmen bisher jeweils an den Diskussionsabenden teil. Mal lud Schröter einen Stadtplaner aus Greifswald, mal einen Marketingexperten aus Stralsund, mal eine Journalistin aus Rostock als Impulsgeber ein.

Ich frage, warum er das gemacht habe. Soziales Unternehmertum, sagt er und spricht von einer verständlichen Motivation: Wenn hinter ihm die Altstadt „zerbröselt" wäre, hätte er auch in seinem *Postel* irgendwann keine Gäste mehr begrüßen können.

Was wäre, wenn man aus Müll Biokraftstoff produzieren könnte? Was wäre, wenn die Sterne auf der EU-Fahne zu einem Gemeinwesen verschmelzen würden?

Was wäre, wenn man Pommern sagen könnte und weder Polen noch Deutsche damit ein Problem hätten?

Was wäre, wenn Wolgast einen Regional-Laden hätte?

Zusammen diskutieren wir mehrere Stunden über diese Fragen und malen uns aus, wie eine andere Welt aussehen könnte. Nach

Essen und Kaffee drehen wir eine Runde über die Schlossinsel, schauen beim Schiffsausrüster Henry Hahn und am Geburtshaus des Malers der Frühromantik Philipp Otto Runge vorbei. Versteckt in einem Kellergewölbe zeigt Schröter mir eine Ausstellung. Die Landschaftsbilder, die vor Backsteinwänden hängen, strahlen etwas Geheimnisvolles aus. Die Stadt überlege gerade, ob sie ihre romantische Seite mehr betonen möchte. Auch wenn ich diese zuerst nicht erkannt habe, gefällt mir die Überlegung. Was wäre, wenn Wolgast nicht nur als Durchgangstor zur Insel Usedom fungierte, sondern als Hafen- und Herzogstadt ihre eigene Identität in den Vordergrund stellen würde?

Am Abend fahre ich von Ost nach West über die A20 quer durch MV. Morgen ist der 9. November. Da möchte ich dort aufwachen, wo ich mich vor 30 Jahren beim Fall der Mauer befand: in Gadebusch.

Tag 63: **Revolutionsjubiläum ohne Volk**

Ich wache in meinem alten Kinderzimmer auf und sehe als Erstes das alte BVB-Trikot mit der Sammer-Sechs an der Wand. Alles andere ist auch noch da: Das Fenster mit den dunkelblauen Jalousien, durch das ich als Jugendlicher manchmal stieg; Babar, der Elefant meines Bruders, der neben einem Delfin auf dem Metall-Regal sitzt, das mein Vater für mich baute; die Ölheizung, deren Brummen vom Nebenraum leise herüberdröhnt – alles wirkt vertraut und fremd zugleich. Seitdem Kathrin gestorben ist, habe ich nicht mehr unbeschwert in diesem Raum im Keller meines Elternhauses geschlafen, bis heute. In den vergangenen Wochen zweifelte ich oft. Aber auf dieser Reise nicht hierher zu fahren, fühlte sich falsch an. Ich gehe duschen. Das kleine Kellerbadezimmer, das vor mehr als 20 Jahren meistens mein Badezimmer war, mein Vater hat es renoviert: ein neuer Spiegel und elegante Fliesen. Schön ist es geworden.

Beim Frühstück reden wir über den 9. November, den Tag, an dem 1918 die erste deutsche Republik ausgerufen wurde. 20 Jahre später, am 9.11.1938, fackelten organisierte Schlägertrupps jüdische

Geschäfte und Synagogen ab. Etwa 50 Jahre danach, wieder an einem 9. November, fiel die Mauer. Wegen der Revolution, die am 9.11.1989 ihren Höhepunkt erreichte, konnte mein Vater ein paar Tage später das erste Mal den westlichen Teil Deutschlands betreten. Dass er zuvor nie „drüben" gewesen war, ist mir neu. In meiner Erinnerung ist er schon immer fast täglich nach Ratzeburg oder Lübeck zur Arbeit gefahren und überquerte die weniger als 15 Kilometer entfernte (ehemalige) Grenze. Wie meine Mutter arbeitet er seit Jahren in Schleswig-Holstein, beide immer noch in den gleichen Berufen wie zu DDR-Zeiten – sie als Krankenschwester, er als Elektromeister. Als ich Kind war, musste sich unser Familienleben deshalb oft nach Krankenhausdienstplänen richten.

Ein Jahr vor dem Mauerfall hatte meine Mutter eine Tante in Hamburg besucht. Sie wisse noch, wie sie damals in der Wohnung in Harburg gestanden und aus dem Fenster auf die Hansestadt geschaut habe. Wenn es an diesem Tag meinen Bruder und mich noch nicht gegeben hätte, wäre sie einfach da „drüben" geblieben, sagt sie, wegen der Freiheit. Mein Vater spitzt seinen Mund. Ich bedanke mich fürs Frühstück.

Als nordwestlichste Stadt der DDR lag Dassow vor 1989 im Sperrgebiet. Man konnte nur mit Passierschein rein. Heute wohnen etwa 4000 Menschen hier, von denen viele täglich nach Lübeck pendeln.

Um 10 Uhr beginnt in der Mehrzweckhalle die von der Landesregierung organisierte Feier zum Mauerfall-Jubiläum. Ich setze mich in eine der vorderen Reihen. Das Blasorchester der Kreismusikschule beginnt zu spielen, ein etwas nervös wirkender Moderator versucht gute Stimmung zu verbreiten und auf der Leinwand werden 30 Jahre alte Filmaufnahmen gezeigt: Trabant an Trabant in einem endlos lang wirkenden Stau, den die Betroffenen geduldig und singend ertragen. In einer anderen Szene radelt eine Frau mit einem Lächeln im Gesicht und ihrem Kind auf dem Fahrrad über die bis vor kurzem militärisch abgeriegelte Grenzanlage von Ost nach West.

Neben mir sitzt ein älterer Herr. Vermutlich hat er den Zweiten Weltkrieg noch erlebt. Er sieht und hört aufmerksam zu. Während auf der Leinwand die Grenze aus Metall, Beton, Gewehren und Mienen gezeigt wird, jene Grenze, die die Dassower vom Dassower See, von Lübeck, von Verwandten und Freunden abschnitt, rollen Tränen über sein Gesicht. Er versucht sie mit seiner von Falten gekennzeichneten Hand zu verbergen. Vergeblich.

Nach dem Bühnen-Programm und einer wenig euphorischen Rede der Ministerpräsidentin hole ich mir am Buffet einen O-Saft. Ich frage mich, warum diese wertvolle Feier vor gerade einmal 250 geladenen Gästen stattfindet. Geschichte wird jeden Tag neu gemacht. Und das Erbe einer Revolution kann nur die Mehrheit des Volkes bewahren. Weshalb versammelt sich hier also nur ein kleiner elitärer Kreis? Warum gibt es nicht mehr Zeitzeugen und eine größere Bühne vor Tausenden Bürgern?

Auf Smalltalk mit Manuela Schwesig oder anderen VIPs habe ich keine Lust. Ich fahre ans Ufer des Dassower Sees. Die Stepenitz, die in Groß Eichsen durch das Dorf meiner Großeltern fließt, mündet hier in die Ostsee. Salzwasser mischt sich mit Süßwasser, DDR-Erfahrung mit BRD-Geschichte.

Die Dassower, die im Sperrgebiet lebten, waren ihrem See immer ganz nah. Vor dem Mauerfall durften sie jedoch nicht in ihm baden, nicht mit einem Boot über ihn fahren, im Winter nicht mit Schlittschuhen auf ihm laufen und zu keiner Jahreszeit an seinem Ufer spazieren. 180 Flüchtlinge starben insgesamt, als sie durch das Wasser der Ostsee in die Freiheit schwimmen wollten.

Waldemar habe ich auf dem Kolonnenweg abgestellt, auf dem die DDR-Grenzsoldaten damals Tag und Nacht patrouillierten. Mit einem Handtuch gehe ich durchs Unterholz zum See. Wildschweine haben in der matschigen Erde vor dem Ufer Suhlen gewühlt. Es ist kalt, aber ich ziehe mich aus und stapfe durchs Schilf. Der See ist flach. Schilfrohr schneidet sich in meinen linken Fuß. Er blutet. Ich gehe schneller und schwimme ein paar Meter. Es kribbelt überall. Ich atme und fühle die Natur, die sich hier wie ein grünes Band auf den ehemaligen Todesstreifen gelegt hat.

Am Nachmittag fahre ich durch Dörfer, die im ehemaligen Grenzgebiet liegen, zur B208 zwischen Roggendorf und Mustin. Die Bundesstraße verläuft seit 30 Jahren über die ehemalige Grenze, die zuvor fast genauso lange Schleswig-Holstein vom DDR-Bezirk Schwerin getrennt hatte. Am Straßenrand ist ein Partyzelt aufgebaut. Es gibt Kuchen, Blasmusik, Kaffee und gebratene Champignons. Einige Hundert Leute sind wegen des Mauerfall-Jubiläums gekommen. Die Stimmung erinnert an ein Schützen- oder Erntefest. Wenigstens wird kein Song von *Scooter* gespielt.

Ein Herr im Anzug fällt mir auf. Neben dem Grillstand stehend, wird er von mehreren Security-Mitarbeitern beschützt und schüttelt mehrere Hände. Eine Frau, die ich in Güstrow an der Seite von Manuela Schwesig kennengelernt habe, erklärt mir, dass das Lorenz Caffier, stellvertretender Ministerpräsident und Innenminister des Landes, sei. Das ist also der Mann, dem vorgeworfen wird, sich auf Usedom illegal ein Ferienhaus gebaut zu haben. Kurz überlege ich, ob ich mich vorstellen sollte. Doch auf Smalltalk habe ich noch immer keine Lust.

X. Von Klimalügnern und Ostseefischern: Ausgrenzung oder Offenheit?

„Ohne Heimat sein, heißt leiden."
(Fjodor Michailowitsch Dostojewski, 1867)

Tag 64: Rajas Mut

Die DDR, obwohl seit 30 Jahren Geschichte, hat sich ungeplant oft in meine Reise geschlichen. Es begann mit der Verfolgungsjagd zwischen der Stasi und Wolfram Grafe in Schwerin, setzte sich in Rostock beim Treff der Revolutionäre und im Stasi-Knast fort. Und nun, nach dem DDR Schloss in Penkun und den elitären Feierlichkeiten der Landesregierung zum 30-Jährigen, muss ich an eine Erkenntnis der Psychologie denken: Stark einprägsame Erfahrungen beeinflussen nicht nur direkt Betroffene, sondern wirken sich ebenfalls auf nachfolgende Generationen aus. Aus der Holocaust-Forschung ist dies bekannt. Es trifft aber auch auf Opfer des DDR-Unrechtstaats zu. Psychische Verletzungen können sich unbewusst – vor allem, wenn Erlebnisse verschwiegen oder gar tabuisiert würden – an Kinder, Enkel- und selbst Urenkelkinder übertragen. Dabei geht es nicht nur um den Überwachungsapparat der Stasi. Etwa 10 000 Sportler waren beispielsweise Teil des staatlich gelenkten Dopingsystems der DDR. Ein Cousin von Kathrin und ehemaliger Spitzenhandballer hatte mir davon erzählt. Ohne dass die meisten überhaupt davon wussten und ohne über die Folgeschäden aufgeklärt zu sein, mussten die kleinen Athleten an Kinder- und Jugendsportschulen Dopingpräparate nehmen. Sie vertrauten ihren Trainern und den staatlichen Institutionen und riskierten so ihre Gesundheit. Ein Vertrauensmissbrauch, der nachwirken kann.

Alles braucht seine Zeit. Vielleicht ist es okay, wenn auch 30 Jahre danach über die Verletzungen der Vergangenheit gesprochen wird. Und vielleicht braucht es dafür diese „dritte Generation DDR". So ähnlich nennt sich ein Netzwerk, das aus der DDR-Erfahrung soziologische Thesen herleitet. Demnach besteht die erste Generation DDR aus jenen Kriegskindern, die (wie meine Großeltern) die DDR mit aufgebaut haben. Die zweite Generation, die DDR-Kinder, sind Menschen wie meine Eltern: geboren, ausgebildet und sozialisiert in der DDR. Somit wäre ich Teil der dritten Generation: Kinder einer Revolution, die einerseits den Systemwandel mit Unsicherheiten und Angst vor Arbeitslosigkeit der Eltern erfahren haben und andererseits in ein geeintes Deutschland und ein in weiten Teilen geeintes Europa hineingewachsen sind.

Third Generation GDR? Nein, ich mag mich nicht in Schablonen pressen lassen, die interessant klingen wollen. Dann doch lieber Mecklenburger Jung. 17 Tage bleiben mir noch. Und da ab jetzt die DDR wirklich Geschichte sein soll, komme ich in der Kreisstadt Parchim an, um Raja zu treffen: Jahrgang 1999 und Poetry Slamerin.

Poetry Slamer müssen in bestimmter Zeit selbstgeschriebene Texte vor Publikum vortragen. Sie dürfen dabei assoziieren, phantasieren, sich auf der Bühne nach Belieben gerieren und, anders als

Journalisten, sich alle möglichen Dinge ausdenken. Sie wählen frei, welche literarischen Formen sie einsetzen. Sie dürfen lügen, betrügen, Vorurteile schüren und den Leuten das Blaue aus der Hölle erzählen. Müssen sie aber nicht.

Als ich Rajas Text das erste Mal hörte, da blieb ich ganz still, horchte bis zum Ende zu und vermutete, dass es keine ausgedachte Kunst war, was sie da über ihre Jugend, den Tod ihrer Mutter, ihren Suizidversuch und den Missbrauch eines Mannes sagte. Sie trug den ganzen Text beim Finale des *Masters of Slam* in Rostock vor. Vor laufenden Kameras auf der Bühne, ohne ein Blatt Papier in der Hand, auswendig. Mit Tränen in den Augen und mit brüchigem Mut in der Stimme sagte sie:

„Ich fühlte mich nicht wohl, weder in meiner Haut noch in unserm Haus. Ich hab' gesehen, wie fertig Dich das machte, dass keiner mehr lachte, niemand mehr was sagen wollte. Und irgendwann, da wurdest auch Du dann langsam still.

[...]

Nein, nein, bitte nicht!

Raja, was ist?

Fahr ran! Fahr da ran!

Mama hat wieder geblutet, sie musste reanimiert werden.

Mama darf nicht sterben!"

Nach unserer Begrüßung wirkt Raja – langes dunkelblondes Haar, Strickmütze – vorsichtig und schüchtern. Zusammen gehen wir über den kleinen Wochenmarkt in Parchim. An den Ständen werden Süßigkeiten aus Polen und Tannengestecke für Weihnachten angeboten. Erst wollen wir uns bei *Pütter* an den Mittagstisch setzen. Aber da ist kein Platz mehr. Also gehen wir ins Café der *Trammer Bäckerei,* bei der es kleine Kuchen mit Smileys gibt, die Dinger, die man vom Handy kennt.

In Parchim ist Raja geboren und zur Schule gegangen, hier hat sie im Theater gearbeitet und sich mit dem Jugendamt gestritten. In den vergangenen zwei Jahren, seitdem sie Abitur gemacht hat, habe es viele „Meilensteine" in ihrem Leben gegeben. „Meilensteine", so nennt sie fast unfassbare Erlebnisse. Manche, wie der Tod ihrer Mutter oder die Taten eines Mannes, waren so gewalt(tät)ig, dass

Raja darüber fast nicht mehr aufgestanden wäre. Im Frühjahr dieses Jahres schrieb sie handschriftlich ihr Testament, verschenkte ihre Sachen an Freunde. Und an einem Tag im April lief sie einfach bei Parchim über die A24, von der einen Seite der Autobahn zur anderen. Viele Autos hupten. Und es war Zufall, dass nichts passiert ist. Einige Wochen später schrieb sie ihren Text für den Poetry Slam in ihr Notizbuch. Er erzählt vom Mut eines Opfers, das sich traut, eigenen Schmerz, Wut und Liebe in Worte zu kleiden und anderen davon zu erzählen. Raja hat in diesem Text Leben beschrieben, ihr Leben. Sie erlaubt mir, einige ihrer Zeilen in diesem Buch zu veröffentlichen. Wir laufen durch Parchim, fahren mit Waldemar bei *McDonalds* vorbei und kommen am insolventen Flughafen *Parchim International* an.

Eigentlich hatte ich gedacht, dieser Flughafen sei ein Grund, nach Parchim zu kommen. Ein chinesischer Luxus-Riesen-Flughafen, ein Tor zur Welt, mitten in Mecklenburg – das war der Traum des Investors Jonathan Pang, der mit vielen Fördergeldern zerplatzte. Aber jetzt, als Raja mir zum Abschied noch Da Capo, eines ihrer Pferde zeigt, bin ich anderer Meinung. Nicht die geplatzten Träume der Vergangenheit sind entscheidend, sondern Mut, der Zukunft formt.

Tag 65: Anklam, Greifswald und zweimal Pflaumenaugust

Ich fahre von West nach Ost bis nach Anklam. Die Sonne scheint, der Wind weht, auf der Ostseeautobahn fliegen über Waldemar Blätter hinweg. Der November hat sie in dutzende verschiedene Orangetöne gefärbt.

Wie Wismar, Rostock und Stralsund ist Anklam eine alte Hansestadt. Sie liegt wie Wolgast für die meisten nur auf dem Weg nach Usedom. Im 13. Jahrhundert gehörte Anklam zu den reichsten Städten Pommerns. Der Schriftsteller Uwe Johnson ging hier zur Schule. Und der Pionier des Fliegens, Otto Lilienthal, wurde 1848 in Anklam geboren. Als Kind beobachtete er, wie Störche fliegen, und mit

Mitte 40 unternahm er als erster Mensch in seinen Normalsegelapparaten 250 Meter lange Gleitflüge.

Etwa 13 000 Einwohner zählt Anklam heute noch. Und womöglich müsse man auf diese Kleinstadt schauen, um zu begreifen, wohin die Demokratie zu steuern drohe. Das schrieb Anita Blasberg 2010 in der ZEIT über Anklam. Die Autorin ergänzte, hier, am Rande der Republik, werde die Politik abgewählt.

Aktuell sehen die Machtverhältnisse wie folgt aus, aufsteigende Reihenfolge: SPD (1131 Stimmen), NPD (1646 Stimmen), die Linke (1760 Stimmen), CDU (3427 Stimmen), IfA (6047 Stimmen). Bei der Wahl im Mai 2019 bekam die rechtsextreme NPD mehr Stimmen als die SPD (was damit zu tun haben könnte, dass der NPD-Landesverband seit Jahren in Anklam ansässig ist). Mit Abstand die stärkste Fraktion stellt die Partei des Bürgermeisters Michael Galander. „Was für die Unternehmer gut ist, ist gut für Anklam", lautet ein Motto seiner *Initiativen für Anklam*. Der Bauunternehmer Galander und die anderen überwiegend Herren, die in der Stadt und ihrer Umgebung Pflegedienste, Gartenbaubetriebe, Gaststätten und Bauunternehmen führen, haben mit ihrem wirtschaftsfreundlichen Kurs Erfolg. Zuletzt wurde Galander mit fast 80 Prozent wiedergewählt. Dass zuvor gegen den Bürgermeister wegen Subventionsbetrugs und Fälschung von Wahlunterlagen ermittelt wurde, störte die Anklamer nicht. Nach Geldzahlungen durch Galander wurden die Verfahren gegen ihn eingestellt. Er „tendiere zur Demokratur", sagte er selbst zu der Diskussion über seine Art der Politik.

Ich parke auf dem Marktplatz und laufe in die Burgstraße 9. Seit 2011 gibt es hier einen *Demokratie-Laden*. Lars Tschirschwitz begrüßt mich, seine Kollegin Annett Freier kommt etwas später dazu und entschuldigt sich. Gestern Abend sei sie am östlichen Ende Vorpommerns gewesen, erzählt sie, und habe den Film *Kleine Germanen: Eine Kindheit in der rechtsradikalen Szene* vorgeführt. Mitglieder der örtlichen Kameradschaft hätten sich ins Publikum gesetzt und versucht, den Abend zu stören: „Nichts Unnormales. So läuft das hier", sagt sie.

Freier und Tschirschwitz versuchen mit Vernetzungs- und Öffentlichkeitsarbeit, demokratische Errungenschaften des Rechtsstaates zu vermitteln und erheben ihr Wort gegen Rechtsextreme. Mal wurden die Scheiben ihres Ladens deswegen beschmiert, mal landete etwas Buttersäure vor der Tür. 2017, als das Bundesverfassungsgericht entschied, die NPD nicht zu verbieten, saßen die beiden auch hier im *Demokratie-Laden* und verfolgten die Verhandlungen. Sie hatten auf ein anderes Urteil gehofft. Und es hat eine gewisse Ironie, dass die Verfassungsrichter in ihrer Urteilsbegründung ausgerechnet Anklam erwähnten. Ein Sachverständiger des Gerichts, der mehrere Jahre in Anklam gelebt hatte, beschrieb die Stadt als Ort, in dem Demokraten ein Gefühl der Angst und Mutlosigkeit empfinden würden. Doch auch er sprach sich gegen ein NPD-Verbot aus. Statt Energie in das Verbieten zu investieren, sollte der Staat lieber demokratische Initiativen vor Ort stärken, forderte er. Dass sich dies langfristig lohne, bestätigen Freier und Tschirschwitz: „Die Menschen sind selbstsicherer geworden im Umgang mit Rechten. Wir sind hier akzeptiert und Anklam ist auf einem guten Weg."

Am liebsten würde ich nun in Ruhe durch Anklam spazieren, um mit den Menschen hier zu reden. Doch heute wartet in einer anderen Hansestadt ein Oberbürgermeister einer ganz anderen Partei auf mich: in Greifswald. Ich hatte Stefan Fassbinder, erster grüner OB Norddeutschlands, vor Wochen kurz in Güstrow bei der Landesdelegiertenkonferenz seiner Partei kennengelernt. Jetzt erklärt er mir in seinem Rathaus-Büro, was es mit der politisch wohl wichtigsten Fußmatte Deutschlands auf sich hat.

Im Mai 2015 gewann Fassbinder, der von *Grünen*, SPD, *Linken* und *Piraten* unterstützt wurde, knapp mit 15 Stimmen Unterschied vor Jörg Hochheim (CDU) die Stichwahl um das Bürgermeisteramt. Da die CDU seit 1990 in Greifswald durchgängig regiert hatte, galt das Ergebnis als kleine Sensation.

Doch auch fast vier Monate danach war Fassbinder immer noch nicht im Amt. Warum? Die Tür zu einem Wahllokal in einem Greifswalder Seniorenheim war am Vormittag des Wahltags für einige Minuten nicht zu öffnen gewesen – weil eine Fußmatte zur Seite gerutscht und die Tür ins Schloss gefallen war. Der Bürger, der das bemerkt hatte, übersah absichtlich oder unabsichtlich die Türklingel und den zweiten Zugang zum Wahllokal. Er kam später, als die Fußmatte wieder an ihrem eigentlichen Platz lag, zurück und beschwerte sich. Auch der unterlegene CDU-Kandidat legte wegen der Fußmatte Einspruch ein. Das Verwaltungsgericht musste sich nach Monaten der Unsicherheit der Klage annehmen. Man gehe von mündigen, informierten Aktivbürgern aus, die trotz zeitweilig verschlossener Tür ein zweites Mal zur Wahl gehen oder nach anderen Zugangsmöglichkeiten suchen würden, argumentierte der Richter. Urteil gesprochen. Fall erledigt. Greifswald wird seit Herbst 2015 von einem *Grünen* regiert und die Fußmatte musste ins *Pommersche Landesmuseum* wandern.

Fassbinders Büro wirkt aufgeräumt. An den Wänden hängen Bilder historischer Stadtpersönlichkeiten. Vor ein paar Wochen empfing der OB hier Hugo Krotz, seinen Amts-Vorgänger aus dem Jahr

1950. Es gibt ein Foto von dieser Begegnung. Der 100 Jahre alte Krotz, 1918, als der Kaiser abdankte, geboren, neben Fassbinder, dem modernen Bürgermeister des heutigen Greifswalds. Krotz lacht. Fassbinder auch.

Historie und Zukunft prallen im heutigen Greifwald an manchen Orten mit Wucht aufeinander. Einerseits zeugen Kaufmannshäuser, Kirchen und eine der ältesten deutschen Universitäten von einer längst vergessenen Blütezeit. Andererseits ist da das E-Auto des Bürgermeisters von Volvo oder gibt es Projekte wie *Katapult*. Das Magazin, 2015 in Greifswald gegründet, erscheint in einem gemeinnützigen Eigenverlag. Es ist 100 Seiten stark, gilt als *Geo* der Sozialwissenschaften, da es gesellschaftsrelevante Statistiken und Studien vereinfacht und detailliert in Grafiken präsentiert. Auf die Frage, warum so ein hochwertiges Magazin ausgerechnet in Greifswald entstehe, lautet die Antwort der Redaktion: „Wieso nicht, du Arschloch!?"

Dieses neue Selbstbewusstsein gefällt mir.

Am Nachmittag streune ich durch die Innenstadt, staune über die bunten Häuserfassaden, bekomme Hunger und gehe zu *Fisch 13*, einem kleinen normalen Innenstadt-Imbiss, so zumindest der erste Eindruck. Doch der trügt ja meist. „Wir wollten irgendwas Verrücktes machen", sagt Robert Sommerfeld, der den Imbiss mit seiner Frau gegründet hat. Zusammen haben sie danach den *Pflaumenaugust* erfunden: ein warmes Baguettebrötchen mit Matjesfilet, Zwiebeln, Äpfeln und Pflaumenmus für 3 Euro. Es schmeckt so gut, dass ich eine zweite Portion bestelle.

Dann fahre ich mit Waldemar über den Ryck in die Stralsunder Straße. *Straze* nennt sich der Verein, der ein 1846 erbautes Gesellschaftshaus vor dem Abriss bewahrte und dieses nun im Kollektiv saniert. Als ich an der Baustelle ankomme, erkundige ich mich nach Michael Steiger, zu dem alle „Finder" sagen und von dem mir Monchi erzählt hatte.

Finder, große Hände, kantiges Gesicht, hat den *Pfadfinderbund* in MV gegründet und wirkt so, als hätte er keine Probleme, wenn er einen Monat alleine im Wald überleben müsste. Er führt mich durch die *Straze*, zeigt mir den Saal, der zu DDR-Zeiten eine Turnhalle mit Ruderanlage (!) war, erzählt über das Projekt und sagt nebenbei einen interessanten Satz: „Wenn Du das Gefühl hast, die ganze Welt ist freundlich, dann bist auch du freundschaftlich zur Welt." Das vermittele er seinen jungen Pfadfindern. Heimat sei dabei ein wichtiger Begriff, den man nicht den Nazis überlassen dürfe.

Vor drei Jahren, als Finder seinen alten VW-Bus in der Stralsunder Straße geparkt hatte, wurde dieser nachts angezündet. Er vermutet einen gezielten Anschlag von Rechtsextremen. Doch er wirkt nicht alarmiert. Nachdem die Tat bekannt wurde, gingen beim Bündnis *Greifswald für alle* mehr als 3 000 Euro Spenden für sein Auto ein. Greifswald hält zusammen. Greifswald lässt sich nicht einschüchtern.

Abends fahre ich raus aus der Innenstadt nach Wieck, eines der ältesten Fischerdörfer Norddeutschlands. Neben dem *Strandbad Eldena* parke ich und lasse die Erlebnisse des Tages nachwirken. So viel, so vielfältig. Wenn ich 800 Tage für diese Reise hätte, würde ich mehrere Wochen in dieser Universitätsstadt bleiben wollen.

Es ist kühl geworden und Wolken versperren den Blick auf den Sonnenuntergang. Ich ziehe mich aus. Zuerst irritiert die Frische des Salzwassers. Dann tut das Novemberschwimmen gut.

Tag 66: Warum Philipp Amthor Hirsche tötet

Auf dem Weg in die östlichste deutsche Hafenstadt Ueckermünde sprechen sie im Radio über die Landtagswahlen in Thüringen. Dort ist die AfD nun stärker im Parlament vertreten als CDU, SPD, Grüne und FDP. „Herr Höcke ist die Mitte der Partei", stellt Alexander Gauland klar und bestätigt damit Björn Höckes völkischen Nationalismus als Kurs der gesamten AfD. Wenn fast ein Viertel (23,4 Prozent) einen Faschisten wählt, der unsere 1989 errungene Demokratie ändern will, ist das alarmierend und eine Warnung für Mecklenburg-Vorpommern. In meinem heutigen Tagesziel sind die Gegebenheiten ähnlich. Bei den vergangenen Landtagswahlen gaben im Wahlkreis Ueckermünde 33,2 Prozent der Wählerinnen und Wähler entweder der AfD (24,5 Prozent) oder der NPD (8,7 Prozent) ihre Stimme. Geschah das, obwohl oder weil ein politischer Star der CDU aus Ueckermünde stammt?

Bis zum Ende des 18. Jahrhunderts war Ueckermünde ein Zentrum des Schiffbaus. Mehr als hundert Seeschiffe liefen hier vom Stapel und fuhren übers Stettiner Haff in die Welt. Ich spaziere durch den Stadthafen. Aus der Ferne kreischt eine Motorsäge. Auf der anderen Uferseite liegt ein kleines Segelboot vertäut am Hafenbecken. Daneben, an Deck eines größeren Schiffes, quatschen zwei Seeleute polnisch miteinander. Möwen segeln durch den kühlen Wind. Sie kreisen über dem Fluss und tauchen immer wieder im Sturzflug hinab. Eine schnappt sich einen Fisch, reißt ihn im Flug mit dem Schnabel aus dem Wasser und schwingt sich wieder fünf, sechs Meter in die Höhe. In der Luft rempeln drei ihrer Artgenossen sie an, sie gerät ins Straucheln, der Fisch fällt ins Wasser und paddelt davon. Würden die Vögel zusammen jagen, wären sie erfolgreicher.

Da Philipp Amthor unseren Termin kurzfristig nach hinten verschiebt, habe ich noch etwas Zeit. Ich komme mit zwei Anglern ins Gespräch, die auf Campingstühlen am Ufer sitzen, Barsche fangen und wieder in den Fluss schmeißen. „Erst ab 23 Zentimeter wird's interessant", sagt der eine. Der andere lacht.

Auf dem Weg in die Innenstadt stoppe ich hinter der Ueckerbrücke vor einem Restaurant namens *Freundschaft*. Königsberger Klopse sind das Mittagsgericht, selbst gedreht, frisch gekocht. Ich habe Hunger, bin aber zu spät. Alle Klopse sind schon weg. Die beiden Restaurantbetreiber Katharina und Enrico Seibt servieren mir Bratkartoffeln mit selbstgemachter Sülze. Sie sagt, mittags kämen alle in Ueckermünde – vom Handwerker bis zum Bürgermeister – in die *Freundschaft*. Mir schmeckt es sehr. Nach dem Essen frage ich, ob die beiden Philipp Amthor kennen. „Klar!", sagen sie. „Das ist doch der, der immer wie von Mutti angezogen aussieht." Wir unterhalten uns über Amthor und den vier Jahre älteren SPD-Staatssekretär Patrick Dahlemann. Beide gingen in Ueckermünde auf die gleiche Schule, beide wurden in Sozialkunde vom gleichen Lehrer unterrichtet und beide stellen sich auf unterschiedliche Art gegen den Erfolg der AfD.

Von der *Freundschaft* spaziere ich durchs vom Krieg verschonte Stadtzentrum bis zum Ueckermünder Schloss. Die Rundungen des Schlossturms gehen in die geraden Wände des heutigen Rathauses über. Die Burg stammt aus dem Besitz pommerscher Herzöge und ist die letzte erhaltene ihrer Art auf deutschem Boden. Stettiner Herzöge nutzten sie als Fluchtwohnung und Startpunkt für ihre Jagden in der Ueckermünder Heide.

Auf der Ueckerstraße erreiche ich das *Wohlfühleck*, das Philipp Amthor für unser Interview vorgeschlagen hat.

Als der 1992 geborene Amthor zusammen mit seinem Mitarbeiter, der auf den schönen Namen Stahlkopf hört, das Café betritt, lächelt er und schaut in die Runde, als ob er erwarte, dass man ihn erkenne. Wir schütteln uns die Hände, duzen uns, suchen jeder ein Stück Kuchen aus und setzen uns an einen der Tische. Mich interessiert, was dieser schmächtig, fast aalförmig wirkende junge Mann mit der zu großen Brille für ein Mensch ist. Ich frage, ob Philipp beim Entweder-Oder-Spiel mitmache? Er willigt ein.

Rezo oder Florian Silbereisen??
„Macht dieser Rezo auch Musik? Florian Silbereisen hat auf jeden Fall die attraktivere Frau. Aber nein, das ist seine Exfrau. Mit Helene ist es ja aus. Hehe."

Vorpommern oder Mecklenburg?
„Natürlich Vorpommern, auch wenn die Antwort diplomatische Verwicklungen auslösen kann: Mein Wahlkreis ist ja 1,9 Saarlands groß und gehört zu beiden Landesteilen."

Stürmer oder Torwart?
„Politisch eher Stürmer. Auf dem Platz war ich oft Torwart."

HSV oder *Hansa*?
„Die spielen in unterschiedlichen Ligen, ne? Natürlich ist *Hansa* unser lokaler Verein. Aber als ich mich für Fußball zu interessieren begann, spielte *Hansa* schon lange nicht mehr Erste Liga."

HSV oder *Hansa*?
„Aus Lokalerwägungen eher *Hansa*. Aber mein Lieblingsverein ist der *FC Bayern*."

Wie bitte?
„Der *FCB* hat viele Fans und MV keinen Bundesligisten."

Na und? Erfolgsfan?
„Nein. Ich bin Fan einer Mannschaft, die erfolgreich ist. Das ist was ganz anderes. Es gibt auch Mannschaften, die scheinbar größere Erfolge feiern als die *Bayern*."

Nackt oder mit Badehose in die Sauna?
(Kurze Pause) „Kommt auf die Leute an. Eher mit Handtuch."

Wählen ab 16 oder ab 18 Jahren?
„Ab 18 – klare Sache."

Pokémon oder Yu-Gi-Oh?
„Ich kenne mehr Figuren von Pokemon als von Yu-Gi-Oh. Ein Tamagotchi hatte ich nicht."

Deutscher Nationalstolz oder Europäische Union?
„Ganz klar: Das kann nur deutscher Nationalstolz sein, von Verfassung wegen. Am Ende schließt sich nichts aus. Europäische Identität, Nationalstolz, Heimatverbundenheit sind wie in einer Zwiebel verbunden."

Hirsch oder Wildschwein?
„Es ist immer besonders, einen Rothirsch zu schießen. Er ist der König der Wälder, ein beeindruckendes Tier."

Wie viele hast Du schon getötet?
„Einen: ein Schuss, ein Treffer! Das Geweih kommt nach Hause."

Marder oder Dachs?
„Die sind mir subjektiv gleichgültig. Aus jagdlicher Perspektive sind beide nicht von besonderem Interesse."

Rühreier oder Cornflakes?
„Müsli esse ich häufiger, Rührei mag ich lieber. Zuhause mache ich es mir aber in der Regel nicht selbst."

Fruchtzwerg oder Milchreis?
„Milchreis mit Zimt und Zucker und so ein bisschen Apfelmus."

Swingerclub oder *Ikea* an einem Samstagnachmittag?
(Pause) „Da bin ich in der Regel im Wahlkreis unterwegs."

Freiheit oder Sicherheit?
„Die Freiheit ist der Ausgangspunkt, das ursprünglichere Prinzip.

Um Freiheit zu sichern, braucht es jedoch vernünftige Sicherheit, weil die Freiheit des Einzelnen auch die Freiheit anderer beschneiden kann. Ohne Sicherheit ist Freiheit nicht möglich. Sicherheit ist aber kein Selbstzweck, sondern hat am Ende in der Regel immer eine freiheitssichernde Funktion."

Vanille oder Schoko?
„Gute Kombination. Vanille."

Ab morgen kein Fahrrad oder kein Internet mehr?
„Radfahren hat mich nie so begeistert."

Nur noch handschriftlich oder mit Emojis schreiben?
„Ich schreibe in der Regel viel handschriftlich, Briefe, Karten. Ich habe einen Lieblingsfüller. Am Ende geht's darum, als Bundestagsabgeordneter den Stil zu pflegen."

Die Kuchen-Stücke auf unseren Tellern sind gegessen. Die Café-Besitzerin lächelt und erkundigt sich, ob alles in Ordnung sei. Ich nicke, Philipp verwickelt sie in ein Gespräch. Ich bin baff. Obwohl er – wenn er andere Klamotten trüge – fast noch als Teenager durchgehen könnte, redet er wie sein eigener Pressesprecher. Herr Stahlkopf sitzt am Nebentisch, fast ohne eine Miene zu verziehen. Ich wähle nun offene Fragen:

Wann wurdest du politisiert?
„Als ich im Landesschülerrat in Mecklenburg-Vorpommern war. Mit 16 bin ich in die *Junge Union* und die CDU eingetreten."

Zu welcher Zeit des Jahres bist du mal kein Politiker?
„Grundsätzlich ist man immer im Amt. Ich bin froh, wenn ich im Privaten mal nicht nur über Politik rede. Aber es ist ja keine Last, ein Politiker zu sein."

Hast du manchmal das Gefühl, Leute lachen über dich?
„Ja, aber an vielen Stellen positiv. Da kann ich auch selbst lachen. Die Sache mit Rezo hat der CDU mehr geschadet als mir. Ich war grundsätzlich noch nie ein selbstunsicherer Typ."

Warst du in der Schule ein Streber?
„Ich habe daran nie etwas Negatives gefunden. Ein Streber ist besser als ein fauler Politiker. Auch heute bin ich ehrgeizig, ambitioniert und fleißig. Das heißt aber nicht, dass ich ein gesellschaftlicher Außenseiter bin. Am Ende ist man dennoch *in the middle of the spot*."

Was ist Heimat für dich?
„Wir haben uns bewusst entschieden, das Innenministerium zum Ministerium für Innercs und Heimat zu erweitern. Das habe ich unterstützt. Heimat ist gefühlbasiert."

Nach knapp 90 Minuten verabschiedet sich Philipp, er muss eine neue Sehenswürdigkeit in der Stadt einweihen. Die Leute, sagt er, warteten schon auf ihn. Herr Stahlkopf folgt ihm mit ernstem Blick. Ich verlasse ebenfalls das Café und schlendere noch einmal durch Ueckermünde. Zwischen Philipps und meinen politischen Ansichten liegen Welten. Aber egal, ob es die Cafébetreiberin, der Unternehmer oder die Rentnerinnen am Nebentisch waren – sie alle bewundern ein wenig diesen jungen Erfolgreichen. Er verkörpert für sie politische Hoffnung, Aufbruch, Anerkennung. Mit seiner „Ich-bin-fast-immer-in-meinem-Wahlkreis-für-die-Bürger-da-Haltung" hat er sich ihren Respekt erarbeitet. So wirkte es jedenfalls eben. Gleichzeitig ist dieser Philipp der erste Mensch, der mir beim Thema Heimat mit dem Namen eines Ministeriums geantwortet hat. Er spricht viel von Image. Statt Dorf sagt er „ländlicher Raum", redet von „aktiver Strukturpolitik" und nutzt die Phrase „in der Regel" häufiger als ich in der Regel ein- und ausatme. Meine Güte! *In the middle oft the spot?* So redet doch niemand, der Mitte 20 ist.

Ich denke an Happy, etwa gleiches Alter, der jetzt vielleicht mit einer Flasche *Pfeffi* am Pfaffenteich sitzt, und an Tom, den Landstreicher, der in jedem schönen Dorf ohne Strukturpolitik einfach ins Wasser springt. Typen sind das, die Leben erlebt haben.

Die Möwen kreischen. Und ich zweifele, ob dieser Philipp wirklich der Richtige ist, um die im besten Fall stramm konservativen AfD-Wähler wieder für eine demokratische Partei zu gewinnen.

Tag 67: Ostseefischen mit Pillie und Klima-Propaganda in Friedland

Um 6:44 Uhr klingelt mein Wecker. Ich dusche im ehemaligen Reichsbahngebäude in Stralsund, das heute ein *Younior*-Hotel ist, und denke an Opa Jochen. Als ich ein Kind war, nahm er mich zum Dorscheangeln mit auf die Ostsee. Zusammen fingen wir damals einige große Fische.

Jetzt muss ich mich beeilen, um rechtzeitig im Hafen von Barhöft anzukommen. Nachdem Waldemar geparkt ist, ziehe ich meine

Gummistiefel an und gehe zum Wasser. „Verdammt, ich lieb Dich, ich lieb Dich nicht! Verdammt, ich brauch' Dich, ich brauch Dich nicht ..." Bauarbeiter, die an einem Kinderspielplatz neben dem Hafen arbeiten, hören Matthias Reim. Beim Vorbeigehen rufe ich ihnen ein kurzes „Moin!" entgegen. Einer nickt anerkennend.

Am Hafen begrüßt mich Björn Michalak, Jahrgang 80, Basecap, Fußballer, lässiger Typ. Er hat mich eingeladen, mit ihm auf seinem Kutter auf die Ostsee zu fahren, nicht zum Angeln, sondern zum Fischen. Björn will heute die Netze für den morgigen Fang setzen. Pillie, Björns 65-jähriger Mitarbeiter, ist auch dabei. Leinen los und schon tuckern wir raus aufs Meer. Vor uns Salzwasser und Nebel ohne Ende. Nieselregen fällt uns ins Gesicht. Nach einer Weile erkennen wir an Steuerbord die Küste der Insel Hiddensee.

Seit 15 Jahren arbeitet Björn als Fischer. Vergangenen Monat sind er und Pillie nur viermal rausgefahren, um Dorsche, Flundern und Heilbutte zu fangen. Er beklagt sich nicht übers Geschäft, aber wir reden lange über die neuen Fangquoten, die für die etwa 130 Ostseefischer in MV gelten. Der Hering zum Beispiel: Im Greifswalder Bodden laicht er eigentlich jedes Jahr, seit Ewigkeiten. Doch dann verhinderte weder die Landes- noch die Bundesregierung das Pipeline-Projekt *Nord Stream* 2. Der Ostseeboden musste umgepflügt werden, damit die mannsgroßen Gas-Röhren verlegt werden können. „Wenn ich ein Fisch wäre, würde ich da auch nicht mehr laichen", sagt Björn. Wissenschaftler stellten einen Rückgang der Heringe fest, empfahlen geringere Fangquoten, die von der EU in Rechtsvorschriften umgesetzt wurden. Nun sind viele Ostseefischer wütend, und ich frage mich, warum Russland trotz Kriegen in der Ukraine, Georgien, Syrien und Tschetschenien eine neue Pipeline durch die Ostsee in die EU bauen darf.

Als wir Hiddensee hinter uns gelassen haben, lässt Pillie 2100 Meter Fischernetz zu Wasser, alle 50 Meter markiert durch eine Boje. Jede Menge Dorsche sollen unterwegs sein, hören wir über CB-Funk. „Aber genau weiß man's nie. Jeder Tag is 'ne Wundertüte", sagt Björn und wendet den Kutter. Auf dem Rückweg verzieht sich der Nebel. Eine Robbe schwimmt einige Meter neben uns her. Und Pillie erzählt von der Entziehungskur, die er dank seiner Tochter vor Jahren gemeistert hat. 1995 habe er seinen Job als Handwerker verloren, seit 1998 fahre er zur See und in einigen Monaten erwarte er die erste Rentenzahlung. Weil es ihm Spaß mache, sagt er, wolle er dann weiterhin ab und an aufs Meer fahren.

Im Hafen säubert Pillie in seiner orangenen Latzhose Deck und Ausrüstung. Er zeigt mir eine Krabbe, die sich im Netz verfangen hat. „De Düvel! Durch 'n Handschuh beißt der durch, 'n Dwarslöper is dat", schimpft Pillie lächelnd. Wenn er etwas erzählt, spricht sein ganzes Seemannsgesicht. „Alles klar", antworte ich.

Bevor ich mich verabschiede, werfe ich einen Blick auf den Kutter, der neben uns am Ufer festgemacht hat. Haufenweise stapeln sich dort Fischköpfe und Schwanzflossen. Zwei Kisten Dorsch gehen für 45 Euro direkt an einen Gastronomen aus der Region. Morgen werden auch Pillie und Björn ihren Fang einholen und sich vielleicht über ein Wunder freuen.

Nachmittags halte ich in Stralsund – für einen Spaziergang durch die Altstadt – und fahre über Grimmen weiter nach Friedland zum Hotel *Vredeland*. „Kann man im Restaurant *Zum Alten Fritz* noch was essen?", frage ich den fülligen Herren an der Rezeption. Er gibt mir den Schlüssel mit der Nummer 3 und sagt, das Restaurant sei heute wegen einer öffentlichen Veranstaltung geschlossen. Aber auf der gebe es auch Essen.

„Aha?"

„Ja, ist eine öffentliche Veranstaltung – von der AfD."

„Von der AfD?"

„Ja, kann man sich ruhig mal angucken, ist sogar mit einem Bundestagsabgeordneten!"

Das werde ich, antworte ich, gehe in Zimmer Nummer 3 und öffne das Fenster. Um 18 Uhr höre ich die Glocken der Kirche läuten. Um 19 Uhr gehe ich runter ins Restaurant und bestelle eine Bockwurst mit Kartoffelsalat. 28 Gäste zähle ich. Sie haben sich in kleinen Gruppen nebeneinandergesetzt und schauen erwartungsvoll nach vorne, wo ein Beamer, ein Redner-Tisch und eine Leinwand aufgebaut sind. Das AfD-Logo leuchtet schon.

„Ein großes Dankeschön an den Wirt des Hotel *Vredeland*! Schön, dass wir hier sein dürfen. Wir wollen uns heute um die Klimahysterie kümmern. Manche sagen ja auch Klimareligion!" Leif-Erik Holm, weißes Hemd, dunkles Sakko, startet mit dem Mikro in der Hand seinen Powerpoint-Vortrag. Ich beiße in meine Bockwurst, höre zu und wundere mich. Holm, der sich selbst als Journalist bezeichnet, da er mal als Radiomoderator gearbeitet hat, schimpft heftig auf den deutschen Journalismus: „Was ist mit den Medien los?", fragt er. Wenn endlich mal jemand sage, das „Klimawandel-Gedöns" sei übertrieben, dann sei das seiner Meinung nach „eine Nachricht, die in der Tagesschau an vorderster Front stehen müsste". Klimamodelle mit denen Wissenschaftler seit Jahrzehnten unser Klimasystem erforschen, hält er für „unbrauchbar". Er sagt: „Wir leben in einer natürlichen Warmzeit. Das heißt, dieser Klimawandel ist mit hoher Wahrscheinlichkeit nicht menschengemacht." Dann spricht er sogar von positiven Effekten bei einer weiteren Erhöhung des Treibhausgases Kohlenstoffdioxid: „Mehr CO_2 heißt besseres Pflanzenwachstum. Das heißt, die Erde wird sogar grüner. Ist doch nicht so schlecht."

Er meint das ernst oder tut zumindest so – und mit jedem Satz lassen sich die Leute von dem Mitglied des Bundestages weiter in die Irre führen.

Mehrmals erzählt Holm, es gäbe keine ausreichenden Belege, dass der Mensch den Klimawandel beeinflusse. Angeblich weisen dies „nur zwei wissenschaftliche Studien" nach. Wow. So eine krasse Show habe ich nicht erwartet. Ich google kurz, da auch ich durch den selbstsicheren Auftritt des Herrn Holm etwas verwirrt bin: „Fast alle Forscher, die zum Thema Klimawandel in anerkannten Fachzeitschriften publizieren, sind überzeugt, dass die Erwärmung vom Menschen angetrieben wird. Eine Übersichtsstudie aus dem Jahr 2016 ergab, dass 97 Prozent der Experten den Klimawandel für menschengemacht halten. Im letzten Sachstandsbericht des Weltklimarats einigten sich 830 Experten auf die Aussage, dass der Einfluss des Menschen mit 95- bis 100-prozentiger Sicherheit die Hauptursache für den globalen Temperaturanstieg ist", heißt es in einem *Spiegel*-Artikel über Fakten zum Klimawandel.

Ich bestelle mir ein Bier. Und Holm ist plötzlich beim Flüchtlingsthema. Er rät den Friedländern, wenn, dann nur aus einem einzigen Grund den Klimanotstand auszurufen: „Klimaflüchtlinge kann man ja nicht dahin schicken, wo der Klimanotstand ausgerufen wurde!" Applaus aus der letzten Reihe. Dann zeigt er ein Foto von Greta Thunberg, die er als „riesengroße Marketingmaschine" bezeichnet.

„Sie wissen ja alle, dass sie Asperger hat und deshalb ganz natürlich viel mehr Angst hat, als man sich machen müsste." Einige lachen, noch mehr Applaus.

Der Titel dieses AfD-Vortrags lautet: *Schluss mit der Klimahysterie!* Doch Holm macht mit Angst Politik und beschwört einen Wahn geradezu herauf. „Natürlich" werde Energie durch Windkraft „auf Kosten der Demokratie gehen, das kann man jetzt schon sagen!", verkündet er mit der Gewissheit eines Propheten. Und gehe die Energiewende weiter, werde es in MV bald „Blackouts" geben. Blackout heißt bei ihm: fünf Tage Shutdown, kompletter Stromausfall. „Kaufen sie sich schon mal Gaskocher und Dosen", empfiehlt er. Lars Wassenaar, AfD-Politiker und Autoverkäufer vor Ort, der auf *Facebook* rassistische Posts veröffentlichte, ergänzt, dass es wegen der Energiewende „hier zum Krieg" kommen könne.

Ich schlucke den letzten Rest meiner Bockwurst runter. Nach „diesem Super-Beitrag", den „der Leif-Erik als ehemaliger Radiomoderator natürlich super rübergebracht hat" (Lars Wassenaar), sind Fragen des Publikums erlaubt. Ich melde mich ohne zu zögern, gehe nach vorn, nehme mir ein Mikro und frage, warum in dieser schönen Kleinstadt einer rassistischen Partei so viel Raum gegeben werde. Wütende Buhrufe schleudern mir entgegen. „EEEhhh, was bist denn du für'n Jude?!", schreit jemand. Einer brüllt „Araber!" Ein anderer „Dumm, dümmer, Antifa!!" Kurz wird es laut. Ich versuche, den netten Herrn Holm zu fragen, weshalb er den Leuten nicht die Wahrheit erzähle. Aber eine Diskussion lässt er nicht zu. Und die Sympathien des Publikums sind heute Abend nicht auf meiner Seite. Ich zahle meine Rechnung und verlasse den Saal.

Als ich nachts im Hotelzimmer liege, schlägt mein Herz immer noch schnell. Unten auf der Straße höre ich einige Gäste von eben über mich schimpfen. Ich stehe auf und verschließe die Zimmertür von innen. Das gerade war die wohl bisher brenzligste Situation dieser Reise, denke ich, während ich mich im Bett von einer Seite auf die andere drehe. Doch es musste sein. Es reicht. Hoffentlich übersteht Waldemar die Nacht auf dem Parkplatz.

Tag 68: **Wie Lügen unsere Demokratie gefährden**

„Nur die dümmsten Kälber wählen ihre Metzger selber", singt Jennifer Weist, die auf Usedom aufwuchs, über die AfD und ihre Gefolgschaft. Ich gehe kalt duschen und bekomme von dem Song gute Laune. Vorgestern dachte ich noch, Philipp Amthor sei eine spießige Herausforderung im Anzug, aber wenn der nette Herr Holm regelmäßig durch MV tourt und so den Klimaflüsterer gibt, ist das die viel größere Gefahr für dieses Land.

Die Veranstaltung wirkte gestern wie einstudiert: Begrüßung durch den lokalen AfD-Mann, Powerpoint-Präsentation des Abgeordneten, Fragen, Danke und Aufruf zur Mitgliedschaft an verunsicherte Bürger. Lars Wassenaar sprach dabei ein Schlüsselwort aus, das für Mobilisierung, Kampf, Hass und Propaganda steht: Krieg. Und das Erste, was in einem Krieg stirbt, ist die Wahrheit.

Menschen informieren sich heute immer mehr auf *Instagram*, *Twitter* oder *Facebook*. Klassische Medien verlieren an Reichweite. In einer Zeit, in der Falschmeldungen sich durch soziale Medien so leicht verbreiten lassen wie nie zuvor, können „Informationen" leicht zur Waffe werden. Wenn Demagogen wie Leif-Erik Holm diese Entwicklung nutzen, um ihre Unwahrheiten systematisch zu verbreiten, geht der Glaube an Fakten langsam, jedoch sicher verloren. Mit jeder Unwahrheit bekommt das gesellschaftliche Fundament, das aus Vertrauen in Tatsachen gebaut ist, mehr Risse. Irgendwann besteht keine sichere Faktenbasis mehr, alles wird zur Meinungsfrage und aus einzelnen, aber vielen Falschinformationen baut sich ein geschlossenes alternatives Weltbild auf. Im Ergebnis fühlen sich Bürger verunsichert, spüren Angst und reagieren mit Wut. Wer durch Des- und Überinformation nichts mehr glaubt, verliert das Vertrauen in Medien, Mitmenschen, Justiz und das ganze System der Demokratie. Wie weit dieser Prozess bei manchen schon ist, fiel mir in Jarmen beim CDU-Bürgermeister Arno Karp auf („Die Medien sind gesteuert"), beim Gemeindeoberhaupt Gerd Scharmberg auf dem Darß („Zensur!"), beim Grillen unterm Wasserturm in Waren („DDR 2.0"). Und nun habe ich erlebt, wie mit Lügen Politik gemacht und dieses Misstrauen bewusst befeuert wird. Leif-Erik-Holm kennt ganz sicher Biomasse-, Geo-Thermie- oder Solarthermie-Kraftwerke mit Wasserspeichern. Trotzdem log er den Friedländern ins Gesicht, man bräuchte nach dem Atom-Ausstieg zur Energieversorgung „immer Kohlekraftwerke", da die Sonne nachts nicht scheine und Wind nicht immer wehe.

Auf dem Hotelparkplatz wartet Waldemar mit vier heilen Reifen auf mich. Bevor wir Friedland verlassen, vorbei am zerfallenden Bahnhof und am Fußballplatz des ältesten Sportclubs Deutschlands, besteige ich noch den einstigen Wasserturm der Stadt.

Von oben hat man einen weiten Blick durch den novembertrüben Tag, der sich wie eine muffige Decke über diese schöne Kleinstadt gelegt hat.

Tag 69: **Wir bilden Ketten, solange es brennt**

Vor einer guten Woche, auf dem ehemaligen Todesstreifen am Dassower See, kam Simone Piecha mir zusammen mit einer Freundin entgegen. Wir unterhielten uns und sie bot Hilfe an: Wenn Rügen auf meiner Reiseroute stünde, könne ich zu ihr nach Sassnitz kommen. Ohne diese zufällige Begegnung im Westen des Landes würde ich jetzt nicht im Nordosten MVs im Bett dieser kleinen Ferienwohnung aufwachen und das Meer sehen. Welle um Welle rollt es auf mich zu. Was für eine Aussicht von der *Villa Martha*.

Am Frühstückstisch reden wir über das Treffen des völkisch-nationalen Flügels der AfD, das heute im *Arkona Strandhotel* in Binz stattfinden soll. Auch der aus Hessen stammende Faschist Björn Höcke und der in München geborene Andreas Kalbitz sollen dabei sein, wenn die mächtigsten Rechtsextremen Deutschlands nach Rügen kommen. Die beiden Töchter von Simone Piecha sind deswegen extra mit Kind und Kegel aus Berlin nach Sassnitz gefahren. Sie haben Plakate gemalt und Termine verschoben, um für ein freundliches MV zu demonstrieren. Ich esse eine Scheibe Matrosenbrot und bin von der Zivilcourage der Familie beeindruckt.

Der Neubrandenburger Enrico Komning, der einst für die Stasi arbeitete, Mitglied der rechten Greifswalder Burschenschaft *Rugia* ist und mit Leif-Erik Holm eng kooperiert, hat das Flügel-Treffen für die AfD organisiert. Das hat mir Thomas Naulin erzählt. Sein Undercover-Angebot habe ich abgelehnt, ihn trotzdem gestern auf dem Weg nach Rügen angerufen und gefragt, wie ich für die Buchrecherche ins *Strandhotel Arkona* kommen könne. Seine Reaktion: Er werde sich dafür einsetzen. In der AfD gebe es nichts zu verbergen.

Ich fahre über Prora nach Binz, parke in der Dünenstraße und gehe zu Fuß Richtung *Arkona*-Hotel. „Wo ist Ihre Einladung?", fragen mich zwei Polizisten, die einige Meter vor dem Hoteleingang an einer Straßensperre stehen. Die Beamten sollen verhindern, dass Flügel-Mitglieder mit Anti-AfD-Demonstranten zusammentreffen. „Habe ich nicht, aber Thomas Naulin, der da drin ist, wollte sich darum kümmern, dass ich ins Hotel kann", sage ich. „Warten!", lautet die Bitte meines Gegenüber. Ich rufe erst Naulin und dann Komning auf dem Handy an. Naulin nimmt nicht ab, Komning sagt, er komme sofort raus. Zwei Minuten später schreitet ein Mann mit Glatze und Lederschuhen, der selbst einen angsteinflößenden Türsteher abgeben würde, aus dem Hotel zur Straßensperre. „Wer bist du denn?", fragt Komning mich, während ich neben ihm ins Hotel gehe. „Ich kenne Thomas Naulin und schreibe ein Buch über MV", antworte ich. Am Eingang muss ich zehn Euro zahlen und bekomme einen Flügel-Stempel auf das rechte Handgelenk gedrückt. Komning verschwindet und lässt mich im Foyer zurück.

Ich bin überrascht, dass ich so schnell ins Innere der Rechtsextremen gelange. Doch dann betritt Thomas Naulin das Foyer. Er trägt ein graues Jackett mit Deutschlandfahne auf dem Revers und schaut verunsichert. „Du musst hier raus", sagt er zu mir. „Warum? Du selbst hast doch gesagt, die AfD sei eine offene Partei, die nichts zu verbergen habe?", frage ich ihn. „Enrico Komning hat mich gefragt, ob ich gesagt hätte, dass Du rein darfst. Aber das geht nicht", kommt zurück.

Ich überlege. Ich könnte jetzt meinen Presseausweis zücken und fragen, warum ausgerechnet die Partei, die sich so für die Meinungsfreiheit einsetze, nicht einmal einen Beobachter wie mich zulasse. Doch beim Anblick der Security-Mitarbeiter verspüre ich wenig Lust. Bevor ich meine 10 Euro zurückerbete, gehe ich auf die Toilette. Wenigstens ein Foto mit meiner *Feine-Sahne-Fischfilet*-Trainingsjacke möchte ich im AfD-Hotel machen. Als ich die Klotür wieder öffne, warten zwei durchtrainierte Männer auf mich. Ich werde rausgeschmissen.

Vor dem Hotel atme ich kühle, aber erfrischende Ostseeluft. Der Vorsitzende der AfD-Jugend in MV kommt auch raus, da er vermutlich eine rauchen möchte. Robert Schnell heißt der breit gewachsene Mann. Er hat keine gute Laune. Journalisten, die auf der anderen Straßenseite stehen, beschimpft er als „Pack", droht ihnen und kündigt an, den *NDR* abzuschaffen.

Ich habe genug von diesen Nationalisten und gehe auf der Straße einige Meter weiter bis zu einer Bühne, die das *Bündnis gegen Rechts* aufgebaut hat. Eine Band spielt. Es gibt Suppe, Kekse, Schmalzbrote und viele interessante Leute. Ich rede kurz mit Sebastian Schubert, der zusammen mit der *Fetten Elke* gekommen ist. So heißt sein VW-Bus, die vermutlich kleinste mobile Diskothek des Landes. Schon auf dem *Wasted-in-Jarmen*-Festival habe ich gesehen, wie Leute im Bauch der *Fetten Elke* zu satten Beats durchdrehten. Heute tanzen die Menschen friedlich vor dem melodischen Gefährt. Mehr als 500 Demonstranten sind gekommen. Sie wollen den Rechten zeigen, dass sie hier nicht erwünscht sind: „Biete Nachhilfe in Geschichte" – „Glücksstrahlen gegen Faschismus" – „Rügen ist bunt" – „Keene Böcke uff Höcke". Die Mehrheit im Land ist kreativ.

Abends fahre ich nach Rostock. Ich bin müde, der Weg ist weit, doch er lohnt sich. Monchi hat mir für das vorerst letzte Konzert von *Feine Sahne Fischfilet* in MV eine Karte hinterlegt. Im *Peter-Weiss-Haus* begrüße ich ihn – und bevor er auf die Bühne geht, gibt er eine Runde *Pfeffi* aus. Dann Bass, Gitarre, Blasmusik, Gesang, Geschrei und Leidenschaft, die das Publikum mitreißt. Ich habe in meinem Leben noch kein Konzert erlebt, bei dem der (nicht ganz schlanke) Sänger bereits nach 30 Sekunden des ersten Liedes per Stagediver ins Publikum springt. „Wir bilden Ketten, solange es brennt", singt der ganze

Saal. Die Eltern von Monchi werden auf die Bühne gebeten, sie tanzen mit. Ein paar Meter neben mir rockt eine Frau im Leopardenoberteil. Sie ist mit ihrem Mann und ihrer Tochter zum Konzert gekommen. Und vor mir dreht ein Typ mit weißen langen Haaren und Brille durch. Er ist 62 Jahre jung, wie er später sagt, und wuchtet seinen Kopf so ausgelassen von rechts nach links wie ein Teenager, der im Ferienlager das erste Mal zur Disko durfte.

Ich kann nicht anders als mitzufeiern. Während die Lieder, die die Alltagsprobleme im Hinterland Vorpommerns thematisieren, durch das bunte Publikum getragen werden, erkenne ich immer mehr, dass diese Band aus Vorpommern, die auf der Bühne heute Nacht alles gibt, in diesem Land mehr gegen Rassismus getan hat als alle Sonder-Staatssekretäre für Vorpommern zusammen.

Tag 70: Ein Tag im Himmelbett

Ein Schiff, seine Farbe kaum zu erkennen, fährt vor Sassnitz über das Meer. Ich weiß nicht, wohin es will. Am 70. Tag dieser Reise, der auf den Totensonntag fällt, habe ich es gleich beim Öffnen der Augen erblickt. Auf den Wogen der Ostsee, über alle Wellen hinweg, schreitet es voran, hoch und runter durchs salzige Wasser, nicht leicht, aber immer weiter – bis es irgendwann und irgendwo hoffentlich seinen Heimathafen erreicht.

Tag 71: **Am Kreidefelsen**

Es ist kalt geworden. Ich öffne vorerst das letzte Mal im Himmelbett der *Villa Martha* die Augen. Novembergrau hat sich übers Meer gelegt. Aber vielleicht war grau niemals so bunt. Beim Packen spüre ich, dass ich dieses Bett mit Meerblick vermissen werde.

Eine Etage tiefer serviert Jogi, der Mann von Simone Piecha, zum Abschied ein nicht zu hart gekochtes Frühstücksei. Danach erzählt er, wie ihm während des Militärdienstes für die DDR zwei Zehen erfroren. Nachts an der Grenze konnte es verdammt kalt werden. Er sah auch, wie ein Soldat versehentlich seinen Nachbarn erschoss. Der Schuss hatte sich im Gewehr einfach gelöst. Und er erklärt mir, nach welchem System in der DDR die Grenzsoldaten funktionieren mussten: pro Schicht zwei Männer, ein Postenführer und ein normaler Soldat. Um 18 Uhr startete die Nachtschicht. Stundenlang mussten sie immer zu zweit am Todesstreifen entlang patrouillieren. Sie wurden so eingeteilt, dass sie sich möglichst nicht kannten. Die Soldaten sollten keine Freunde oder gar echte Kameraden werden. Sie sollten sich gegenseitig misstrauen und so aufeinander „aufpassen". Falls der eine auf die Idee käme abzuhauen, hatte der andere schon eine Kugel im Lauf des geladenen Gewehres. Maximales Misstrauen, um maximale Kontrolle zu erzwingen – so funktionierte das Grenzsystem, so funktionierten vermutlich große Teile der DDR.

Wenn man Jahrzehnte in einem solchen System des Misstrauens gelebt hat, wie soll man dann später das nötige Vertrauen aufbringen, das eine Demokratie zum Funktionieren braucht? Und wie anfällig ist man für Leute, die Misstrauen gezielt anheizen?

Diese Verbindung zwischen DDR-Misstrauensprägung und AfD-Nähe erscheint schlüssig, leider. Eine Partei, die von der Ab- und Ausgrenzung anderer Menschen und der daraus wachsenden Verunsicherung lebt, kann die Ostalgie enttäuschter DDR-Generationen schamlos ausnützen.

Ich leere meine Kaffeetasse, bedanke mich und gehe zum Grundtvighaus. Der Däne Nikolai Frederik Severin Grundtvig eröffnete die erste europäische Volkshochschule, knapp drei Jahrzehnte bevor Jules Verne Mister Fog auf Weltreise schickte. Grundtvig gilt als großer Liberaler seiner Zeit. Er dichtete, predigte und politisierte sich. Das Mehrgenerationen-Haus in Sassnitz ist eine wunderbare Einrichtung im Sinne des klugen Dänen. Es beherbergt ein Kino, einen Ausstellungs- und Veranstaltungssaal, preisgünstige freundliche Gästezimmer, Seminare, Demenz- und Hospiz-Runden, Smartphone-Schulungen für Senioren, einen Spielplatz für Kinder, eine Töpferei – und bietet ein Mittagessen für 4,40 Euro an. Viele soziale Begegnungen Rügens finden in diesem Haus statt. Romy Liedtke, eine charmante Rüganerin, die einige Zeit ihres Lebens in Süddeutschland verbracht hat, erklärt mir das alles während einer Führung durch das Haus, für das sie arbeitet. Und bevor ich mich verabschiede, sagt sie einen Satz, der so simpel und vielleicht deswegen so einleuchtend wirkt: Sie sei nach Rügen zurückgekehrt, weil sie ohne das Wasser nicht sein könne.

Nach den Eindrücken der vergangenen Tage brauche ich Freiraum, Luft und Platz zum Atmen und Reflektieren. Also fahre ich Richtung UNESCO-Weltnaturerbe, parke Waldemar am Rand des *Nationalparks Jasmund* und wandere einfach los – durch einen dunklen, vom Nebel verhüllten Wald. Laub bedeckt den Boden. Tausende Baumstämme, dick wie Elefantenbäuche, ragen in den Himmel. Nirgends ist eine Menschenseele zu sehen.

Vor etwa 800 bis 1000 Jahren standen Buchenwälder wie diese fast überall in Europa. Sie bestimmten auf dem Erdboden, wer Licht und wer Schatten bekam. Zehntausend andere Lebewesen, von Mäusen über Kröten bis zu Orchideen, Wildschweinen und Wölfen, lebten in den Biotopen von Europas Urwäldern. Und dann kam der Mensch. Heute stehen in den ukrainischen Karpaten, in der Slowakischen Republik, in Deutschland und wenigen anderen EU-Staaten nur noch Überreste von zusammenhängenden Buchen-Urwäldern. Ich stapfe durchs Laub und denke darüber nach, dass Worte wie Buch und Buchstabe von diesen Bäumen abstammen. Und ich frage mich, wie dieses Buch wohl enden wird. Ein Reh springt vor mir über den Wanderweg. Mit seinem weißen Hinterteil hopst es höher, als ich es für möglich gehalten hätte, und verschwindet wieder im Nebel.

Nach einer guten Stunde erreiche ich die *Victoriasicht*, einen befestigten Aussichtspunkt an der Steilküste des Jasmunder Nationalparks. So viel Nebel liegt in der Luft, dass man die Ostseewellen zwar hört, aber nichts von ihnen sieht. Normalerweise hat man von hier einen einzigartigen Blick auf den berühmtesten Kreidefelsen

Deutschlands: den *Königsstuhl*. Nach mir erreicht eine Familie mit zwei Kindern den Aussichtspunkt. Sie haben sich in dicken Jacken eingepackt. Einer der beiden Jungs geht bis zum Rand der Klippe, lehnt sich auf dem Geländer etwas vor und ruft: „Cool, man sieht ja die ganze Welt!"

Stimmt, denke ich, wie weit der Durchblick reicht, bestimmt man selbst.

XI. Ein Usedom-Krimi: Korruption oder Aufklärung?

„Willst du den Charakter eines Menschen erkennen,
so gib ihm Macht."
(Abraham Lincoln, 19. Jahrhundert)

Tag 72: Das illegal am Wasser gebaute Ferienhaus des Innenministers

„Herzlich Willkommen auf der Sonneninsel Usedom!" So steht es geschrieben auf den Giebel eines hellen Häuschens am Straßenrand vor der Zecheriner Brücke. Ich halte an, steige aus. Inzwischen hat der Dezember begonnen. Doch wer die Temperaturanzeige übersieht, hält diesen Augenblick für einen Moment Sommer. Links:

goldgelbe Schilfhalme, die vor Hunderten Wellen mit dem Wind tanzen. Rechts: ein Fahrradweg, noch mehr Schilfhalme und die Wasseroberfläche, die Sonnenlicht wie ein Spiegel aufnimmt und wieder abgibt. Einige Vögel hocken im Wasser, andere fliegen umher – sie kreisen, segeln oder flattern durch ihre Freiheit. Über allem wölbt sich ein Himmel, auf dem die Wolkenfetzen wie gemalt aussehen.

Die Peene, der drittlängste Fluss MVs, den einige auch als Amazonas des Nordens bezeichnen, wandelt sich hier in einen Meeresarm der Ostsee, den Peenestrom. Ich gehe einige Meter am Ufer entlang, atme die Ostseeluft und begreife eine Veränderung: Diese Reise hat in mir etwas freigelegt – eine fast vergessene Seite meiner Identität. Jetzt hat sie mehr Freiraum und atmet Meeresluft.

Ich schaue aufs Wasser und erinnere mich an den Anfang meiner Tour, als ich besorgt über meine Planlosigkeit war und sogar etwas Angst vor manchen Erinnerungen hatte. Jetzt erscheint mir gerade das Sich-einfach-treiben-Lassen als größter Gewinn dieses Roadtrips. Ich habe Menschen getroffen, denen ich sonst nie begegnet wäre, habe Orte betreten, die in keinem Reiseführer stehen, und bin durch Seen geschwommen, die nicht einmal *Google* kannte. Zahlreiche meiner Entdeckungen waren nur möglich, weil ich ohne detaillierte Route losgefahren bin. An vielen der vergangenen 71 Tage wusste ich morgens nicht, wo ich abends einschlafen würde. Doch immer hat es sich gefügt – fast jedes Mal zum Guten. Es ist okay, wie es war und wie es wird. Ich muss gar nicht mehr jeden Brief oder jede Tagebuchseite von Kathrin lesen.

Langsam fahre ich über die Zecheriner Brücke auf die zweitgrößte Insel Deutschlands. Beim Frühstück in Sassnitz hatte ich mit Jogi über Lorenz Caffier gesprochen. Die Wörter „CDU-Filz" und „Usedom" fielen, und da ich wusste, dass ich nach Usedom will, hatte ich Jogi so lange gefragt, bis er mir einen Namen nannte: Günther Jikeli. Ein aufrechter alter Sozialdemokrat sei dieser, der vom Innenminister Mecklenburg-Vorpommerns verklagt wurde, hatte Jogi gesagt. Von der gescheiterten Klage hatte ich im Radio gehört. Mir kam die Sache schon da komisch vor. Im Telefonbuch finde ich die Nummer Jikelis und rufe an. Er sagt: „Kommse vorbei, Herr Dobbert."

Im Zentrum Usedoms, der Stadt, die so wie die ganze Insel heißt, finde ich rasch einen Parkplatz. Ich bin etwas zu früh dran und frage mich, welches Usedom zuerst Usedom hieß: die Stadt oder die Insel. Ich recherchiere im Internet, ohne eine eindeutige Antwort zu finden. Dafür entdecke ich eine digitalisierte Fassung der *Volkssagen von Pommern und Rügen*. Erscheinungsjahr: 1840. Demnach gibt es zwei Überlieferungen, wie die Insel zu ihrem Namen kam: Erstens könnte es an einem Fürsten gelegen haben, der einst auf der östlichen Nachbarinsel Wollin (die heute zu Polen gehört) lebte. Dieser Fürst wollte auch die noch namenlose heutige Insel Usedom unter seine Kontrolle bringen und zog gegen die Bewohner in den Krieg. Beide Seiten kämpften tapfer, bis der Angreifer ein Friedensangebot machte. Doch die Umworbenen lehnten ab. Der Fürst war sauer und rief: O, so dumm! Daraus entstanden erst die Osodummer und später die Usedomer.

Die zweite Sage kommt mit weniger Action aus. Angeblich kamen die Bewohner der Insel eines Tages zusammen und hatten eine Idee: Das erste Wort, das jemand aussprechen würde, sollte der Name ihrer Heimat werden. Sie hofften auf etwas Hübsches, doch niemand äußerte sich. Ein alter Mann, den die misslungene Idee ärgerte, sagte deshalb: O, so dumm!

Ich klingele bei den Jikelis. Die Tür öffnet sich und Günther Jikeli, 1945 in Usedom geboren, helles Haar, pommersche Gelassenheit und tatsächlich SPD-Mitglied, begrüßt mich mit einem spürbaren Händedruck. In seiner Stimme höre ich etwas Zupackendes. Wir setzen uns kurz im Wohnzimmer an einen Tisch, der unter einer Landkarte der *Euroregion Pomerania* steht. „So, und nun zeige ich Ihnen das erst einmal alles", sagt Jikeli zu mir und steht schon wieder auf. „Der Herr Dobbert und ich gehen kurz auf Tour!", ruft er beim Rausgehen seiner Frau zu.

Wir fahren in Jikelis Auto ins knapp zwölf Kilometer entfernte Dorf Neppermin. Auf dem Weg erklärt er mir die Grundzüge des Ferienhaus-Skandals. Alles begann vor etwa 15 Jahren. Lorenz Caffier – damals noch Landesschatzmeister der CDU – habe die Schönheit Usedoms entdeckt und abseits der Touristengebiete oft hier Urlaub gemacht. Seine Parteikarriere war da schon voll im Gange und sollte sich kurz danach noch beschleunigen: Generalsekretär, Parteivorsitzender, Innenminister und stellvertretender Ministerpräsident. Im Landesverband der CDU gab es über viele Jahre keinen mächtigeren Mann als ihn. Anders ausgedrückt: Die heutige CDU Mecklenburg-Vorpommerns ist großenteils das Werk Caffiers.

Die zweite Hauptrolle in diesem Stück spiele Karl-Heinz Schröder, den auf Usedom alle „Ali" Schröder nennen würden, berichtet Jikeli. Ali Schröder, ebenfalls CDU, war von 1990 bis zum Frühjahr 2019 Bürgermeister in Neppermin. 14 Jahre lang lenkte er außerdem als Amtsvorsteher das Amt Usedom-Süd, zu dem mehr als 235 Quadratkilometer und 15 Insel-Gemeinden zählen. Er schaffte es zwar nicht wie sein Freund Lorenz Caffier bis in die Landeshauptstadt Schwerin, dafür habe er jedoch jahrelang als einer der mächtigsten Männer der Insel gegolten. Auch im Bauamt habe er das Sagen gehabt.

Jikeli meint, Ali Schröder, der auf der Insel wegen seiner aufbrausenden Art bekannt sei, und der eher ruhig agierende Caffier hätten einige Gemeinsamkeiten. Beide gehörten einer Generation an, die den Zusammenbruch der DDR miterlebt habe, beide seien rasch nach der Wiedervereinigung zu aktiven CDU-Politikern geworden, beide würden sich mit Kommunal- und Landesrecht auskennen und beide liebten die Ruhe im Usedomer Hinterland.

Wir erreichen Neppermin und laufen einige Meter den Uferweg entlang. Ein Holzsteg führt hinaus aufs Ostseewasser des Nepperminer Sees. Auf der einen Seite des Stegs wiegt sich Schilfrohr im Wasser, auf der anderen ist der Schilfgürtel durch vier kleine, edel wirkende Häuser unterbrochen. Der Blick aufs Achterwasser, wie man die Lagune der Ostsee hier auch nennt, ist atemberaubend. Wir gehen an den Häusern vorbei. In keinem brennt Licht. Jedes hat einen eigenen direkten Wasserzugang mit Bootsanleger. Am Ufer bei Haus zwei stehen ein Grill und eine Feuerschale. „Das ist Caffiers illegal erbautes Ferienhaus", sagt Jikeli. „Schick!", sage ich. „Das hier ist alles Vogelschutzgebiet", erklärt Jikeli. „Kein normaler Bürger darf sein Wochenendhäuschen ans Ufer mitten in den Schilfgürtel eines Vogelschutzgebietes bauen. In diesem Land gelten Vorschriften und Gesetze. Und wer Innenminister wird, muss unter Eid versichern, dass er diese Gesetze achtet." Jikeli redet ruhig, aber die Wut ist zu spüren.

Nachdem sich Caffier in diese Gegend verguckt hatte, habe Ali Schröder als Bürgermeister und Amtsvorsteher einen Bebauungsplan für das Ufer des Nepperminer Sees erstellt und die Gemeindevertreter in nichtöffentlicher Sitzung davon überzeugt, diese Prachtgrundstücke für 50 Euro pro Quadratmeter zu verkaufen – an Ali Schröders Frau und an seinen Freund Caffier, so Jikeli. Dann hätten Lkws einer Baufirma ohne Genehmigung Bauschutt in den Schilfgürtel gekippt. Diese gesetzeswidrigen Aufschüttungen habe Ali Schröder nachträglich versucht zu legalisieren, indem er den Bebauungsplan ändern ließ. Dadurch seien die Grundstücke um die illegale Aufschüttung vergrößert worden. „Ali Schröder erledigte auf lokaler Ebene die rechtliche Drecksarbeit, die Baufirma half beim Aufschütten im Schilfgürtel und Lorenz Caffier, der Ende 2006 Innenminister wurde, profitierte von allem, indem er sein illegal aufgeschüttetes Baugrundstück am Achterwasser deutlich unter Marktpreis bekam", sagt Jikeli.

Bevor wir wieder ins Auto steigen, schaue ich auf meine Notizen und überlege. Jikeli wirkt vertrauenswürdig, doch das heißt noch nichts. Wenn ich in 15 Reporter-Jahren eines gelernt habe, dann dies: keine Behauptung ohne Belege. Vielleicht will er nur alte Rechnungen mit den CDU-Männern begleichen?

Wir fahren über Balm zurück nach Usedom und trinken in Jikelis Wohnzimmer Kaffee. „Alles, was ich Ihnen erzählt habe, kann ich nachweisen". Er habe Akten, Fotos und Zeugen, die er dem *Spiegel* und der *Ostsee-Zeitung* auch zur Verfügung gestellt habe, sagt Jikeli und ergänzt: „Diese Sache ist noch nicht gegessen."

Ich bedanke und verabschiede mich. Es ist spät geworden. Über die Straßen der Insel Usedom fahre ich bis zur deutsch-polnischen Grenze und denke an die Zeit, als ich in der Ukraine als Reporter gearbeitet habe. Dass ein Minister sein Amt behält, obwohl solche Beschuldigungen gegen ihn bekannt wurden – das konnte ich mir damals in Kiew vorstellen. Aber im heutigen MV?

Abends lese ich nach, was bisher über Caffiers Ferienhaus veröffentlicht wurde. Alle Behauptungen Jikelis scheinen zu stimmen. Mein Interesse ist geweckt. Und eine Frage, die von den Kollegen des *Spiegels* oder des *NDR* noch nicht beantwortet wurde, geht mir durch den Kopf: Was hat Caffier für das Grundstück seines kleinen feinen Ferienhauses getan?

Tag 73: **House of Cards in Usedom**

Es ist früh. Obwohl ich spät eingeschlafen bin, wache ich vor 7 Uhr auf. Mein Reporter-Instinkt sagt, hinter den Machenschaften von Ali Schröder und Caffier muss mehr stecken. Ich rufe Jikeli an, frage, ob er mir die Dokumente, die den Skandal am Nepperminer See belegen, zur Verfügung stellen würde. Er willigt ein. Danach rufe ich in Usedom-Stadt an und erbitte einen Termin bei einem Mann namens Jochen Storrer. Er ist der dortige Bürgermeister, und ich hoffe, er weiß etwas. Die Verwaltungsangestellte, die ich am Telefon habe, sagt, ich könne abends zur Bürgersprechstunde ins Rathaus kommen.

Vorher will ich einem Tipp folgen, den mir am ersten meiner 80 Reisetage Wolf Karge gab. Ich fahre nach Kamminke. Draußen sind es nur drei Grad, aber die Sonne versorgt die Insel mit so viel Wärme, dass sich meine Laune hebt. Ich drehe die Lautstärke auf und höre einen Song der *Hinterlandgang: 100 Tage Sommer.*

Am Ziel angekommen, laufe ich parallel zum Stichlingsgraben an einer Wiese vorbei. Rote Früchte eines Hagebuttenstrauchs leuchten am Wegesrand. Auf der anderen Seite des Baches, keine 50 Meter entfernt, beginnt Polens Staatsgebiet. Jemand macht ein Feuer. Ein paar Vögel zwitschern. Sonst ist es ruhig.

„Vergeben, doch nicht vergessen: Der Golm, einst beliebtes Ausflugsziel, jetzt Ruhestätte vieler Tausend Opfer des Bombenangriffs", steht auf einem Gedenkstein geschrieben. Vorsichtig betrete ich die größte Kriegsgräberstätte des Landes. Außer mir ist gerade kein anderer Lebender hier. Die Sonne lässt die Bäume erstrahlen. Ringsum auf den hügeligen Wiesen inmitten des Waldes stehen Hunderte Kreuze auf dem Boden – als wären übergroße Pilze aus der Erde gewachsen.

Etwa eine Stunde brauchten die Bomberverbände am 12. März 1945, kurz vor Ende des Zweiten Weltkriegs, dann war Swinemünde in Schutt und Asche gelegt. Die meisten der etwa 23 000 Opfer konnten nicht identifiziert werden. Jetzt liegen ihre Überreste hier begraben. Die Toten, deren Identität festgestellt werden konnte, sind Zeile um Zeile auf Gedenktafeln gelistet. Irgendwo unter mir ruht die Seele Erna Donners. Welch ein schöner Name.

Die hohen Bäume erinnern mich an den Mammutbaum, der in Schwerin neben Station 25 der Nervenklinik steht. Ich denke an Kathrin. Was sie jetzt wohl sagen würde? „Herr Dobbert, Ihre Reise ist noch nicht zu Ende!" Vielleicht.

Am Nachmittag fahre ich ans nördliche Ende der Insel, wo der Peenestrom in die Ostsee mündet. In Peenemünde besichtige ich U-461, laut Infotafel das letzte Exemplar dieses großen Unterwasser-Raketenkreuzers. Dann ruft der Pressesprecher von Manuela Schwesig an. Das mit ihr bei unserem Treffen in Güstrow angedachte Interview müssen wir verschieben. Vor Tag 80 von 80 wird es nichts mehr. Ich lege auf und denke kurz nach. Danach telefoniere ich mit der CDU in Schwerin und bitte um ein Interview mit dem stellvertretenden Ministerpräsidenten. Mein Plan geht auf. In sechs Tagen kann ich mit Lorenz Caffier reden. Es bleibt also ein wenig Zeit, um zu recherchieren.

Am Abend gehe ich zur Bürgersprechstunde ins Usedomer Rathaus. Jochen Storrer kommt zu spät und seine Frisur sieht etwas verwuschelt aus. Der gelernte Bauingenieur wirkt angespannt. Seit 1990 ist Storrer Stadtvertreter. Seit 15 Jahren bestimmt er als parteiloser Bürgermeister die Stadtpolitik. Vor der Wiedervereinigung war er SED-Mitglied, das sagt er offen. Ich erzähle ihm nicht, dass ich Jikeli kenne. Doch Storrer kommt selbst auf „den SPD-Mann", wie er ihn nennt, zu sprechen, da Jikeli bei der Bürgermeisterwahl im Mai 2019 in Usedom gegen ihn angetreten sei und verloren habe. Ich begreife schnell, dass die beiden kein gutes Verhältnis zueinander haben.

Kurz vor der Wahl, hatte mir Jikeli berichtet, wurde nachts ein Flugblatt mit Kopien von zwei Zeitungsberichten in Usedoms Briefkästen verteilt. Im ersten Artikel, im Jahr 2003 in der *Kölnischen Rundschau* veröffentlicht, wird Jikeli mit einem Ermittlungsverfahren gegen einen SPD-Ortsverband in Verbindung gebracht. Im zweiten Artikel, erschienen 2019 in der *Ostsee-Zeitung*, wird Storrer für seine Arbeit als Bürgermeister gelobt. Jikeli empfand dieses Flugblatt als unzulässige Wahlbeeinflussung, da in dem Artikel über ihn die Information fehlte, dass er nichts verbrochen hätte. Also erstattete der SPD-Kandidat Anzeige gegen Unbekannt und verlangte von Storrer eine Unterlassungsverpflichtung. Der weigerte sich und erstattete seinerseits Strafanzeige gegen seinen Widersacher wegen Nötigung und übler Nachrede. Denn er, so der Bürgermeister, habe das verleumderische Flugblatt nicht verteilt.

Ich höre mir diese Lokalposse an, eigentlich will ich jedoch mehr über den Ferienhaus-Skandal erfahren. Storrer gehört zwar keiner Partei an, regiert in Usedom aber seit langem zusammen mit der CDU und ist „seit Ewigkeiten" mit Ali Schröder befreundet, wie er sagt. Er habe schon vor Jahren für Ali Schröder Wahlkampf gemacht. Zusammen hätten sie lange Radtouren unternommen, oft Golf gespielt und sich gemeinsam um Fördergelder für ihre Gemeinden bemüht. Seitdem „die Sache mit den Unrechtshäusern" bekannt wurde, sei der CDU-Kreis vom Nepperminer See „richtig stinkig" auf Jikeli. Storrer deutet mehrmals an, dass er einiges über die CDU-Clique wisse, sagt aber, er wolle sich da nicht einmischen. Nur wenn es hart auf hart komme, packe er aus. „Womit packen Sie aus?", frage ich. So leicht sei das alles nicht, antwortet er, der oberste Dienstherr der Polizei sei ja der Innenminister.

Ja, all das wirke „fast wie in einem Krimi", sagt der Bürgermeister. Ich lache mit ihm über die nur halb lustig gemeinte Bemerkung. Ob er die Netflix-Serie *House of Cards* kenne, frage ich.

Nach eineinhalb Stunden, die wir miteinander geredet haben, stehen wir auf und verlassen das Rathaus. Was ich denn morgen früh mache, fragt Storrer mich. Ich zucke mit den Schultern. Wir könnten uns in Mellenthin treffen, bietet er an, dann fahre er mit mir zu den Ferienhäusern.

Vom Marktplatz laufe ich durch Usedoms Innenstadt zu Jikelis Haus. Es ist dunkel geworden. Ein paar Regentropfen fallen. Ich drehe mich mehrfach um. Storrer darf keinesfalls sehen, dass ich direkt zu seinem ehemaligen Widersacher von der SPD gehe. Eben in unserem Gespräch habe ich so getan, als würde ich Jikeli nicht kennen.

Im Hausflur gibt mir Jikeli, der schon auf der Couch gelegen hat, drei dicke Ordner. Ich verspreche, die Akten morgen zurückzugeben und fahre mit Waldemar nach Osten über die Insel.

Auf dem Weg zu meiner kleinen Ferienwohnung zwischen Ahlbeck und Swinemünde kaufe ich in einem Supermarkt Räucherfisch, Brot, Bier und sortiere meine Gedanken: Storrer spielt seit Jahren mit Ali Schröder Golf. Weil sie lange befreundet und Kollegen sind, weiß er vermutlich, wie Ali Schröder die Ferienhäuser der CDU-Clique am Achterwasser organisiert hat. Doch eine Krähe hackt der anderen kein Auge aus. So weit, so friedlich. Doch dann kommt Jikeli ins Spiel. Der SPD-Mann beschwert sich über das illegale Errichten der Häuser und tritt bei der Bürgermeisterwahl in Usedom an. Die CDU-Clique ist sauer, will Jikeli als Bürgermeister verhindern und lässt – so kann man es vermuten – kurz vor der Wahl das rufschädigende Flugblatt verteilen. Jikeli verliert die Wahl und glaubt, Storrer stecke hinter dem Flugblatt. Er zeigt ihn an. Storrer wird von der Kriminalpolizei verhört und langsam nervös. Womöglich hat er das Flugblatt wirklich nicht verteilt, in dem Punkt klang er für mich glaubwürdig. Doch jetzt wird es kompliziert: Storrer will nichts mit dem CDU-Sumpf um die illegal erbauten Ferienhäuser zu tun haben. Warum hat er Hemmungen, die Hintermänner der Flugblatt-Aktion zu verraten? Jedenfalls denkt Storrer: Soll die Kriminalpolizei mal ermitteln. Wenn es richtig gefährlich wird, kann er immer noch sein gesamtes Wissen auspacken.

Nach meinem Räucherfisch zum Abendbrot lese ich die halbe Nacht lang in den Unterlagen von Jikeli. Sie belegen, was er und Storrer erzählt haben. Ali Schröder hat seinem Parteifreund Caffier mit dem Grundstück am Achterwasser zweifellos einen Vorteil gewährt. Doch je mehr Papiere ich durchlese, desto unruhiger werde ich. Ein Dokument des Notars, auf dem Caffiers Name stehen müsste, fehlt. Warum? Und von wo hat Jikeli eigentlich diese Ordner her? Wer sind seine Quellen?

Tag 74: **Storrer packt aus**

Gleich nach dem Aufwachen rufe ich Jikeli an. Ich frage ihn, warum in seinen Akten ausgerechnet das Dokument mit Caffiers Namen fehlt. „Das war mein Vertrauenstest. Herr Dobbert, ich kannte dich doch gar nicht", antwortet der SPD-Mann. Ich versuche Ruhe zu bewahren. Jikeli duzt mich nun und erzählt, er habe noch mehr Akten, die an einem geheimen Ort lagerten. Die könne ich nun, nachdem ich seinen „Vertrauenstest" bestanden hätte, bei ihm abholen. Ich lege auf, dusche und frage mich, was hier für ein Spiel gespielt wird. Warum wollte Jikeli mich testen? Und bestand der Test nur darin, dass ich das Fehlen des Dokuments in einer Nacht bemerke? Seltsam. Viel Zeit bleibt nicht. Mit Waldemar brettere ich über die Inselstraßen. Seit 8 Uhr wartet Jochen Storrer in Mellenthin auf mich.

Mit zehn Minuten Verspätung erreiche ich den Parkplatz des *Landgasthauses Klein*. Storrer und ich begrüßen uns und fahren in einem Auto weiter. Seine Frisur sieht wieder etwas zerzaust aus. Sein Bart wirkt unrasiert. Gut geschlafen habe er nicht, sagt er. Die quälenden Gedanken kämen meist nachts, wenn er wach im Bett liege. Die Sache mit dem Flugblatt, Jikelis Anzeige und die daraus folgenden Ermittlungen der Staatsanwaltschaft – all das belaste ihn. Gestern Abend nach unserem Gespräch sei er extra noch einmal ins Rathaus gegangen, um sich seine Notizen anzuschauen, die er nach seinen Aussagen bei der Polizei gemacht habe – samt dem Hinweis an die Kriminalbeamten, sie sollten mal in Richtung CDU recherchieren. Doch Storrer ist skeptisch. Er fragt mich ähnlich wie gestern, welcher Oberkommissar schon gern gegen den Innenminister ermitteln würde.

Ich stelle eine Gegenfrage: „Warum packen sie nicht aus, mit allem, was Sie wissen?" Einen Versuch ist es wert, denke ich, schließlich bleibt mir nicht mehr viel Recherchezeit. Aber Storrer ziert sich. „Lassen Sie uns erst einmal geradeaus nach Balm fahren", sagt er. Das Dorf Balm gehöre wie Neppermin zu der Gemeinde, die Ali Schröder viele Jahre regierte. Als wir am Luxushotel *Balmer See* vorbeikommen, weitet sich der Blick aufs Achterwasser. Der Spa-Bereich und die Golfplätze des Hotels fügen sich in die Landschaft ein. Wir halten.

Storrer sagt, auch hier sei der Schilfgürtel einst durchgehend verlaufen. „Kann es sein, dass man zu einer CDU-Gang gehören muss, um ein Baugrundstück am Achterwasser zu bekommen?", frage ich. Als Antwort erhalte ich ein zynisches Lachen. Storrer weiß nicht, ob irgendein Traktorist, der zum Bürgermeister Ali Schröder gekommen wäre, auch so einen Bauplatz bekommen hätte. Dann erzählt er mir vom Golfhotel auf der anderen Straßenseite. Anfang der Neunzigerjahre, in der „Goldgräberzeit", als man als Bürgermeister noch mit der Faust auf den Tisch hauen konnte, sei Ali Schröder nach München gereist, um den Investor Rainer Stephani zu überzeugen, hier sein Geld anzulegen. Mit dessen Hilfe entstanden der 18-Loch-Golfplatz, das Hotel mit Wellnessbereich, drei Restaurants und nach und nach immer mehr Ferienwohnungen, die einzeln verkauft wurden. Mindestens einhundert seien es mittlerweile. Ich frage, ob ich das richtig verstanden hätte: Bürgermeister Ali Schröder organisierte die Baugenehmigungen samt günstigem Bauland und das Golfhotel verkaufte danach die Wohnungen, vermutlich für jeweils mehrere hunderttausend Euro? Storrer nickt. Was mit den Gewinnen geschah, weiß er nicht. Stephani ist 2018 überraschend gestorben. Und noch etwas erfahre ich: Gründungsmitglieder des Golfclubs waren die CDU-Politiker Ali Schröder und Lorenz Caffier. Ali Schröder hat später im Hauptjob sogar für den Golfplatz gearbeitet.

Wir erreichen den Steg am Nepperminer See, parken und laufen an den Ferienhäusern vorbei. Storrer erzählt, wem sie gehören. Er weiß nicht, dass ich hier gestern schon mit Jikeli war. Während wir über den Steg gehen, flattert ein Vogelschwarm in die Luft. Storrer drückt den Kragen seiner dunklen *Jack-Wolfskin*-Jacke mit der rechten Hand dicht an seinen Hals. „Glauben Sie, dass Caffier als Gegenleistung für sein Ferienhaus dem Ali Schröder irgendwie geholfen hat?", frage ich. Storrer bezeichnet Caffier und Schröder als dicke Freunde, die zusammen Urlaub machen.

Wenn ein gewählter Politiker durch die Macht seines Amtes seine Familie oder seine Freunde bevorzuge, nenne man das Vetternwirtschaft, sage ich zu Storrer. Natürlich sei hier Vetternwirtschaft dabei, bestätigt er. Die Wassergrundstücke, die Ali Schröder seiner Ehefrau und seinem Freund Caffier für 50 Euro pro Quadratmeter verschafft habe, hätte man für mindestens 200 Euro verkaufen können, glaubt Storrer.

Von den „Unrechtshäusern" in Neppermin, wie Storrer die Ferien-Domizile der CDU-Clique wieder nennt, fahren wir zurück nach Mellenthin und von dort nach Usedom Stadt. Eigentlich möchte ich weiter, die Akten von Jikeli holen und dann ab nach Hiddensee. Doch Storrer will mir noch etwas zeigen. Er führt mich zum Hafen mit seinen 64 Bootsliegeplätzen – die jedoch verwaist sind. Dann gehen wir in das Gebäude, das wie ein Flughafen-Tower über dem See-Zentrum schwebt. Wir stehen an der Fensterfront, lassen mit Hilfe eines Computersystems die elektrischen Jalousien öffnen und blicken auf die fast fertige Baustelle. Storrer kennt diesen Ort noch aus DDR-Zeiten. Damals wurden von hier Rüben und Kartoffeln über die Ostsee verschifft. Er zeigt aus dem Fenster: Da solle eine Gaststätte entstehen. Und dort drüben seien 34 Ferienwohnungen der *Marina Park GmbH* geplant. Wenn das Golfhotel in Balm Ali Schröders Baby verkörpere, dann sei dieser Hafen sein Geschöpf.

Ein Stahlfabrikant namens Achterkerke aus Braunschweig hat sich vor vielen Jahren bei den Usedomern gemeldet, weil er für die besagte GmbH Ferienwohnungen am neuen Hafen errichten wollte. Im Namen der Gemeinde hat Storrer, der Bürgermeister, das Hafen-Land dann an das Unternehmen verkauft – für 32,50 Euro pro Quadratmeter. Fast die gesamten Kosten des neuen Hafens wurden durch Fördergelder der Landesregierung finanziert. Von den insgesamt knapp 20 Millionen Euro hat Storrers Gemeinde nur etwa 480 000 Euro gezahlt. Und an dieser Stelle höre ich wieder einen bekannten Namen: Lorenz Caffiers Innenministerium soll die Vergabe der Steuergelder gelenkt haben.

Bevor ich mich verabschiede, wünsche ich Storrer viel Glück. Auf dass die Kriminalpolizei die wahren Urheber des Flugblatts finde und nicht er dafür büßen müsse. Er lacht. Falls es anders komme, könne ich ihn ja im Gefängnis besuchen, mit Kuchen und eingebackener Feile. Ich solle auch über die Schönheit der Insel schreiben, ruft er mir noch hinterher.

Ich fahre raus aus der Stadt, parke auf einem Feldweg und ordne meine Mitschriften des langen Gesprächs eben. Jikeli ruft an. Ob ich noch zum Abholen der Akten vorbeikommen wolle. Na klar, will ich das. Aber da Storrer nun weiß, wie mein Auto aussieht, und ich nicht riskieren will, dass er Waldemar vor Jikelis Haus stehen sieht, frage ich, ob wir uns außerhalb der Stadt treffen könnten. An der alten Hubbrücke in Karnin, schlägt er vor – in etwa 20 Minuten. Langsam fahre ich los, nehme die Karniner Straße über Mönchow und erreiche das Ziel.

Auf dem Parkplatz vor dem Weg Richtung Hubbrücke warten Jikeli und seine Frau in ihrem Auto. Ich stoppe daneben. Als ich die Autotür öffne, steht der SPD-Mann schon in seiner Lederjacke vor mir. „Beeilen Sie sich, Storrer ist uns auf der Spur", sagt er mit einem Gesichtsausdruck, der nicht auf einen Witz schließen lässt. Als Jikeli und seine Frau aus Usedom rausfuhren, stand der Bürgermeister zufällig draußen auf dem Grundstück eines Bekannten. Er erkannte das Auto seines Widersachers und folgte ihm. Kurz bevor ich hier ankam, habe Storrer eine Runde über den Parkplatz gedreht, sagt Jikelis Frau. „Weiß er etwas von Ihrer Recherche?", fragt Jikeli. Jetzt siezt er mich wieder. Während ich ihm von heute früh erzähle, öffnet Jikeli die Heckklappe seines Autos und zeigt mir einen Stapel Unterlagen. Ich fotografiere Seite für Seite mit meinem Telefon ab.

„Da ist er wieder", ruft Jikelis Frau. Am anderen Ende des Parkplatzes kommt tatsächlich Storrer in seinem Auto angerollt. Jikeli schließt seinen Kofferraum. Ich stecke mein Handy ein. Schnell drehen wir uns um und gehen zügig Richtung alter Hubbrücke. „Ich bin Vorsitzender des Vereins *Usedomer Eisenbahnfreunde*. Falls Storrer fragt, was wir hier machen, haben wir über die Planungen einer Brücke über den Peenestrom gesprochen." Gute Idee, denke ich und gehe mit Jikeli bis zum Ufer. Nach einer Weile, als von Storrer nichts mehr zu sehen ist, fotografiere ich die restlichen Unterlagen. Wir lachen über den Adrenalin-Schub. Jikeli und seine Frau wünschen mir Glück und ich mache mich auf den Weg zur Fähre nach Hiddensee.

Während der Überfahrt von Schaprode zeichnen sich bald die Umrisse Hiddensees ab. Klar, denke ich, die Schönheit dieser Inseln ist wichtig. Aber diesen Gefallen kann ich Storrer gerade nicht tun. Ich vermute, dass ich auf einen Sumpf gestoßen bin, voller Selbstsucht, Korruption und Vetternwirtschaft. Und auch darüber muss ich in diesem Buch schreiben.

Meine Ferienwohnung auf Hiddensee, groß wie eine Garage, wirkt einladend wie eine kleine Villa. Ich mache es mir auf dem Bett gemütlich, wühle mich durch das neue Aktenmaterial und beschließe, schon morgen wieder zurück nach Usedom zu fahren und meine Recherche fortzusetzen. Storrer hat heute Jikelis Vorwürfe gegen die CDU-Clique bestätigt. Dank Storrer habe ich nun auch eine Quelle, die Ali Schröders und Caffiers familiäre Freundschaft belegt. Und zudem weiß ich jetzt, um welche Summen es hier geht.

Das Geschäftsmodell, das Storrer offensichtlich von Ali Schröders Projekt mit dem Golfhotel samt Ferienwohnungen kopiert hat, ist clever: Der Investor zahlt an die Gemeinde nur den Spottpreis von 32,50 Euro pro Quadratmeter für Bauland. Über Caffiers Innenministerium und das Wirtschaftsministerium fließen dafür fast 20 Millionen Euro aus Fördertöpfen in den Hafenbau. Dadurch erhöht sich automatisch der Wert der Anlage. Und mit Fertigstellung des Hafens können die 34 Ferienwohnungen mit Bootsliegeplatz für viel mehr Geld pro Einheit verkauft werden. So werden durch die Investition des Steuergeldes indirekt die Gewinne der *Marina Park GmbH* finanziert.

Bis spät in die Nacht recherchiere ich weiter. Achterkerke, der Geschäftsführer der GmbH, besitzt laut eigenen Websites offenbar mehrere Villen auf Usedom. Und eine von ihm geleitete *Achterkerke-Stiftung* gibt es auf der Insel auch. Offizielles Ziel: benachteiligten Kindern bei der Ausbildung helfen.

Vor dem Einschlafen stoße ich auf zwei weitere Details. Die Villa Achterkerke wird in Partnerschaft mit dem *Golfhotel Balmer See* betrieben, das es ohne Ali Schröder nicht geben würde. Und für die *Achterkerke-Stiftung* engagiert sich ein CDU-Politiker als Konservator: der Innenminister Lorenz Caffier.

Tag 75: **Die schönste Bockwurst der Welt**

Seit Wochen habe ich mich auf diese Insel gefreut. Viele haben mir gesagt, Hiddensee sei die schönste Insel Deutschlands, vielleicht gar Europas. Andere meinten, Hiddensee fühle sich anders an als der Rest der Ostseeküste. Nirgends könne man so gut allein sein wie hier. Hiddensee sei das Gesuchte, das Gesunde, der Ort, der Nerven nicht einschläfert, sondern aufstört. Alles Gekünstelte, alles städtisch kulturell Aufgedrängte falle ab, so schrieb der Literaturnobelpreisträger Gerhart Hauptmann über das „söte Länneken". Ein anderes Lob über „das süße Ländchen" kann ich um 10:22 Uhr nach dem Aufwachen bestätigen: Tiefer als hier schläft man nirgendwo.

Ich rufe Jikeli an und frage ihn nach seinen Quellen. Dann schaue ich aus dem Fenster meiner kleinen weißen Villa. Mein Ehrgeiz, den CDU-Filz auf Usedom weiter aufzudecken, ist längst geweckt. Aber bis die letzte Fähre heute diese Insel verlässt, will ich Hiddensee erleben.

Franz Kafka, Asta Nielsen, Erich Kästner, Bertolt Brecht, Anna Seghers, Sigmund Freud, Helene Weigel, Albert Einstein, Käthe Kruse, Billy Wilder, Gottfried Benn, Gret Palucca, Hans Fallada, Lion Feuchtwanger, Stefan Zweig, Ernst Barlach, Rainer Maria Rilke, Lutz Seiler – sie alle haben auf dieser Insel ihre Nasen in den Wind gehalten. Ich schwinge mich das erste Mal in meinem Leben auf ein E-Bike, meine Vermieterin hat es mir geliehen, da ich Waldemar in Schaprode am Fähranleger zurücklassen musste. Doch schon nach einigen Metern habe ich das Interesse am Elektro-Schnickschnack verloren und schalte es aus.

Ich fahre an der Küste entlang nach Norden, höre Wellen ans Ufer klatschen und vermisse nichts. Wie anders die Welt auf einen wirkt, wenn die Wege autofrei sind.

Die letzten Meter ins Hochland gehe ich zu Fuß. Zwei Menschen sitzen auf einer Bank, schauen aufs Wasser, links das Meer, rechts der Bodden. Ich gehe an ihnen stummgrüßend vorbei. Auch ohne Worte wissen wir drei: Die Sonne scheint heute für einen Dezembertag so warm, dass man von Glück reden kann. Vor mir erhebt sich der Leuchtturm Dornbusch. Er markiert mit seiner roten Kopfbedeckung den höchsten Punkt in diesem Insel-Gemälde. Ich schmecke salzige Luft auf meiner Zunge. Wind pfeift durch meine Mütze.

„Es gibt so viele Schmierfinken, die irgendwas über MV schreiben", sagt der Mann, der einsam am Eingang neben der Leuchtturmtür sitzt und von jeder Touristin und jedem Touristen drei Euro fürs Wasser- und Schifffahrtsamt kassiert. Ich lächle beim Zahlen der drei Taler, sage nichts, denke an andere Prachtfinken, die wegen ihres bunten Gefieders sehr beliebt sind, und steige die 102 Stufen im Leuchtturm hinauf. Oben, auf dem höchsten Punkt der Insel, schnappt sich der Wind fast meine Mütze. Ich halte sie fest und schaue hinunter auf die Erde. Auf der einen Seite reiht sich Strand an Dünenheide an Steilküste. Auf der anderen Seite Meer, endloses, sich ständig bewegendes Meer. Es wird dunkler, je dichter es dem Horizont kommt.

Auf dem Rückweg gehe ich in Kloster am Sommerhaus Gerhart Hauptmanns vorbei und stoppe danach an einem kleinen Kiosk. Obwohl Kiosk nicht das richtige Wort für diesen Ort ist, auch Imbiss nicht. Via Lautsprecher klingt die *Träumerei* von Schumann durch den kleinen beheizten Raum. Eine Truhe voller Eis steht vor Regalen mit Sanddornsäften, Segelbooten, klein wie Streichholzschachteln, und Marmeladengläsern. Vor dem Fenster hängt ein Fischernetz. Und die Frau, die das Büdchen am Strand betreibt, sagt, Liebe könne man nicht planen. Wir reden über Seebestattungen. Und während wir das tun, macht sie mir die schönste Bockwurst der Welt, knackig, verziert mit Antipasti, mit Brot und zwei gleich großen Klecksen Senf und Ketchup.

Im Jahr 1900 sei das Büdchen von einer Frau Wollner erbaut worden, berichtet die heutige Betreiberin. 30 Jahre habe Frau Wollner in ihm gearbeitet und gelebt, dann reichte das Geld, um das Haus nebenan zu errichten. Bei diesem Miniatur-Restaurant handele es sich um das älteste Saisongeschäft der Insel, immer geöffnet, weil „auf Hiddensee immer Saison ist". Viel los sei gerade nicht, sagt die Bockwurstköchin noch. In ein paar Wochen, im Januar, da würden auf der Insel dann selbst noch die Grashalme hochgeklappt.

Ein Mann betritt das Büdchen, nimmt sich ein Lübzer aus dem Kühlschrank, legt Geld auf den Tresen, sagt: „Firma dankt" und geht einfach wieder. „Und ich erst", wird ihm geantwortet, bevor die Tür sich hinter ihm verschließt. Die *Träumerei* von Schumann liegt immer noch in der Luft. Diese Frau, die hier in diesem kleinen Häuschen am Strand Bockwürste wie Hummer serviert, hat recht, denke ich: Liebe kann man nicht planen.

Wegen der Heimeligkeit in diesem kleinen Raum verpasse ich fast die letzte Fähre. Die Schmucklosigkeit Hiddensees hat mich bereichert.

Tag 76: Die Lüge am Schilfgürtel

Ich wache auf einer übergroßen Matratze auf. Gestern nach der Sauna habe ich die Vorhänge nicht mehr zugezogen. Licht fällt ins Zimmer. Ich schaue raus aufs Achterwasser und kann den unterbrochenen Schilfgürtel erkennen. 117 Hektar ist das *Naturschutzgebiet Inseln Böhmke und Werder* groß. Es liegt mitten im Achterwasser zwischen Neppermin und Balm.

Der Preis für dieses Zimmer im *Golfhotel Balmer See* sprengt mein Reisebudget, aber wer recherchieren will, muss dort nachfragen, wo die Story begann. Ich möchte heute mit Ali Schröder sprechen. Und wenn ich zuvor eine Nacht in dem Hotel verbracht habe, das er ermöglicht hat, erhöht das vielleicht meine Chancen bei ihm.

Beim Frühstück esse ich verschiedene Arten Räucherfisch, notiere mir, was ich gestern Abend nach der Sauna an der Hotelbar über Ali Schröder gehört habe (er war offenbar oft zusammen mit dem verstorbenen Chef im Hotel) und mixe mir einen Smoothie aus Erdbeeren, Trauben und Sanddornsaft. Das Experiment schmeckt, aber die vom Mixer in Fetzen gerissene Traubenhaut klebt noch lange am Gaumen.

Danach checke ich aus, gehe übers Hotelgelände zu Waldemar, fahre nach Neppermin und klingele an der falschen Haustür. Eine Frau erklärt mir den Weg. Ich öffne das richtige Tor, gehe aufs Gehöft von Ali Schröder und bin auf einiges vorbereitet. Doch auch nach dem zweiten Klingeln öffnet niemand die Haustür. Ich will gerade zurückgehen, da fährt ein Auto auf den Hof. Ein Hund bellt. Ali Schröder und seine Frau steigen aus. Ein schwarzer Labradorrüde begrüßt mich als Erster.

Ali Schröder trägt eine schwarze, eckige Brille. Sein Kopf wirkt errötet. Wer ich denn sei, lauten seine Begrüßungsworte. Ich erzähle vom Buch, dass ich eine Nacht im Golfhotel verbracht hätte und mir dort von ihm erzählt worden wäre. Schröders Frau sagt: „Komme erstmal rein." Eine gute Stunde sitzen wir im Flur des Hauses zusammen. Ich erfahre, dass Schröder fast 30 Jahre Gemeindeoberhaupt in Neppermin war. Nachdem er im Sommer 1990 Rainer Stephani kennengelernt hatte, entstand am Achterwasser eine Art Bauboom, gefördert und genehmigt durch ihn, den Bürgermeister und Amtsvorsteher. Nach und nach hat die Betreiberfirma des Golfhotels weitere Flächen am Achterwasser aufgekauft, je nach Bedarf. Ali Schröder bestätigt, dass er zwischenzeitlich direkt beim Golfhotel angestellt war. Er, Gründungs- und Ehrenmitglied des Golfvereins, war als Verantwortlicher für den Golfplatz beim Hotel tätig gewesen.

Ich sage nichts zur Vermischung von Bürgermeisteramt und Privatjob, lasse mir nicht anmerken, dass ich vieles, was Ali Schröder erzählt, schon weiß. In dieser Phase der Recherche bringt es am meisten, zuzuhören und genaue Notizen zu erstellen. Auf was er als ehemaliger langjähriger Bürgermeister eigentlich am stolzesten sei, will ich wissen.

Ali Schröder erzählt, dass er 2005 die Erweiterung des Holzstegs am Nepperminer See in Rekordzeit geplant, beantragt, genehmigt und gebaut habe. Alles innerhalb von fünf Monaten. Ich frage, ob er mir den Steg zeigen könne, der ins Naturschutzgebiet zeigt. Er überlegt kurz, streift sich eine dunkelblaue Jacke über und begibt sich mit mir zum Seeufer. Wir gehen über den Steg, über den ich schon mit Jikeli und Storrer gegangen bin. Vom Achterwasser schwingen sich zwei Kormorane in die Luft. Ich mache ein Foto von Schröder.

„Die hier sind aber auch schön", sage ich und zeige auf die Ferienhäuser im Schilfgürtel. Das seien doch nur kleine Hütten, private Häuser, erfahre ich.

„Wem gehören die denn?"

Ali Schröder zögert einen Moment, schaut mich an. Und dann sagt er, ohne noch roter zu werden, dass er das nicht wisse.

Ich verabschiede mich. Wer einem so ins Gesicht lügt, denke ich, der dreht auch noch ganz andere krumme Dinge.

Tag 77: **Ein Korruptionspuzzle**

Ich wache in einem Schloss auf: über meinem Bett der Kopf einer Stehlampe, in der Ecke eine kleine weiße Spüle mit Kochplatte, lange

Holzdielen auf dem Boden und inmitten des klassenraumgroßen Raumes ein Schreibtisch mit einem Stuhl. Wer zu kleine Berliner Hinterhofwohnungen kennt, fühlt sich ein wenig verloren bei so viel Platz unter einer Schlossdecke. Aber nach einer kurzen Weile beginne ich den Freiraum zu genießen.

Ehe ich aufstehe, muss ich die Informationen vom gestrigen Abend ordnen. Bevor ich von Usedom hierher bis nach Plüschow in Westmecklenburg fuhr, hatte Jikeli mir am Telefon seine Quelle verraten. Gleich danach traf ich mich mit eben dieser Person. Sie gab mir Dokumente und Fotos, die eine weitere „Zusammenarbeit" Ali Schröders und Caffiers dokumentieren. Dass diese Quelle überhaupt mit mir sprach, lag an Jikelis Hilfe und an einem Grundsatz meiner journalistischen Arbeit: Informanten müssen geschützt werden. Deswegen keinerlei Details über sie.

Ich gehe von meinem Zimmer über den Flur des Schlosses in das Büro von Miro Zahra. Die 1960 in Böhmen geborene Künstlerin und ich kannten uns vor dieser Reise nicht. Doch als ich gestern gegen Mitternacht vor dem Schloss in Plüschow geparkt hatte, bot sie mir spontan einen Teller Hühnersuppe an. Und während ich aß, sagte sie fast nebenbei einen Satz, der sich mir einprägte: „Mecklenburger kehren irgendwann immer heim!" So absolut wie es gestern klang, klingt es heute noch immer.

Miro Zahra und ich trinken Kaffee. Ich könne in dem großen Raum, in dem sonst Stipendiaten des Künstlerhauses drei Monate wohnen, ein paar Tage bleiben, sagt sie und erzählt über das Organisieren von Ausstellungen und von ihren eigenen künstlerischen Werken. Zusammen mit ihrem Mann hat sie das Künstlerhaus in Plüschow seit 1990 aufgebaut und das Schloss damit vor dem Zerfall bewahrt. Kreative aus der ganzen Welt haben hier gewohnt, gemalt, gestaltet, gesungen und fotografisch gearbeitet. Zahlreiche Konzerte und Lesungen gab es. Und sicher gäbe es im Schloss und im kleinen Dorf eine Menge für mich zu entdecken. Doch mein Kopf ist voller Usedom-Gedanken.

Ich entschuldige mich bei Miro Zahra, gehe wieder ins Zimmer und versuche, meine neuen Erkenntnisse mit bisherigen und den schon veröffentlichten Recherchen anderer Journalisten zu vereinen. Langsam ergibt sich aus den vielen einzelnen Informationen eine Art CDU-Puzzle.

Puzzleteil A: Ali Schröder verhilft als Bürgermeister seinem Freund Caffier zu einem illegalen Baugrundstück am Achterwasser.

Dazu erstellt Ali Schröder in seiner Gemeinde einen Bebauungsplan am Achterwasser und bringt die Gemeindevertreter dazu, zwei „noch zu vermessende Parzellen" im B-Plan zu verkaufen. Im nichtöffentlichen Teil der Sitzung geht das eine Grundstück unter dem Vorwand der Dringlichkeit an Caffier und die andere Parzelle an Ali Schröders Frau. Damit die neuen Grundstücke größer werden, lässt jemand mehrere Tonnen Schutt und Erde ins Wasser des Schilfgürtels kippen – direkt vor die Grundstücke. Anwohner, die davon Fotos machen, sagen, die Lkws hätten Bauschutt von der Sanierung einer naheliegenden Kreisstraße verschüttet. Obwohl die Naturschutzbehörde wegen der kriminellen Aufschüttung einen Verstoß gegen den B-Plan feststellt, zeigt Ali Schröder die gesetzeswidrige Tat nicht an. Er versucht stattdessen die Landgewinnung zu legalisieren. Als Bürgermeister und Amtsvorsteher bearbeitet er verschiedene Behörden und Ämter. Der Schutt bleibt im Schilfgürtel. Und am 2. März 2007 fährt der Bürgermeister persönlich zum Notar. Er besiegelt den Verkauf einer kleinen Bauparzelle im Schilfgürtel für weniger als 3000 Euro. Erwerber: sein Freund, der Innenminister Lorenz Caffier.

Puzzleteil B: Das Innenministerium verhilft Ali Schröders Dorf zu einer neuen Gemeindehalle und einem neuen Radweg.

Nach Vollendung des Projekts Wassergrundstücke hat Ali Schröder zwei Wünsche. Er möchte, dass man auf einem neuen Radweg in der Nähe der neuen Ferienhäuser am Achterwasser entlangradeln kann. Und zweitens hätte er gerne für seine Gemeindearbeiter und sich eine neue kommunale Stahlhalle. Da ist es sicher kein Nachteil, dass sein neuer Ferienhausnachbar Caffier seit Ende 2006 Leiter des Innenministeriums ist. Damit Ali Schröders Gemeinde das neue Gebäude – groß wie eine kleine Turnhalle, mit Toiletten, Pausenraum und Büroplatz – bekommt, nutzen der Bürgermeister und das Innenministerium eine Lücke in Paragraph 20 des Finanzausgleichsgesetzes des Landes. Dort steht, dass das Innenministerium per Sonderbedarfszuweisung bis zu 90 Prozent der Investitionskosten bestimmter Gemeinden übernehmen kann. Eigentlich erlaubt das Gesetz solche Subventionen nur für Kommunen, die sich in „einer außergewöhnlichen Lage" befinden oder „besondere Aufgaben" zu erfüllen haben. Bezahlen darf das Ministerium eigentlich laut Gesetz auch nur Dinge, die „auf andere Weise nicht finanziert werden können". Sinn dieser Regelung ist es, verschuldeten Gemeinden zu helfen, die sich alleine beispielsweise nicht die Sanierung eines Kita-Gebäudes leisten könnten.

Unter anderem wegen des gut besuchten Golfhotels verbucht Ali Schröders Gemeinde, zu der die Dörfer Neppermin und Balm gehören, jedes Jahr Einnahmen im sechsstelligen Bereich. Zum 31. Dezember 2007 hatte die Kommune Rücklagen in Höhe von 148 154,33 Euro – genug Geld für eine neue Gemeindehalle. Doch Ali Schröder möchte lieber öffentliche Gelder aus Schwerin. Laut Förderanträgen beim Innenministerium hat seine Gemeinde nun überraschend wenig Rücklagen. Um die Bedürftigkeit zu belegen, stellt der Bürgermeister eine negative Finanzplanung der Kommune für die folgenden Jahre auf. Und siehe da: Am 1. Juli 2008 beantragt Ali Schröder 103 887 Euro Sonderbedarfszuweisung beim von Caffier geführten Innenministerium für den Bau einer Halle.

Liest man Ali Schröders Briefe an das Ministerium, könnte man glauben, er war sich schon vor dem ersten Förderantrag sehr sicher, das Geld zu bekommen. Er verlangt nach der ersten Bewilligung sogar mehrmals Erhöhungen der Sonderbedarfszulage. So schreibt er beispielsweise, es sei zur Sicherung der Halle „zwingend erforderlich", neben einem Zaun „Überwachungstechnik anzubringen". In einem Brief geht es ihm um 28 500 Euro mehr Fördergelder – unter anderem für die Videoüberwachung der Stahlhalle. Am Ende bewilligt das Land insgesamt 135 860 Euro Steuergelder. Auch der neue Radweg, für den es sogar ein Buch und eine App geben soll, wird vom Innenministerium fast komplett bezahlt. Bewilligte Fördersumme: 133 389 Euro.

Ich schaue mir meine bisherige Recherche an und überlege: Puzzleteile A und B passen gut zusammen. Bei beiden Fällen sind Schröder und Caffier beteiligte Personen. Im Puzzleteil A profitiert der eine persönlich. Im Puzzleteil B bekommt der andere, was er will.

Ich gehe über den Holzfußboden des Schlosses in eines der Badezimmer, dusche und denke dabei an etwas, das meine Quelle gestern sagte: In der Halle sollen den Politikern gehörende Boote gestanden haben.

Könnte dies ein Puzzlestück C sein? Wollte Ali Schröder eine Videoüberwachungsanlage für die Gemeindehalle, da die Halle auch als Parkplatz für Boote gedacht war?

Ich setze mich an den Schreibtisch des Schlosszimmers und gehe noch einmal alle Artikel durch, die über den Skandal um die Ferienhäuser veröffentlicht wurden. Tatsächlich! In einem Artikel der *Ostsee-Zeitung* entdecke ich ein Foto jenes Bootes, das genau vor Caffiers Haus liegt. Das könnte das des Innenministers sein.

Ein weiteres Detail erscheint mir bemerkenswert: Am 28. September 2017 gab die Landespolizei eine Pressemitteilung heraus: „Unbekannte Täter entfernten von einem Feriengrundstück in Neppermin einen Trailer mit Motorboot und stellten diesen in Tatortortnähe ab. Anschließend wurden Motor und Bordcomputer entwendet. Sachschaden: 8 000 Euro." Im *Nordkurier* war zur gleichen Zeit folgende Überschrift zu lesen: „Ausgerechnet! Bootsmotor von Innenminister Caffier gestohlen".

Ich rufe in der Polizeiinspektion Anklam an, die auch für die Insel Usedom zuständig ist. Am Telefon frage ich gemäß Informationsfreiheitsgesetz nach dem Aktenzeichen des Bootsmotor-Diebstahls. Die Beamtin nennt es mir und empfiehlt – falls ich mehr Informationen haben möchte –, dass ich mich an ihre Kollegin in der Pressestelle Neubrandenburg wenden solle. Ich lege auf und rufe sofort einen Kumpel an, der als Anwalt arbeitet, erkläre ihm meine Vermutung mit den Booten und gebe ihm das Aktenzeichen. Er willigt ein und kündigt an, schnellstmöglich für mich Akteneinsicht zu beantragen. Dann melde ich mich via Handy in der Vier-Tore-Stadt Neubrandenburg und frage dort an, ob es in der Pressedatenbank der Polizei Fotos des betroffenen Bootes gäbe. Die Beamtin klingt hilfsbereit und seltsam interessiert. Sie will wissen, zu was ich eigentlich genau recherchiere. Ich antworte ausweichend. Kurz bevor wir auflegen, wünscht sie mir viel Erfolg beim Interview mit dem Minister.

„Woher wissen Sie das denn?"

Sie habe zufällig von mir gehört und man sei im Land ja bestens vernetzt, lautet ihre Antwort.

Ich lege auf und atme tief durch. In zwei Tagen ist das Interview.

Tag 78: „How I got here?"

Es regnet. Sturmböen schlagen gegen das Schlossfenster. Eine Tomate, ein Vollkornbrötchen, zwei Eier, eineinhalb Scheiben Käse, Kaffee, Marmelade aus Kiew und Margarine, die ich in Swinemünde gekauft habe – ich suche zusammen, was ich in Waldemars Kühlbox zum Frühstück finde und rufe dabei Enrico Tesch an. Er hat bei der Bürgermeisterwahl als Einzelbewerber ohne Parteizugehörigkeit im Mai Ali Schröder geschlagen. Tesch wirkt hilfsbereit. Ja, sagt er, das mit den privaten Booten in der Gemeinde-Halle habe er auch schon gehört. Und er kenne sogar jemanden, der das Boot von Caffier dort gesehen habe. Wir verabreden uns für übermorgen.

Nach dem Duschen schaue ich im Stipendiatenzimmer nebenan vorbei. Dana Engfer, eine Künstlerin in meinem Alter, die für einige Monate im Schloss wohnt, zeigt mir Fotocollagen und Videokunst von einer Jagd. Im Raum daneben begrüße ich den französischen

Tondesigner Guillaume Durrieu. Während ich mich vor eines seiner Kunstwerke auf den Zimmerboden lege, macht er per Selbstauslöser ein Foto von uns. „How I got here?", steht an der Wand.

Tag 79: **Noch eine Nacht in Schwerin**

Um die Mittagszeit erreiche ich Schwerin. Auf der Suche nach einem Parkplatz fahre ich die Bornhövedstraße entlang. Die Luft ist klar. Am Himmel ziehen Schleierwolken vorüber. Ich erinnere mich an das Jahr 2000, als ich mit Kathrin hier um die Ecke wohnte. Damals fand ich jeden Abend einen Parkplatz.

Das Auto stelle ich vor dem Innensee ab und gehe mit dem grauen Karton unterm Arm langsam zur Pension *Karina*.

Frau Peters freut sich, dass ich noch einmal in ihrer Pension übernachten will. Sie gibt mir wieder ein kleines Zimmer an der Werderstraße. Ich lege meine Sachen aufs Bett und mache mich auf den Weg zum Interview.

Es ist wohl besser, ich befolge den Rat eines Bekannten, denke ich. Wenn ich heute während des Interviews den Innenminister mit all meinen Recherche-Ergebnissen konfrontiere, wäre das gefährlich. Bis zur Veröffentlichung dieses Buchs werden noch viele Monate vergehen. Und wenn Caffier jetzt alles weiß, was ich über ihn weiß, bleibt ihm zu viel Zeit, um die Spuren des CDU-Puzzles zu verwischen.

Vor dem Eingang des Innenministeriums bleibe ich kurz stehen. In diesem kolossalen Gebäude, direkt am Pfaffenteich gelegen, hatte vor 1990 die Polizeibezirksbehörde der DDR ihren Sitz, davor hieß das Haus *Adolf-Hitler-Kaserne*. „KERZEN IN DER HAND DES EINZELNEN – EINE MUTIGE GESTE", lese ich auf der Gedenktafel, die an die Friedliche Revolution 1989 erinnert.

Ich gehe hinein. Die Pressesprecherin des Ministers begrüßt mich, eine Frau mit lockigen Haaren, die etwas aufgeregt wirkt. Im Fahrstuhl fährt sie mit mir in eine der oberen Etagen. Von dort gehen wir in ein großes Büro mit schwarzen Stühlen.

Lorenz Caffier trägt einen dunkelblauen Anzug und einen farblich passenden Schlips. Er sieht gut gebräunt aus, nimmt am Kopf des langen Tisches Platz und redet leicht nuschelnd. Hinter ihm sind die europäische, die Landes- und die Fahne der Bundesrepublik aufgestellt. Vor uns auf der Tischplatte liegt ein Weihnachtskranz. In den ersten Minuten des Interviews reden wir über seinen Geburtsort Dresden, über Neustrelitz und die Schönheit des Schweriner Schlosses. Dann führe ich das Gespräch langsam auf Usedom. Zum Golfen sei er wie die Kuh zum Dorfe gekommen, sagt er, bestätigt aber, Gründungsmitglied im Balmer Golfverein zu sein. Er bestätigt auch, ein Ferienhaus am Achterwasser zu besitzen. Doch als ich dazu weiter fragen will, blockt er sofort ab. Er habe rechtlich nichts Falsches gemacht, sagt Caffier, und möchte darüber nicht weiter reden.

Ich erzähle, dass ich seinen Freund Ali Schröder getroffen habe, und möchte wissen, ob es eigentlich schön sei, mit dem Boot aufs Achterwasser rauszufahren. Er sagt, er kenne Schröder gut. Als er jedoch auf die Bootsfrage antworten will, unterbricht uns seine

Pressesprecherin. Ob ich etwas trinken möchte, erkundigt sie sich, und es wird klar, dass ihr die von mir gewählten Themen nicht gefallen. Ich nehme ein Glas Wasser und frage, ob der Minister gerne angele – vom Boot aus. Nein, antwortet er, Angeln sei nichts für ihn. Er fahre auch nur noch selten zusammen mit Ali Schröder raus aufs Wasser und sein Boot sei keine echte Yacht, eher eine Nussschale oder ein Ruderboot mit Motor. Nicht einmal ein Klo sei darauf. Ach so, sage ich, und frage, ob er im Winter einen Ort zum Unterstellen für die kleine Nussschale habe. Sie liege jetzt im Winterschlaf, antwortet er mit unruhig werdender Stimme. Wenn man ein Boot habe, müsse man es selbstverständlich irgendwann aus dem Wasser holen und winterfest unterbringen. Wie jeder andere, der ein solches Gefährt habe, werde dann ein solcher Platz dafür angemietet. Aber ich würde zu viele Fragen zu Usedom stellen, sagt er. Es gebe doch auch noch andere schöne Inseln in MV. Das ist das verbale Stoppzeichen. „Okay", antworte ich, und wechsele schnell das Thema.

Nach einer guten Stunde, in der wir über Erklärungen für den Erfolg der AfD und die allgemeine Politikverdrossenheit im Land reden, bedanke ich mich für das Gespräch, verabschiede mich von Minister und Pressesprecherin und verlasse das Arsenal. Am Ufer des Pfaffenteichs bleibe ich kurz stehen und sortiere meine Gedanken. So schlecht lief es nicht. Erstens passt Caffiers Beschreibung zu dem Boot, das auf dem Zeitungs-Foto zu sehen ist. Zweitens sagte er gerade, er habe für dieses Boot im Winter einen Unterstellplatz gemietet. Die Frage ist, ob das stimmt.

Als ich wieder in meinem Pensionszimmer in der Werderstraße ankomme, lege ich mich aufs Bett und lasse das Interview nachwirken. Später öffne ich den geriffelten Deckel des Kartons und packe nach und nach noch einmal den gesamten Inhalt aus. Kathrins Führerschein, Zeugnisse, Pässe, Tagebücher, Fotos, eine Urkunde der *ABC-Mathematik-Olympiade*, ihre Liebes- und Abschiedsbriefe. Ich lese einige Zeilen eines Briefes … und habe das Gefühl, noch einmal nach draußen, in die klare Luft der Nacht zu müssen.

Zu später Stunde ein Gang durch die Straßen Schwerins: Im Mondlicht erkennt man am Ende der Werderstraße die Umrisse des Schlosses. Ich drehe mich um, laufe noch einmal am alten *An- und*

Verkauf an der Ecke der Robert-Koch-Straße und am neuen VR-Bank-Gebäude vorbei. Mir fällt auf, dass ich mich in dieser Gegend gar nicht mehr so fremd wie am Anfang der Reise fühle. Als ich die Joseph-Haydn-Straße erreiche, gehe ich langsam zum Aufgang unserer alten Wohnung. Auf den Zettel, den ich im Sommer unter der Wohnungstür durchgeschoben hatte, hat niemand geantwortet. Vielleicht ist auch das gut so. Damals ist damals. Jetzt ziehen am Himmel neue Schleierwolken vor dem Mond vorüber.

Tag 80: Glücklich weinen und nackt baden

Ich wache gegen 9 Uhr auf, dusche, packe schnell alles zusammen und trinke im Frühstücksraum der Pension einen Kaffee. *Waldfriedhof*, Heidi, Usedom – das sollen heute die letzten Stationen dieser Reise sein, das „Finale". Ein wenig fühle ich mich tatsächlich so: glücklich, überhaupt so weit gekommen zu sein, und etwas aufgewühlt angesichts des nahen Endes.

Ich gehe zum Pfaffenteich. Insgeheim hoffe ich, Happy doch noch einmal zu treffen. Aber der letzte Punker Schwerins ist nicht zu sehen. Über die Hagenower Straße fahre ich weiter bis zu dem Parkplatz, auf dem ich in dieser Stadt in den vergangenen Jahren wohl am häufigsten ein Auto abgestellt habe. Seit Kathrin auf dem *Waldfriedhof* beigesetzt wurde, gibt es für mich in Schwerin zwei besondere Orte: den Park mit dem Mammutbaum in der Nervenklinik, wo wir einst lange zusammen spazieren gingen, und ihr Urnengrab.

Es ist kühl. Als ich das Auto verlasse, fällt leichter Regen. Aber ich will jetzt keine Mütze aufsetzen. Ich betrete das Friedhofsgelände, passiere *Clörs Blumenparadies* und folge dem Weg, der an der Feierhalle vorbeiführt. Auf dem Rasen liegt feuchtes Laub. Von den Bäumen tropft es. Der Himmel ist grau. Doch ich fühle mich auf unbestimmte Weise glücklich.

Vor Kathrins Grab bleibe ich lange stehen. Ringsum ist kein anderer Mensch zu sehen. Die Engelsfigur neben ihrem Grabstein ist umgefallen. „Ich wollte so leben wie ihr, doch das Leben vergönnte es mir." So lautete ein Satz, den ich an dieser Stelle des *Waldfriedhofs* oft gelesen habe. Die Inschrift befand sich vier, vielleicht fünf

Meter neben Kathrins Begräbnisstelle auf einem anderen Grabstein, den ich jetzt vergeblich suche. Dann begreife ich: Mehrere Gräber in dieser Reihe sind verschwunden, einfach aufgelöst worden. Wo einst Blumen standen, wächst nun neuer Rasen.

Ohne Kathrin hätte ich niemals diese 80-tägige Reise angetreten. Durch sie lernte ich damals eine Liebe kennen, die mich nie mehr verließ. Ein Teil von ihr wird immer ein Teil meiner Heimat sein. Ja, denke ich, ein Leben kann über den Tod hinausreichen. Doch wer zu oft einen Friedhof besucht, glaubt irgendwann, dort einen lebendigen Menschen zu treffen. Und das stimmt nicht.

Mein Gesicht und meine Haare sind nass. Ich drehe mich um und gehe langsam zwischen den hohen Bäumen durch den Regen zurück zum Parkplatz. Wie oft ich diesen Weg wohl schon gegangen bin, frage ich mich – jedes Mal, um einem Menschen nahe zu sein, der nicht mehr da ist.

Als ich in der Voßstraße im Stadtzentrum ankomme, ist es schon fast 11 Uhr. Ich habe gestern Nacht beschlossen, Heidi den grauen Karton zurückzugeben. Der kleine Hund bellt. Ich bedanke mich für ihr Vertrauen. Wir umarmen uns und sind uns einig: Bis zu unserem nächsten Wiedersehen werden keine 17 Jahre vergehen.

Als ich wieder im Auto sitze, ruft mein Kumpel, der Anwalt, an. Er hat es geschafft. Seine Anforderung der Akteneinsicht bei der Staatsanwaltschaft Stralsund war erfolgreich. Er hat die gesamte Ermittlungsakte erhalten. Um die Unterlagen in Empfang zu nehmen, fahre ich spontan einen kleinen Umweg.

Ich blättere durch die 108 Seiten. Nachdem Ali Schröder am 28. September 2017 Strafanzeige für seinen Freund Caffier gestellt hatte, begann wegen eines entwendeten Außenbordmotors im geschätzten Wert von 8000 Euro eine bemerkenswert umfangreiche kriminalpolizeiliche Ermittlung. Obwohl es um das Privatboot von Caffier geht, steht auf Seite zwei, in der Spalte „Anschrift Geschädigter", die Adresse des Innenministeriums Mecklenburg-Vorpommerns. Ich lese weiter. In der Akte ist nirgends ersichtlich, dass es Hinweise auf mehrere Täter gab. Doch trotzdem machte die Kriminalpolizeiinspektion Anklam aus dem Verschwinden eines Motors den Verdacht eines besonders schweren gewerbsmäßigen Bandendiebstahls. Die Türklinke des Hoftores des Ferienhauses und eine Zigarettenkippe, die auf dem Grundstück lag, wurden auf DNA-Spuren hin untersucht. Um 21:58 Uhr verließen die Beamten am 28. September 2017 den Tatort. Schon um 10:59 Uhr am nächsten Morgen lag ein „Antrag auf Sicherung der Funkzellendaten" bei der Staatsanwaltschaft Stralsund vor (nach Hinweis des LKA MV). „Bitte gleich vorlegen!", hat jemand handschriftlich auf den per Fax gestellten Antrag geschrieben. Wenig später folgte der richterliche Beschluss zur Auswertung aller Telefongespräche, die über die Netze von *Vodafone*, *Telekom* und *Telefonica* geführt wurden. „Aufgrund der Schwere der Tat und der Stärke des Tatverdachts ist die angeordnete Maßnahme auch verhältnismäßig", schrieb der Richter. Hmmm.

Es wirkt so, als hätten alle Behörden nach Ali Schröders Anzeige besonders schnell und mit großem Aufwand ermittelt. Am Ende allerdings ohne Erfolg. Kein Täter konnte ausfindig gemacht werden. Aber im Bildbericht der Polizei entdecke ich tatsächlich, was ich suche. Frontalansicht, Blick ins Bootsinnere und sogar Fotos vom Typenschild des Motorbootes des Innenministers. Es sieht zwar nicht wie eine „Nussschale" aus, wie er es nannte, ist aber eindeutig dasselbe Gefährt, das auf dem Foto in der *Ostsee-Zeitung* zu sehen ist. Während ich weiter Richtung Insel Usedom fahre, weiß ich: Ich habe das Boot des Innenministers eindeutig identifiziert.

Enrico Tesch, der parteilose Nachfolger Ali Schröders, begrüßt mich bei sich zu Hause. Wir setzen uns in den Wintergarten. Tesch trägt Schnauzbart, Hemd und redet ruhig. Von Anfang an macht er deutlich, dass er mithelfen möchte, den Korruptionssumpf aufzuklären. Er ist sich sicher: Caffier muss von den Fördergeldern des Innenministeriums an die Gemeinde, in der die illegalen Ferienhäuser stehen, gewusst haben. Als Ali Schröder noch Bürgermeister war, habe der oft damit geprahlt, dass „sein Freund Lorenz" sich revanchieren und Fördermittel besorgen werde, sagt Tesch. Er bestätigt meine Recherche: Die Summe, die Schröders Gemeinde für die Halle vom Innenministerium bekommen habe, sei laut Gesetzeslage viel zu hoch. Für so einen Bau stünden der nicht gerade armen Gemeinde höchstens 50 Prozent Förderung zu.

Der neue Bürgermeister sagt auch, dass sein Vorgänger ihm gegenüber bereits zugegeben habe, dass er sein privates Boot im Winter in der Gemeindehalle abgestellt hatte. „Und das Boot des Innenministers?", frage ich. Tesch überlegt kurz. „Wenn mit dem kleinen Boot eine große Geschichte ins Rollen kommt, dann soll das so sein", sagt er und ruft bei einem Mann aus der Gegend an. Dieser sei mit den beiden Gemeindearbeitern, die in der Stahlhalle einen Pausenraum haben, befreundet und besuche sie dort ab und an „für ein Käffchen". Tesch stellt das Telefon laut, während es bei dem Mann klingelt, und sagt ihm dann, dass ich mithöre.

Tesch: „Guten Tag, es geht darum, ob auch das Boot von Caffier in der Halle lag."

Telefonstimme: „Ja, ich habe beide Boote dort gesehen und mich gefragt, was die da machen. Ich kann das nur so sagen, wie ich es gesehen habe. Aber das können dir auch deine Gemeindearbeiter bestätigen, die haben das Boot selber in die Halle gebracht."

Das ist die Bestätigung für Puzzleteil C. Aber kann es sein, dass Ali Schröder eine Art Mietvertrag mit der Gemeinde geschlossen und so die Einlagerung der beiden Boote genehmigt hat? „Der hat keinen Vertrag gemacht", sagt Tesch. Davon müsste er als neuer Bürgermeister ja etwas wissen. „Wenn Caffiers Boot in der Halle stand, war das nicht rechtens!"

Als ich mich verabschiede, begleitet mich der Bürgermeister noch zum Auto – und erzählt von Akten, die er an einem geheimen Ort gesichert habe. Er hoffe, ergänzt Tesch, dass eines Tages, wenn der Innenminister dieses Landes nicht mehr der gute Freund von Ali Schröder sei, die Aufklärung beginne.

Ich fahre mit dem Auto Richtung Ostsee und stoppe am Straßenrand. In Ruhe gehe ich das mir nun vorliegende Material noch einmal durch und denke über das nach, was ich eben bei Tesch via Telefon-Lautsprecher gehört habe. Zwei weitere Zeugen, die Caffiers Boot in der Halle gesehen haben, wären gut. Ich rufe deshalb den Bürgermeister noch einmal an und frage, ob er zur Stahlhalle fahren und zusammen mit mir die beiden Gemeindearbeiter befragen würde. Er willigt ein und bietet sogar eine weitere Möglichkeit an. Heute Abend um 19 Uhr finde im Saal der *Freiwilligen Feuerwehr* in Benz die Sitzung der Gemeindevertreter statt. Im öffentlichen Teil könne ich doch dabei sein und Fragen stellen.

Am Ende dieser Reise, an Tag 80 von 80, noch eine Gemeindevertretersitzung besuchen? Warum nicht? Ich beschließe, eine weitere Nacht auf Usedom zu bleiben, und reserviere mir telefonisch wieder eine Ferienwohnung zwischen Ahlbeck und Swinemünde.

Als ich an der Stahlhalle ankomme, die keine 500 Meter vom Ufer des Achterwassers entfernt ist, steht Teschs Auto schon auf dem Parkplatz. Gemeinsam gehen wir in das grüne, turnhallengroße Gebäude und treffen auf zwei Männer in Arbeitsbekleidung. Der Bürgermeister stellt mich vor und bittet die beiden, uns zu sagen, ob sich das Boot von Lorenz Caffier in dieser Halle befunden habe. Ich zeige dazu das Foto des Bootes. Es habe hier gestanden, etwa vier Wochen, sagt der eine. Könne sein, dass die Polizei es hierhergeschleppt habe, zur Spurensicherung, ergänzt er. „Die Polizei? Woher wissen Sie, dass die Polizei es gewesen sein kann?", frage ich. Der Gemeindearbeiter antwortet, sein ehemaliger Chef, Ali Schröder, habe ihm das so erzählt. Der andere Gemeindearbeiter steht daneben und widerspricht nicht.

Ich schaue mir die Halle an: Werkzeuge, Baumaterialien, eine Toilette, eine Art Büroraum. An einer Wand hängt sogar noch ein Wahlplakat: „Schröder: Bodenständig und direkt. CDU" ist da zu lesen, gedruckt über ein großes Foto von Ali Schröder.

Durch den Hallenbesuch, der nicht länger als 15 Minuten gedauert hat, habe ich nun drei Zeugen, die die Einlagerung des Ministerbootes bestätigen. Ich fahre ein paar Kilometer, parke auf einem Feldweg und schaue noch einmal in die Ermittlungsakte der Polizei. Laut dortigen Angaben war Caffiers Boot zur Spurensicherung in einer Kfz-Halle des Polizeizentrums Anklam.

Die Sache mit dem Privatboot des obersten Dienstherren der Landespolizei wird immer komplizierter. Hat Schröder seinen damaligen Gemeindearbeitern die Unwahrheit gesagt? Hat die Polizei im Untersuchungsprotokoll etwas Falsches geschrieben? Wer hat angeordnet, dass das Boot in der Stahlhalle der Gemeinde eingelagert wurde?

Ich bin etwas erschöpft von diesem Tag. Im Autositz lehne ich mich für ein paar Minuten zurück, trinke und esse etwas. Dann fahre ich in die Kirchstraße nach Benz, parke auf dem Gemeindeparkplatz und gehe in das Gebäude der *Freiwilligen Feuerwehr*. Drinnen erhellen runde Deckenlampen den Raum. In der Mitte des Saals stehen Stühle und ein Tisch für die Gemeindevertreter. Ich setze mich an den Rand und erkenne Ali Schröder wieder. Auf meine Begrüßung reagiert er nicht. Obwohl er als Bürgermeister abgewählt wurde, ist er weiterhin Mitglied der Gemeindevertretung. Neben ihm sitzen vier weitere CDU-Lokalpolitiker.

Enrico Tesch begrüßt alle Teilnehmer der Sitzung und erzählt etwas über die Zulassung des neuen Feuerwehrautos. Dann schaut der Bürgermeister an den Rand des Saals. „Wer Fragen hat, kann sie jetzt stellen." Ich stehe auf, stelle mich vor, erzähle von meiner Recherche und über die beiden Privatboote, die in der Gemeindehalle einquartiert waren. „Sie sind ja die gewählten Vertreter der Bürger dieser Gemeinde. Was ist ihre Meinung dazu?", frage ich.

Schweigen. Einige misstrauische Blicke treffen mich. Tesch unterbricht die Ruhe. Er sei damals noch nicht im Amt gewesen, sagt er. Von Ali Schröder habe er aber bei Amtsübernahme gehört, dass dessen Boot in der Halle gestanden habe.

Ali Schröder ergreift das Wort und sagt mit murrender Stimme, er habe dem nichts hinzuzufügen.

Wieder Schweigen.

„Und was sagen die Gemeindevertreter dazu?", frage ich erneut. Mir ist klar, dass die CDU hier die absolute Mehrheit stellt und sich die Leute vermutlich gegenseitig schützen. Aber diese Gelegenheit möchte ich nutzen.

Schweigen.

Dann erneut Ali Schröder: Das hier sei die Einwohnerfragestunde. Da stelle man eine Frage. Die werde beantwortet. Und dann sei es das gewesen.

Wieder Schweigen.

Einer der Gemeindevertreter sagt, sie hätten in der Halle ja nichts zu suchen. Ein anderer fragt, was sie denn nun machen sollen?

Ali Schröder ergreift zum dritten Mal das Wort. Das sei hier die Einwohnerfragestunde der Gemeinde Benz, wiederholt er. Und ich sei ja gar kein Einwohner der Gemeinde.

Schweigen.

Enrico Tesch, der sich das Schauspiel eine Weile angeguckt hat, beendet den öffentlichen Teil der Sitzung. Als ich den Saal verlasse, ruft mir Ali Schröder etwas hinterher. Ich drehe mich um. Für welchen Verlag ich arbeitete, fragt er mit einem Blick voller Zorn. Ich antworte. Er droht, dass der Hinstorff Verlag noch einen Brief bekommen werde. Ich versuche höflich zu lachen und wünsche allen einen schönen Abend, verlasse das Gebäude und setze mich ins Auto.

Eine Gemeinderatssitzung ist der Raum, der den gewählten Bürgervertretern gehört. Ihr Privileg ist es, Rechte und Interessen der Einwohner wahrzunehmen und unter Umständen den Bürgermeister zu überwachen. Ali Schröder weiß wie vermutlich auch andere aus der CDU-Connection, dass in seiner Amtszeit Caffiers Boot in der Halle stand. Und was haben sie gerade gesagt?

Während der Fahrt über Heringsdorf Richtung Swinemünde sammele ich meine Gedanken und versuche mich zu beruhigen. Natürlich kann man sagen, es ist sch...egal, ob die zwei Boote im Winter in der Halle standen oder nicht. Davon geht die Welt nicht unter.

Aber Politik hat immer auch eine symbolische Ebene, auf der sie jeden Anschein vermeiden muss, dass sich die Mächtigen durch Geld der Bürger einen persönlichen Vorteil verschaffen. Und Korruption verursacht nicht nur wirtschaftliche Schäden. Sie zerstört das Grundvertrauen in die Handlungsfähigkeit, Unabhängigkeit und Unbestechlichkeit des Staates und damit in das Lebenselixier einer Demokratie. Rechtspopulistische Parteien wie die AfD spielen mit dem und gegen dieses Grundvertrauen. Das habe ich in Friedland erlebt. Doch was Ali Schröder und Co. machen, schädigt ebenso das demokratische Zusammenleben in MV. Und wer weiß, was hier noch alles verschwiegen wird? In dem Teil des Klüngels, der mir bekannt ist, sind die beiden Boote jedenfalls ein verbindendes Detail: Ali Schröder hat im Bürgermeisteramt Caffier einen privaten Vorteil verschafft, Stichwort Ferienhaus. Das Innenministerium hat unter Caffiers Führung Schröders Gemeinde einen Vorteil verschafft, Stichwort Steuergelder zur Hallenfinanzierung. Und beide haben sich einen Vorteil gewährt, indem sie ihre Privatboote unentgeltlich in der Gemeindehalle einlagerten.

Ich erreiche die Ferienwohnung, bleibe noch ein paar Minuten im Auto sitzen und muss an den Grillabend unter dem Wasserturm in Waren denken. Als ich nach dem Besuch im Bärenwald mit den Leuten sprach, sagte einer von ihnen, Korruption sei heutzutage hierzulande ein Riesenproblem. Damals war ich sehr skeptisch. Jetzt glaube ich, in diesem Punkt hat er leider recht. Es ärgert mich, dass durch die Gier von einigen Männern die Demokratie in meinem Heimatland beschädigt wird.

Was für ein Wort? Heimatland. Langsam begreife ich, warum ich so motiviert bin, diesen Korruptionsfall aufzudecken: Mir ist dieses MV viel wichtiger, als ich es je vor dieser Reise gedacht hätte. Ich habe in den vergangenen 80 Tagen ein Land entdeckt, das mir alles andere als egal ist, für dessen Schönheit und Demokratie ich mich einsetzen möchte.

Ich bringe meine Tasche in die Ferienwohnung, setze mich auf die Couch am Fenster, öffne mir ein Bier und denke über zwei Ideen nach. Ich könnte Anzeige erstatten. Nein, ich muss Anzeige erstatten, wenn ich wissen will, ob die Polizei in diesem Land auch gegen ihren obersten Dienstherrn ermittelt. Die zweite Idee gefällt mir gleich so gut, dass ich mir das Handtuch aus dem Badezimmer schnappe, meine Jacke überziehe, die Treppe runtergehe und Richtung FKK-Strand spaziere.

Auf dem Weg denke ich an Tag 1. Es war ein heißer Sommertag in Schwerin. Jetzt ist die Temperatur laut meinem Handy knapp über null. Ich mag die Meere dieser Welt, Seen, Flüsse, Bäche und Dinge, die im Fluss sind. Und dank dieses Roadtrips habe ich verstanden, dass meine Heimat etwas mit Wasser zu tun hat. Jedes Mal, wenn ich auf dieser Reise in die Ostsee oder in einen der vielen Seen eintauchte, fühlte ich mich danach aufgeladen, egal wie warm das Wasser war.

„23:11", sagt meine Uhr. Ich erreiche den Strand. Am Himmel hängen Wolken. Doch sie können das Licht des Fast-Vollmonds nicht verbergen. Es ist hell für eine Nacht. Der Sandstrand funkelt im Mondlicht. Die Seebrücke in Ahlbeck kann man gut erkennen. Draußen auf der Ostsee leuchten Schiffe. Ich höre die Wellen, unter meinen Füßen knacken ein paar Muscheln. Ansonsten bin ich hier ganz alleine.

Ich ziehe mich aus, so wie Friedhelm, der Naturist, es sicher längst getan hätte, und gehe zum Wasser. Es ist verdammt kalt. Aber ich gehe weiter, zehn Meter, zwanzig Meter. Es wird immer kälter. Nach etwa fünfzig Metern ist es so tief, dass mein Bauchnabel im Wasser versinkt. Ich spüre meine Zehen nicht mehr, springe einfach los, schwimme zwanzig, vielleicht dreißig Meter. Alles kribbelt. Zurück auf dem Strand, schaue ich in den Himmel. Plötzlich verschwindet die Kälte. Es fühlt sich warm an, sehr warm sogar. Ich nehme mein Handtuch, um mich abzutrocknen …

… und schmeiße es wieder in den Sand, laufe noch einmal, jetzt viel schneller, ins Wasser. Ich schreie dabei so laut, wie ich zuvor wohl noch nie geschrien habe, und denke an all die Typen, die ich in den vergangenen 80 Tagen getroffen habe: Happy, Undine, Monchi, Wolf, Heidi, Herrn Khoi, Herrn Richter, Piecke, Robert, Friedhelm, Peter, Eule, Heinz, Christine, die *Seuche*, Silvio, meine Familie, Martina, Joachim, Herrn Helms, Dagmar, Tom, Saman, Raja, Jogi, Pillie, den Ostseefischer, Philipp, den Jäger, Jikeli, Storrer, die Büdchen-Fee von Hiddensee, Waldemar, Kathrin und mich selbst.

XII. Nach der Reise

„Wenn du das Ende von dem erreichst, was du wissen solltest, stehst du am Anfang dessen, was du fühlen solltest." (Khalil Gibran)

Mehr als ein Jahr ist vergangen, seit ich im Sommer 2019 aufbrach, Mecklenburg-Vorpommern zu bereisen und Heimat zu suchen. Seitdem geschah vieles. Deutschland überstand die Anfänge der Corona-Pandemie, ohne dass das Gesundheitssystem zusammenbrach. Manuela Schwesig besiegte ihre Krebskrankheit. Philipp Amthor musste sich Käuflichkeit vorwerfen lassen. Innenminister Lorenz Caffier ließ auf 23 schriftliche Nachfragen seine Pressestelle antworten, dass er zu Privatangelegenheiten keine Auskunft erteile. Zur Erklärung der 90-prozentigen Förderung der Kommunalhalle in Neppermin schrieb die Pressestelle, die Gemeinde habe sich zum Zeitpunkt der Entscheidungsfindung „in einer besonderen haushaltswirtschaftlichen Lage" befunden. Der damalige Bürgermeister Karl-Heinz – Ali – Schröder antwortete ebenfalls nicht auf mehrere schriftliche Nachfragen zu Bootseinlagerung, Hallen- und Ferienhäuserbau in Neppermin. Er fand wohl, ich sei bei der Recherche zu frech gewesen.

Feine Sahne Fischfilet verabschiedeten sich in eine lange künstlerische Pause. Die *Straze*, das historische Kulturhaus in Greifswald, wurde nach sieben Jahren Bauzeit feierlich eingeweiht. Der *FC Hansa* verpasste wieder den Aufstieg in die Zweite Bundesliga. Waldemar bekam eine neue *TÜV*-Plakette. Und nach Tag 80 von 80 zog ich mit meinen Lieblingsmenschen von Berlin zurück in meine Heimat nach MV.

Während ich dieses Nachwort schreibe, sitze ich auf einem Gartenstuhl in Groß Eichsen. Vor mir: Tausende sich im Wind wiegende Ähren eines Getreidefeldes, eine durch den Sommerabend fliegende Wildgans-Familie und ein Wald, über dem der Himmel beginnt. Neben mir: der verrostete alte Räucher-Ofen meines Großvaters, in dem er einst Aale, die er im Großeichsener See gefangen hatte, in Delikatessen verzauberte.

Der Umzug aus der Bundeshauptstadt zurück nach Mecklenburg war keine nachträgliche Regieanweisung für den Ich-Erzähler dieses Buches. Bevor ich aufbrach, MV zu erkunden, hatte niemand diesen Plan. Und vielleicht war von Anfang an gerade das der größte Gewinn dieses Projekts: dass nicht viel geplant war. Erst während der Recherche musste ich lernen, jene Türen zu öffnen, die einem zufällig am Wegesrand begegnen.

Wir leben nun in diesem kleinen Dorf bei Schwerin, auf dem Grundstück, auf dem viele Jahrzehnte meine Großeltern gewohnt haben. Es gibt hier keinen Bäcker, keine Bar, keinen Club, keine Tankstelle, kein Restaurant und keinen einzigen *Späti* wie in Berlin, in dem man zu jeder Tag- und Nachtzeit Bier, Wein, Essen oder Zigaretten kaufen kann. Dafür krähen in Groß Eichsen morgens die Hähne der Nachbarschaft im Chor. Katzenwelpen tapsen über den Hof. Wachteln legen täglich ein kleines Ei, mindestens. Und abends schlafe ich hier in einer Stimmung ein, die ich erst durch dieses Buch entdeckte. Ich nenne es Heimatgefühl, mein Heimatgefühl. Denn mittlerweile weiß ich: Heimat ist wie Liebe. Sie entwickelt sich durch äußere Einflüsse und wächst wie eine Identität im Inneren eines Menschen. Man kann – so wie ich vor dieser Reise – auch ohne Heimat-Bewusstsein einigermaßen gut leben. Doch erst mit ihm wird aus einem Dialekt, einem Badesteg, einem Apfelkuchen, aus Salz- oder Süßwasser, Stoppelfeldern, Erdbeerpflanzen oder Räucheraalen ein Heimatgefühl.

Ich habe im vergangenen Jahr viele Definitionen von Heimat gelesen und gehört. „Eure Heimat ist unser Alptraum!", sagen einige, um gegen Rassismus, Ausgrenzung und Heimat-Ministerien zu protestieren. Jeder Mensch braucht Heimat, sagen andere. Vielleicht haben all diese Deutungen ihre Berechtigung. Denn wer kann schon eine für alle gültige Definition für ein Wort wie Heimat vorgeben? Niemand. Oder alle, wenn es jede und jeder für sich, für sein eigenes Empfinden tut.

Ich glaube, Heimat ist individuell verschieden, erneuerbar, weltoffen, wichtig zur Selbstfindung und ein Gefühl, dass Identität bestimmt. Und ich glaube, Heimat ist nicht ortsgebunden, nicht fremdbestimmt, keine Staatsaufgabe, sie ist nicht durch andere zu beurteilen und sollte nicht instrumentalisiert werden.

Wo will ich hin? Wo komme ich her? Wo möchte ich begraben sein? So persönlich, wie diese drei Fragen sind, so persönlich ist Heimat. Vielleicht musste dieses Buch deshalb eine persönliche Ebene bekommen.

Bisher hat die Biologie keine eindeutige Antwort auf die Frage gefunden, warum Aale einen Ozean überqueren, nur um am Ende ihres Lebens den ganzen Weg noch einmal in umgekehrter Richtung zurückzulegen. Auch ich kann schwer erklären, weshalb es nun zurück nach Groß Eichsen ging. Aber die Johannisbeersträucher, die vor dem Räucher-Ofen meines Großvaters stehen, tragen gerade Hunderte knallrote Früchte. Und die Wildgänse, die eben noch durch den Sommerhimmel flogen, landen nun mitten in dem Teich, auf dem ich als Kind Schlittschuhlaufen lernte. Es platscht. Wasser spritzt. Die Gänse schnattern. Alles um mich herum ist hell, bunt, laut, leise und schön.

Ich werde losgehen und Aale angeln.

Danksagungen

Dieses Buch wäre ohne die Hilfe von vielen Menschen nicht entstanden. Besonderer Dank gilt:

Lamis, für Verständnis, Humor, Liebe, Ermutigung und das neue Heimat-Lied. Enna, für Geduld und alles, was Dich zu einem Geschenk des Himmels macht. Janine und Joris, Heidi und Oma Elsbeth, für das Vertrauen und den Support. Undine, für eine Zufallsbekanntschaft, die den Blickwinkel änderte. Felix, Robert, Kai, Jörn und Gaby fürs Lesen. Carla und Martin fürs Lese-Bier. Dora für Hilfe, die das Schreiben zurückkehren ließ. Meinen Eltern, Maik und meiner Familie, für so vieles.

Christina und Antje P. in Schwerin, Friedhelm in Fresenbrügge, Joachim und Martina in Karnitz, Anett und Omi Rosi in Ravensberg, Eglè, Martin und Eva in Rostock, Wencke in Schlagsdorf, Robert und Isabel in Vogelsang, Silvio in Neubrandenburg, Simone und Jogi auf Rügen, die Gorkows in Jarmen, Christine in Kieve, Eule auf dem *Fusion*-Gelände, die *Grünen* in Güstrow, Martina S. in Drewitz, Gerlinde C. in Ahrenshoop, Frederik in Waren, Saman in Wismar, Martin in Wolgast, Cornelia in Neustrelitz, Susanne und Thomas in Lebehn, Sonja und Katrin auf Hiddensee und Miro in Plüschow für die Gastfreundschaft.

Thomas, der das Manuskript so viel lesenswerter machte. Ansgar H., für Vertragstreue. Matthias H., Friederike W., Jan G. und Alex C. für Insider-Tipps. Björn, Pillie, Armin, Robert, Wolfram, Claudia, Wolf, Happy, Tom, Änne, Johann-Georg, Henry, Dietlind, Wolfgang, Herrn Khoi, Herrn Richter und Angela Merkel für offene Antworten.

Waldemar, für viele zehntausende Kilometer und das immer sichere Bett. Opa Jochen für seine Weitsicht und Naturliebe. Sabine Falk fürs Schnitzel. Pablo, Albert, Denny, Jan und Monchi für die Musik. Danny für die Fotos. Ehsan, Susanne, Julia, Sylvester, Angelika, Axel, Guillaume, Dana E. und Dana L. für ihre Kunst.

Günther für den Test. Dagmar und Andreas für besondere Momente. Kathrin W. für Anfangshilfe. Thomas, Peter K., Joachim Gauck, Konrad, Manuela Schwesig, Michael, Jochen, Lorenz, Jürgen, Ronald, Roman, Marco, Ulrike, Sebastian und Ralf für jedes Wort.

Monika für die Nacktwanderung. Karl-Heinz S. für eine wertvolle Lüge. Peter F. für Ideen, Kontakte und Spiegeleier. Peter B. für Hansa- und Musik-Liebe. Herrn Tesch und einer besonderen Frau für Mut. Raja für Extra-Vertrauen.

Der *Seuche*, Lisa, Heiko, Maria, Katharina und Enrico, Heinz, Elfriede, Helga und Dietmar, Gerhard, Katrin, Michael, Birgit, Stefan R., Martin, Lars, Annett, Stefan F., Sebastian, Romy, Michael, Gerd, Robert, Arno und Jürgen Seidel für die gute Zeit.

Und Kathrin, für Unvergessliches.

Karte mit allen Reisestationen

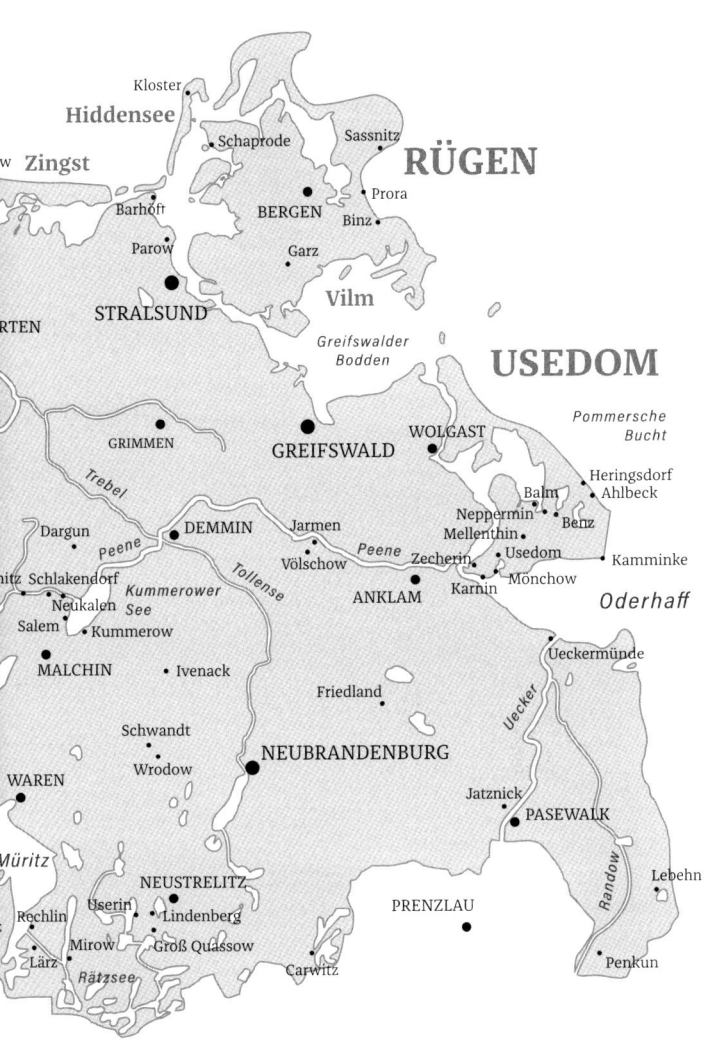

Auch das finden Sie im Hinstorff Verlag:

160 Seiten
ISBN 978-3-356-01364-1

„Dass die Region einen Besuch wert ist, erfährt man von den norddeutsch reservierten Mecklenburgern und Vorpommern erst zuletzt. Höchste Zeit, dass das ein Buch übernimmt. Dass es Michael Joseph und Matthias Schümann darüber hinaus noch gelingt, die wissenswerten Informationen in so unterhaltsamer, kurzweiliger Form zu präsentieren, macht dieses Buch überdies zu einem echten Lesevergnügen!"

Axel Prahl

244 Seiten
zahlreiche Abbildungen
ISBN 978-3-356-02325-1

„Fertig ist man ja nie mit so einem Haus. Fertig werden ist für mich jedoch auch kein Lebensziel." Philipp Kaszay

Die Gutshausretter, leben auf Baustellen. Sie haben abenteuerliche Lebensläufe und wagen sich an totgeglaubte Riesenhäuser und Schlösser. Es geht ihnen nicht um Edelsanierung mit Blick auf Rendite und Übernachtungszahlen. Vielmehr versuchen sie, das Wesen der Häuser wieder hervorzuholen, sie vorsichtig zu entblättern und zu einem Lebensmittelpunkt für sich selbst zu machen.

Das Buch zur erfolgreichen Fernsehreihe – das nicht nur auf die an sich schon faszinierenden Kulissen schaut, sondern auch das Bewegende hinter diesen erzählt.

Der Abdruck der Gedichtzeilen von Erich Fried (Seite 157) erfolgt mit freundlicher Genehmigung des Verlags Klaus Wagenbach, Berlin:
Erich Fried, Was es ist
aus: Erich Fried, Es ist was es ist. Liebesgedichte Angstgedichte Zorngedichte
© 1983, 1996, 2007 Verlag Klaus Wagenbach, Berlin

Autor und Verlag danken Conny und Linda Gundermann sowie dem BuschFunk Musikverlag für die Bereitstellung des Zitats von Gerhard Gundermann (Seite 162).

Liebe Leserin, lieber Leser! Wie hat Ihnen die Lektüre gefallen?
Bitte bewerten Sie uns im Internet.

Die Deutsche Bibliothek verzeichnet diese Publikation
in der Deutschen Nationalbibliografie; detaillierte bibliografische
Daten sind im Internet über www.dnb.de abrufbar.

© Hinstorff Verlag GmbH, Rostock 2020
Lagerstraße 7, 18055 Rostock
Tel. 0381/4969-0
www.hinstorff.de

Alle Rechte vorbehalten. Reproduktionen, Speicherungen
in Datenverarbeitungsanlagen, Wiedergabe auf foto-
mechanischen, elektronischen oder ähnlichen Wegen,
Vortrag und Funk – auch auszugsweise – nur mit Genehmigung
des Verlages.

1. Auflage 2020
Herstellung: Hinstorff Verlag GmbH
Lektorat: Thomas Gallien
Titelfoto und Rückseite: Danny Gohlke
Titelgestaltung und Layout: Beatrix Dedek
Karte: Stephan Schröder/Max Wittscheck
Druck: CPI books GmbH
Printed in Czech Republic
ISBN 978-3-356-02284-1